KB249729

한국 지방정부의
정책결정요인

한국 지방정부의 정책결정요인

홍운기 지음

1980년대 이후 시장기제의 도입과 더불어 지방분권은 경제적 세계화, 정치적 민주화 그리고 공공부문 개혁이라는 전 세계적인 변화의 물결을 추진하는 주요 수단으로 각광을 받아 왔다. 우리나라도 세계적 추세에 맞추어 1991년 지방의회가 구성되고 1995년 민선 자치단체장을 선출하는 등 반세기 동안 중단되었던 지방자치의 역사를 다시 열어 한국사회의 정치적 민주화 수준을 한 단계 높였다.

그러나 경제적 여건의 차이가 극심하고 성과관리의 문화가 마련되지 않은 초기 조건에서 출발한 한국 지방자치의 결과는 만족스러운 것은 아니었다. 지역 간 경제적 격차는 오히려 심화되고 있으며 비효율적인 재정운용 등으로 지방자치단체가 공공재정 낭비의 주범인 것으로 묘사되는 경우도 흔하다. 이 점에서 지방정치인들의 재정책임성과 정치적 책임성을 높이기 위한 노력은 더 이상 머물 수 없는 과제라 할 것이다.

이 책은 필자의 박사학위논문을 수정·보완한 것이다. 박사학위를 받은 이후 2년여가 지난 지금 필자는 감사원에 근무하면서 지방자치의 현실에 대해 보다 폭넓은 경험을 얻게 되었고, 박사논문을 준비하는 과정에서 형성되었던 한국 지방자치에 대한 인식은 전체적으로 더 확고해졌으며, 한국 사회를 이해하기 위한 핵심 연구주제로서의 지방자치의 중요성에 대한 신념도 더욱 커졌다. 이 과정에서 지방자치의 성공적 정착을 위해 이 연구가 주는 함의가 유효하고 중요하다는 생각이 들었고 출판을 결심하게 된 것이다.

이 연구의 목적은 경제개발정책을 중심으로 한국 지방정부의 정책을 결정하는 요인이 무엇인가를 규명함으로써 한국 지방자치의 특징을 이해하고 대안을 모색하는 것에 있다.

이를 위해 226개 기초지방정부의 경제개발을 위한 노력을 예산, 토지이용 그리고 조례제정 등 세 가지 관점에서 다각적으로 접근하였고, 한국 지방정부가 정책수요에 얼마나 잘 반응하고 있는지 그리고 어떤 정치 행위자들의 영향력이 중요한지 등에 대한 핵심질문에 답변하는 과정에서 민선 지방자치 이후 한국 지방정부의 정책에 대한 이해를 넓히려고 노력하였다.

분석 결과 미국과 영국 등 서구의 지방정부의 정책을 분석한 연구들과 달리 한국 지방정부의 정책결정은 정치적 요인에 강하게 영향을 받는 것으로 나타났다. 또한 한국 지방자치와 지방정치에 대한 기존의 제도 및 사례분석의 결과 주장되었던 중앙정부의 통제, 지방정부의 독주 그리고 보수적 지방시민사회의 영향력 등이 경험적으로도 근거 있음이 확인되었다.

박사논문을 준비하는 과정에서 현재의 나를 존재하게 해 준 너무나 많은 분들의 도움을 얻었다.

우선 이 연구는 능력이 부족했던 한 학생에게 학문의 세계를 보여 주시고 이끌어 주신 지도 선생님이신 안청시 교수님의 가르침의 결실이다. 다만 능력이 아직 부족하여 선생님의 가르침을 충분히 소화하지 못한 것이 못내 아쉬울 따름이다. 선생님의 애정과 꾸중에 진심으로 감사드린다.

또한 정치학과의 교수님들께 감사드린다. 정치학과의 은사님들은 수업과 대화를 통해 지식뿐만 아니라 인생을 가르쳐 주셨다. 그분들의 가르침을 마음속에 간직하여 성실한 연구자가 되기 위해 더욱 노력하고자 하였고, 선생님들의 날카롭지만 애정이 담긴 지적과 비판을 거치면서 학문적으로 많이 성장한 나를 발견할 수 있었다.

안면이 없던 저에게 흔쾌히 지도를 허락해 주신 고려대학교의 박종민 교수님께도 감사드린다. 그분의 조언은 이 연구의 전체 구성과 논리 전개에 많은 영향을 미쳤다. 짧은 만남이었지만 너무 많은 가르침을 주셨다.

정치학과 대학원 선후배들의 도움도 빼놓을 수 없다. 이 연구의 진척에 관심을 가져 준 이광희 박사, 전진영 박사, 그리고 임수호 박사께 감사드린다. 지금은 미국에서 열심히 공부하고 있는 박현석, 박홍민 후배와 조교실에서 같이 고생한 장희경, 한윤기, 김주형 후배에게도 감사를 표한다. 그 외에 많은 후배들의 관심에 고마움을 표하고 싶다. 모두 뛰어난 학자가 되기를 기원한다. 또 박사과정 기간 동안 장학금을 지원해 준 LG 복지재단과 연구비를 지원해 준 학술진흥재단에도 감사드린다. 두 재단의 도움으로 박사논문을 쓰는 과정이 훨씬 수월할 수 있었다.

마지막으로 이 연구는 성과를 묵묵히 기다려 준 나의 가족의 것이다. 34년이 넘는 기간을 오직 사랑으로 둘째아들을 믿어 주신 아버지와 어머니, 필자에게 너무나 소중한 따님을 길러 주신 장인어른과 장모님, 항상 따뜻한 마음으로 말벗이 되어 주신 자형과 누님, 동생을 신뢰하고 격려를 아끼지 않았던 형님과 형수님, 자신의 길을 잘 개척해 가고 있는 동생과 제수씨, 그리고 항상 믿음직한 처남에게도 감사드린다. 무엇보다 내 인생의 동반자이면서 많은 가르침을 준 스승이기도 한 나의 아내의 사랑은 고맙다. 지금의 나를 만들어 준 그녀에게 감사한다.

이 모든 분들의 고마움을 마음에 깊이 새겨, 석권과 다현 사랑스런 두 아이에게 부끄럽지 않은 아버지가 되도록 노력할 것이다. 또한 이 책의 출간에 관심을 가져주고 후원을 아끼지 않은 한국학술정보(주)에도 감사드린다.

목 차

제1장

서 론

제1절 연구목적

이 연구의 목적은 한국 지방정부의 경제개발정책의 결정요인을 규명함으로써 한국 지방자치의 특징을 이해하고 대안을 모색하는 것에 있다.

참여정부가 들어선 이후 국가균형발전의 문제, 즉 수도권과 지방 사이의 경제적 격차의 해소 혹은 완화의 문제는 한국 사회의 미래를 결정짓는 중요한 과제로 떠오르고 있다. 또한 민선 지방자치가 실시된 이후 각 지방정부마다 단체장을 중심으로 지역개발을 위해 선의의 경쟁을 펼치고 있다.

이처럼 중앙정부와 지방정부의 노력은 동전의 양면과도 같이 이론적, 현실적으로 밀접한 관계를 맺고 있으며, 지역경제개발과 관련하여 지역개발 연구자들과 경제학자들은 정부의 정책형성과 실행과정에서 여러 가지 유익한 조언과 처방을 내리고 있다. 그럼에도 이 연구에서는 지방정부의 경제개발정책에 대한 정치학적 연구를 표방하고 있다.

이 연구에서 지방정부의 경제개발정책에 대한 정치학적 연구를 표방한 것은 우선 지역 간 격차 해소 및 지역경제활성화라는 정책이슈에 내포된 집합행동의 딜레마를 유발할 수 있는 특성 때문이다. 지역 간 격차 해소 및 지역경제활성화의 문제는 명쾌한 해답은 없으면서 정치적 행위자들 간 합의도출이 용이한 이슈도 아니다. 따라서 의사결정과정에서 이해 당사자 간 과도한 경쟁으로 말미암아 집합행동의 딜레마에 봉착할 위험이 큰 것이다[1]. 중앙정부가 추진했던 기존의 균형발전

---

1) 이에 대한 대표적 사례로는 수도권 규제 해소와 행정수도 이전 등의 문제를 두고 수도권의 지방정부와 기타 지방정부 사이에 나타난 갈등과 반목

을 위한 시책들이 가시적인 성과를 나타내지 못하고 있는 것도 이처럼 경제개발정책이 갖는 정책이슈로서의 특성에 기인한 결과로 볼 수 있다.

또한 지역경제개발의 문제는 지역사회에서 하나의 정치적 이슈이기도 하다. 지방정부 차원에서 경제개발정책의 결정은 정책수요에 근거한 경제적 판단이 아니라 후견집단과의 교환관계나 유권자의 요구에 따른 정치적 판단에 의해 좌우되는 한국 지방정치의 특징이 반영되어 있다. 이는 한국 지방사회에서 정책결정과정이 연줄망과 물질적 거래관계를 특징으로 하는 교환정치(유재원 2000)와 후견주의적 정치패턴(박종민 2002)하에서 작동하고 있다는 기존의 관찰결과와 무관하지 않다.

이처럼 경제개발정책에 포함된 정책이슈로서의 특성과 함께 기존 한국 지방정치에 대한 연구결과를 고려하면, "한국 지방정부의 경제개발정책은 정책수요 요인보다는 정치적 요인에 의해 결정된다"는 가설이 성립할 수 있다.

이 가설을 검증하기 위해서 이 연구에서는 다음 두 가지를 연구과제로 선정하였다.

첫째는 정책결정요인을 분석하는 과제로 정책수요 요인과 정치적 요인 중 어떤 요인의 영향력이 더 큰가를 비교하는 것이다. 특히 정치적 관점에서 정책수요 요인을 통제하고도 정치적 요인의 영향력이 발견되는가 하는 것은 중요한 초점이라 할 수 있다.

둘째는 정치적 요인이 중요할 경우 어떤 행위자들의 정치적 영향력이 중요한가를 밝히는 것이다. 이때 정치적 행위자들은 크게 지방정부, 중

___

을 들 수 있다. 또한 중앙정부의 시책을 둘러싸고 지방정부 간 과도한 경쟁으로 자원이 낭비되고 주민 사이에 갈등만 커져 사회통합에 장애요인이 되는 경우도 있는데, 태권도공원 유치, 기업도시 유치, 지역특구 선정, 동계올림픽 개최 후보지 선정 등을 둘러싼 경쟁을 들 수 있다.

앙정부와 광역정부를 포함한 상위정부, 성장연합과 공익적 시민단체를 포함한 지방시민사회 그리고 유권자로서의 일반주민 등을 포함한다.

지방정부의 경제개발정책이 주요 정치행위자들의 정치적 선택에 의해 영향을 받는다는 이 연구의 가설에 대한 가장 강력한 반론은 경제개발정책에 대한 경제적 관점일 것이다. 이 관점의 핵심주장은 지방정부의 경제개발정책과 사회복지정책은 해당 지역의 경제적 조건 및 행정수요에 의해 결정되므로 정책을 둘러싼 정치적 고려는 중요하지 않다는 것이며, 대표적인 연구로 피터슨(Peterson 1981)의 "도시한계론테제(City Limits Thesis)"가 있다. 피터슨의 주장에 따르면, 국가는 영토 내에서는 자본·노동·토지라는 생산요소의 자유로운 이동을 통제할 수 있는 권한을 가지고 있으나, 지방정부는 자본과 노동력이라는 두 가지 생산요소의 자유로운 이동을 막을 수 있는 권한을 보유하고 있지 않기 때문에 지방정부의 경제개발정책의 산출은 지역의 경제적 개발수요에 의해 결정될 가능성이 크다는 것이다. 이상의 논리는 미국 지방정부의 재정지출을 분석한 연구들에서 경험적으로 실증된 바 있다(Dawson and Robinson 1963; Dye 1966; Hwang and Gray 1991).

그러나 한국 지방정부의 정책결정에 관한 연구에 있어서는 미국 지방정부를 대상으로 한 연구와는 다른 결과를 예상해 볼 수 있다. 우선 한국 지방정부에 대한 중앙정부의 영향력은 다른 선진 국가들에 비해 매우 강하다는 평가를 받고 있다(정세욱 1998; 김병준 2000; 안청시 외 2002). 일반 행정 사무에서 중앙정부는 광범위한 통제권을 행사하고 있으며, 재정에 있어서도 대다수 지방정부의 재정 자립도가 취약하여 중앙에 의존하는 비중이 크다. 또한 국회, 감사원, 중앙정부의 지방정부에 대한 감사를 법제화하고 있는 것도 한국 지방자치에 대한 중앙집권적 특징을 보여 주는 근거라 할 수 있다.

하지만 중앙과 지방관계가 아니라 지방사회의 정책결정에 초점을 두면 다른 그림이 펼쳐진다. 중앙에 대해 약했던 한국 지방정부가 지방사회에서는 어떤 사회집단도 견제할 수 없을 정도로 강한 존재라는 사실이다(유팔무 외 1995; 강명구 2002). 특히 정책결정에 있어 자치단체장의 영향력이 지방의회나 지방 관료제의 영향력과는 비교할 수 없을 정도로 막강하다는 것은 여러 연구에서 공통적으로 지적되는 점이다(이승종 1998; 박종민 외 2000; 최창수 2000; 소순창 2001).

이상을 정리하면 한국 지방정부의 주요 정책결정자는 정부 영역에서 찾을 수 있으며 그중에서도 중앙정부와 자치단체장의 영향력이 가장 강하다고 할 수 있다. 따라서 한국 지방정부의 경제개발정책을 이해하기 위해서는 중앙정부와 자치단체장의 정치적 선택에 대한 분석이 필수적임을 알 수 있으며, 이 연구의 가설은 한국 지방정부의 정책과 지방정치의 특징을 이해하는 데 있어 핵심적인 연구문제를 제기하고 있다고 말할 수 있다.

경제개발정책에 대한 정치학적 연구의 중요성에 대해 몇 가지 부연하면, 우선 경제개발정책은 한국 지방정치의 메커니즘을 이해하는 데 가장 적합한 연구대상이라 할 수 있다. 한국 지방정치는 경제개발정책을 중심으로 작동하고 있다고 해도 무방할 정도로, 지방정치인 및 지역주민들은 지역개발과 경제활성화를 지방정부가 해결해야 할 핵심과제로 인식하고 있으며(최승범 2000), 지역개발은 자치단체장의 업적평가에 있어 주요 지표로 간주되고 있을 뿐만 아니라 개발과정에서 발생하는 부정부패 사건 및 난개발의 부작용 등은 많은 지방사회에서 정치적 쟁점이 되고 있다. 따라서 이 연구는 한국 지방정치에 대한 이해의 폭을 넓히는 데에 일조할 것이다.

다음으로 지방자치가 실시된 이후 지방정부에 대한 주민의 관심이 급격히 커지고 있다. 그 결과 정책결정과 정책집행 과정에서 효율성과 효과성뿐만 아니라 정책에 대한 반응성과 주민통제의 중요성이 강조되고 있으며, 지방정부의 성과에 대한 평가와 정보공개의 필요성도 높아지고 있다. 이처럼 지방정부의 정책에 대한 주민의 관심이 커지고 있는 시점에서 정책산출에 초점을 맞춘 이 연구의 의미는 크다 할 것이다.

한국 지방자치와 관련된 기존 연구들을 보면, 정치학에서는 지방정치 내지 지역 권력구조에 초점을 둔 나머지 정책과 공공서비스의 효율적인 공급이나 주민에 대한 반응성 문제에 대해서는 소홀했던 반면, 행정학에서는 지방정부의 내부조직이나 정책에 대해서는 관심을 두었지만 지역사회의 권력구조나 주민의 역할 등에 관해서는 상대적으로 무관심했다. 이 점에서 지방정부의 정책을 연구하면서도, 그 정책에 영향을 미치는 정치적 요인들을 규명하는 데 분석의 초점을 둔 이 연구는 지방정치와 지방정책에 대한 연구를 활성화하는 데 기여하는 바가 클 것이다.

제 2 절 연구대상과 분석단위

이 연구에서는 기초지방정부를 연구대상으로 선정하였다. 광역지방정부가 지역주민들에게 미치는 영향력이 큰 것은 사실이다. 하지만 공공문제의 해결을 위해 지방정치가 주민들의 일상적인 생활과 연결되어 작동되는 것이 지방자치 본래의 의미와 부합한다는 점에서 기초지방정부를 연구대상으로 삼는 것이 타당하다. 또한 현실적으로 중앙정부와 광역지방정부가 수립한 정책을 집행하는 주체는 기초지방정부라는 점에서 기초수준은 중앙정부, 광역지방정부 그리고 기초지방정부의 정책노력이 집약되어 작동하는 구체적인 현실의 영역이라고 할 수 있다. 여기에 기초지방정부가 수적으로 다수라는 것도 중요하다. 기초 수준은 다양한 경제적 조건과 정치적 환경 속에서 작동하고 있어 지방정부의 정책결정요인을 분석할 수 있는 여건을 제공해 주기 때문이다.

기초지방정부는 대도시의 자치구, 일반시, 그리고 군이라는 세 종류로 나뉜다. 과연 이들을 같은 분석단위로 묶을 수 있는가? 우선 자치구는 시·군보다 자치권의 범위가 좁다. 『지방자치법시행령』 별표2에 따르면 자치구는 도시계획, 공설화장장 등의 설치, 일반폐기물 처리시설의 설치, 중로(12미터) 이상의 도로의 개설, 상수도 사업 등 15개 사무유형에 대해 시·군이 가진 자치권을 행사할 수 없다. 반면에 인구 50만 이상의 시는 다른 기초지방정부보다 자치권의 범위가 넓다. 『지방자치법시행령』 별표3에 따르면 인구 50만 이상의 시가 직접 처리할 수 있는 도의 사무가 20개 유형이 열거되어 있다. 그렇지만 인구 50만 이상의 시, 기타 시, 군, 자치구 사이의 제도적 차이는 경제개발정책의 변이를 설명할 수 있는 하나의 통제변인으로 분리해 낼 수 있기 때문에, 이들을 하나의 분석단위로 묶어 분석하는 것이 가능하다.

이 연구의 시간적 범위는 초대 민선단체장이 선출된 1995년부터 2대 민선단체장이 집권하고 있는 2000년까지의 기간으로 삼았다. 이에 대해 지방의회가 구성된 1991년부터 분석기간으로 삼아야 한다는 반론이 가능하나, 정책결정 및 집행을 주도하는 민선단체장이 선출되어 진정한 의미의 지방자치가 실시되었다는 점에서 1995년 이후를 분석대상으로 삼는 것이 타당하다. 또한 민선 단체장 선출을 전후하여 현재와 같은 행정구역이 결정되었다는 점도 1995년 이후를 분석기간으

18

로 정한 근거가 된다. 1994년 도농복합시가 출범하여[2] 1991년을 분석 시점으로 삼을 경우 동일 행정지역에서 시간에 따라 나타나는 정책의 안정된 패턴이나 변화를 파악하기 어렵기 때문이다.

〈표 1.1〉 연구대상 기초지방정부

광역지역	자치구	일반시	군	합 계
서울특별시	25	-	-	25
부산광역시	15	-	1	16
대구광역시	7	-	1	8
인천광역시	8	-	2	10
광주광역시	5	-	-	5
대전광역시	5	-	-	5
경 기 도	-	23	8	31
강 원 도	-	7	11	18
충청북도	-	3	8	11
충청남도	-	6	9	15
전라북도	-	6	8	14
전라남도	-	4	17	21
경상북도	-	10	13	23
경상남도	-	10	10	20
제 주 도	-	2	2	4
합 계	65	71	90	226

---

2) 도농복합형태의 시 설치에 관한 법률에 의거해서 1995년 1월 35개 시지역과 34개 군지역의 통합에 따라 35개 통합시가 출범하였고, 같은 해 5월 6개 시지역과 5개 군지역이 통합하여 5개 통합시가 출범했다. 이후 1998년 여수시, 여천시, 여천군이 통합되어 여수시가 탄생했다. 통합이 아닌 군 지역이 시로 승격하여 2000년까지 도농복합형태의 도시가 된 사례로는 고양시, 용인시, 파주시, 이천시, 논산시 그리고 양산시가 있다.

이상 1995년 이후 기초지방정부를 연구대상으로 선정한 결과, 1997.
7. 15. 광역시로 승격된 울산광역시의 5개 기초지방정부를 연구대상에서
제외하였고, 1998. 4. 1. 여수시·여천시·여천군이 통합한 여수시도 연
구대상에서 제외하였다. 그 결과 226개 기초지방정부가 연구대상에 포
함되었고, 〈표 1.1〉에는 분석에 포함된 기초지방정부의 수가 광역지역
별로 정리되어 있다.

제3절 연구의 구성

이 연구는 서론을 포함하여 총 6장으로 구성되어 있다.

제2장에서는 이 연구의 종속변수와 설명변수에 대해 이론적 검토가
이루어진다. 우선 지방정부의 경제개발정책을 정의하고, 경제개발정책
의 정치적 성격과 지방정부의 역할에 대해 논한다. 경제개발정책은 지
역발전을 촉진하기 위한 노력으로 지역사회에서 정치적 쟁점이 되는
경우가 많다. 이처럼 정책적 속성과 정치적 속성을 모두 갖는 경제개
발정책의 산출수준에 차이가 나타나는 이유에 대해 "경제적 제약
(economic constraints)" 모형과 "정치적 선택(political choice)" 모형의
2가지 관점이 대립하는데, 이 연구에서는 정치적 행위자를 상위정부,
지방정부 그리고 지방시민사회의 세 부분으로 나눈 정치적 선택 모형
을 구성하고 연구가설을 설정한다.

제3장에서는 개념의 측정 문제를 다룬다. 타당성, 포괄성 및 신뢰성이
라는 측정의 기준에 따라 경제개발정책의 산출수준을 측정하는 지표를

검토하여, 지방정부의 경제개발정책을 세 가지 정책수단(재정, 토지, 조례)에 따라 측정한다. 또한 연구가설에 따라 독립변수의 측정지표도 선정한다.

제4장에서는 한국 지방정부의 경제개발정책의 전체 현황 및 기초지방정부의 경제개발정책의 유형과 분포 그리고 지방정부의 경제개발전략 등을 다룬다. 이때 경제개발정책의 세 가지 정책지표 간 상관관계를 분석하여 세 가지 정책수단이 유기적으로 연결되어 있는지 아니면 각기 다른 정치가 작동하고 있는지를 추론할 수 있다. 또한 사회복지정책, 공공서비스 공급, 일반 행정, 환경정책 등 다른 정책영역과의 관계를 통해서, 경제개발정책의 의미를 분석할 것이다. 각 지방정부의 경제개발정책의 전략은 기존 연구를 중심으로 분석한다.

제5장은 이론과 분석모형에 따라 통계적 분석을 실시한다. 상관관계 분석과 회귀분석을 통해 한국 지방정부의 경제개발정책은 어떤 모형을 따르고 있는지 찾아내고 정책수요를 통제한 상태에서 정부 간 관계, 지방정부 그리고 지방시민사회 중에서 어떤 요인이 지방정부의 경제개발정책 결정에 영향을 미치고 있는지를 분석한다.

제6장에서는 논문을 요약하고, 한국 지방정부의 개혁방안에 대해 생각해 본다. 또한 연구의 한계와 향후 과제를 제시한다.

제2장

지방정부의 경제개발정책과 결정요인: 이론적 검토

제1절 경제개발정책의 의의

1. 공공정책으로서의 경제개발정책

지방정부의 경제개발정책을 이해하기 위해서는 공공정책의 개념과 경제개발정책의 목적에 대해 논의해야 한다. 우선 공공정책에 대한 가장 간단한 정의는 "정부가 행동하기로 결정하거나 혹은 행동하지 않기로 결정한 것(whatever governments choose to do or not to do)"이다(Dye 1976: 1). 그러나 정책결정의 공식적인 측면을 강조할 경우 "바람직한 사회상태를 이룩하려는 정책목표와 이를 달성하기 위해 필요한 정책수단에 대하여 권위 있는 정책기관이 공식적으로 결정한 기본방침"(정정길 1994: 37)으로 정의할 수 있다. 반면 결정된 정책의 효과가 주로 사적 행위자들에게 영향을 미친다는 점을 강조할 경우에는 공공정책을 "사적 행위를 장려하거나, 방해하거나, 금지하거나 지시하는 것(public policy encourages, discourages, prohibits, or prescribes private actions)"으로 정의할 수도 있다(Weimer and Vining 1991: 30).

다음으로 지방정부의 경제개발정책의 목적은 본질적 관점과 비교적 관점의 두 가지 다른 방식으로 표현할 수 있는데, 본질적 관점에서 경제개발정책의 목적은 '지역발전'으로 요약할 수 있다. 이때 지역발전이란 지역사회가 지향하는 소망스러운 상태 혹은 그 상태로 나아가는 과정을 의미하며, "일정한 지역을 대상으로 하여 생산기반과 생활기반을 정비한다는 물리적 계획(physical planning)에 근거하며, 나아가서 지역의 경제적 소득증대와 주민의 복지향상을 겨냥하는 경제·사회적 발전의 개념을 내포"한다(고병호 1994).

　이처럼 지역경제개발은 특정 지역에 물리적인 변화를 일으킴으로써 경제적 소득증대라는 양적 성장의 측면과 주민의 복지 및 삶의 질 향상이라는 질적 발전의 측면이 모두 포함되어 있다. 개념상의 이중성으로 인해 지역개발의 개념은 경제적 차원, 사회적 차원, 그리고 공동체 차원 등 하나의 틀로 묶을 수 없는 몇 개의 차원으로 구분되기도 한다(박종화 외 1995). 지역개발이론에서 성장모델과 재분배모델이 대립하고, 자유주의 모형과 급진적 모형이 대립하는 것도 이런 개념상의 이중성에 기인하는 것이다.[3] 또한 지역발전의 양적 측면과 질적 측면 중 무엇을 강조하느냐에 따라 개발의 공간전략, 추진전략 그리고 자원활용전략이 달라진다. 공간전략은 불균형전략과 균형전략으로, 추진전략은 하향식 전략과 상향식 전략으로, 그리고 자원활용전략은 외생적 전략과 내생적 전략으로 나뉜다.[4] 그러나 이런 개념상의 혼란의 여지

---

3) 지역개발 모형에 관한 보다 상세한 내용은 강정석(1987), 고병호(1994, 1995), 조명래(1991, 1995)의 연구를 참고할 것. 참고로 고병호는 지역개발 모형을 성장모형, 재분배모형, 유연체계모형 그리고 환경모형으로 구분하고, 조명래는 자유주의 모형, 신대중주의 모형, 급진 모형 그리고 포스트모던 모형으로 구분한다.

4) 공간전략에서 불균형전략은 경제성장 초기 단계에 부족한 자원의 한계를 극복하고 투자의 효율성을 증진시키는 데 기여하는 반면, 균형전략은 경제가 일정 수준 이상 성장한 이후 나타나는 지역 간 격차문제를 해소하는 데 초점을 맞추기 때문에 투자의 효율성보다는 분배적 성격을 강조한다.
　추진전략에서 하향식전략(top-down approach)은 정책목표의 결정과 집행이 정부, 관료 및 전문가집단 등에 의하여 주도되는 전략으로 경제성장과 생산확대를 목표로 효율성을 강조한다. 반면 상향식전략(bottom-up approach)은 지역이 지닌 자원을 최대한 활용하고 이를 주민의 복지향상과 연결시키는 것을 목적으로 한다.
　자원활용전략에서 외생적 전략(exogenous development)은 외부의 자극과 잠재력에 의존하는 전략으로 외부의 자본을 유치하여 지역경제의 규모

가 있고 지역의 정치적 과정에 따라 구체적인 내용이 달라질 수 있다 하더라도 경제개발정책의 목적이 지역발전에 있다는 것은 논란의 여지가 없어 보인다.

비교의 관점에서 지방정부의 경제개발정책의 목적은 지역의 경제적 지위 극대화로 정리할 수 있다. 이에 대해서는 피터슨이 명확히 표현하였다. "한 도시는 기업과 마찬가지로 경제적 지위(economic position)를 극대화하기 위해 다른 도시와 경쟁한다(Peterson 1981: 29)." 지역의 경제적 지위가 향상될 경우 더 많은 자본과 노동력을 끌어들일 수 있고 그 결과 지방정부의 재정기반이 확대될 수 있다. 뿐만 아니라 지방 정치인들과 지방관료들은 지역주민들로부터 더 많은 지지를 확보할 수 있다.

연구자에 따라 지역의 경제적 지위를 높이기 위해 다른 지역으로 생산품과 서비스를 '수출하는' 산업을 유치해야 한다는 주장을 하는가 하면, 잘 발달된 기반시설 및 효율적인 공공서비스를 강조하기도 한다. 또한 자체적인 소비에만 충당할 수 있는 재화와 서비스의 생산만이 아니라 타 지역의 소비에 영향을 미치는 재화와 서비스를 공급하는 것을 강조하기도 한다. 이 경우 해당 지역에서는 서비스 산업이 발달할 수 있고, 더 많은 고용이 창출되며, 소득이 향상되고, 토지가격도 올라 재산가치도 높아지게 되고, 그 결과 조세수입도 증가하고 공공서

를 확대하는 데 목표가 있다. 반면에 내생적 전략(endogenous development)은 발전의 동기 부여나 발전에 필요한 자원을 지역내부에서 찾는 전략으로 경제성장이나 산업발전보다는 주민의 소득 및 복지증진에 정책의 우선순위를 둔다.

보다 자세한 내용은 고병호(1994, 1995), 김용웅 외(2003), 박종화 외(2000)를 참조할 것. 특히 내생적 전략에 대해서는 김형기(2002)와 성경륭 외(2003) 등이 지방분권형 국가를 논하면서 지역혁신체제를 강조한 것과 밀접히 연관되어 있다.

비스의 질이 향상되어 더 풍요로운 문화생활이 가능해진다. 이 점에서 피터슨은 경제적 지위 극대화를 도시의 유일한 이익(unitary interest)으로 본다.

이상 권위 있는 기관의 공식적인 결정이라는 측면과 사적 행위에 영향을 미친다는 효과의 측면을 갖는 공공정책의 개념과 지역발전이라는 본질적 관점과 경제적 지위 향상이라는 비교적 관점을 갖는 지역경제개발의 목적을 동시에 고려할 때, 이 연구에서 분석하고자 하는 지방정부의 경제개발정책은 "지역발전이나 지역의 경제적 지위를 극대화하기 위해 지방정부가 사적행위자들의 행위를 특정 방향으로 장려·방해·금지·지시하는 데 활용 가능한 정책수단에 대하여 갖는 방침"으로 정의할 수 있다.

이와 유사한 개념정의는 지역개발 연구자들에게서 발견된다. 예컨대 경제개발정책을 "국가를 포함한 공권력이 도시의 물리적 공간구조에 투자하거나 도시의 토지이용을 통제함으로써 지역사회 형성에 기여하는 일련의 실천적 행위"(박종화 외 2000: 355)로 보거나, "복수의 공간단위를 포괄하는 지리적 영역을 대상으로 산업화와 도시화에 필요한 물적 기반의 조성 및 사회경제적 제반조건의 개선을 추구하는 다양한 활용"(김용웅 외 2003: 32)으로 보기도 한다. 또한 정부에 의한 의도적 활동을 강조하여 경제개발정책을 "경제적 공간체계를 중앙정부나 지방정부 등의 공공기관에 의해서 의도적으로 형상화하는 공공서비스 활동"(강인원, 홍기용 2000: 47)으로 보는 경우도 있다. 그리고 경제개발정책을 정책목표 및 의도한 효과와 관련지어 정의하면, 경제개발정책을 지역의 경제적 복지향상, 산업화 혹은 경제적 번영의 추구 그리고 지역의 경제적 지위의 향상에 기여하는 모든 행위로 볼 수 있다(Peterson 1981).

2. 정치적 이슈로서의 경제개발정책

경제개발정책이 갖는 정치적 성격에 대한 논의를 통해서 왜 경제개발정책을 정치학의 관점에서 분석해야 하는가를 해명할 수 있다. 경제학이나 지역개발학에서는 경제개발정책을 경제적 관점 혹은 공학적 관점에서 바라보는 경향이 강하다. 이 관점에 따르면 때로 강한 반성장연합이 형성될 경우에 개발에 대한 반대가 나타날 수도 있지만 일반적으로 개발에 대한 반대는 산발적인 반면 일반 주민들은 성공적인 경제발전의 결과를 향유하고 싶어 하기 때문에 경제개발정책이 성공하여 지역성장이라는 성과를 내기를 바란다고 본다. 이처럼 경제개발정책이 일반적으로 주민의 암묵적 지지를 획득하는 것은 투입된 비용보다 더 큰 경제적 효과, 예컨대 신규 고용의 창출, 재산가치의 상승, 공공서비스의 공급 증가, 그리고 재정의 안정적 확보 등의 결과에 대한 기대 때문이다.[5]

그러나 실제 지역의 정치적 조건과 상황에 따라 지역개발의 문제는 때로는 정치적 성격을 강하게 내포하는 경우가 있다(Stone and Sanders 1987; Swanstrom 1988). 이 경우 지역개발의 정치적 성격은 개발비용과 성과의 분배에 대한 태도, 위험에 대한 태도 그리고 효율성/평등의 가치에 대한 태도 등에 따라 결정된다. 이 외에도 정치인의 입장에서

---

[5] 경제개발정책의 파급효과와 관련된 두 개의 모형이 있다. 하나는 민간편익모형으로 〈정부의 유도 및 지원 → 민간투자 확대 → 고용창출 → 소득증대/실업해소/빈곤퇴치 → 재화와 용역의 수요증가 → 고용승수효과로 인한 추가적 고용창출〉의 선순환 과정을 갖는다. 다른 하나는 공공편익모형으로 〈정부의 유도 및 지원 → 민간투자 증대 → 자본축적/고용증대/임금증대 → 세원증대(세입증가/세율인하) → 행정서비스 개선 → 행정개선 → 추가적 자본유치 가능〉의 선순환 과정을 갖는다. 이달곤(2004: 665-656)

비록 개발정책에 실패할지 모르지만 자신이 지역성장을 위해 노력하는 모습을 보일 경우에 얻게 될 상징적 이익 등에서도 정치적 성격을 찾을 수 있다.[6] 상징적 이익을 제외한 경제개발정책의 정치적 성격은 〈표 2.1〉의 네 가지 차원으로 정리할 수 있다.

우선 평등과 효율성 간의 논쟁에 대한 이념적 태도가 경제개발정책의 정치적 성격을 결정한다. 효율성을 강조하는 사람들은 평등에 대한 과도한 강조 때문에 경제적 효율성이 침해되고 성장의 기반이 약화되어 결국 더 나쁜 결과를 초래하게 될 것이라고 주장한다(Peterson 1981). 반면에 평등을 강조하는 사람들은 지방정부의 보조금 및 세금감면이 기업의 의사결정에 영향을 미치지 못하기 때문에, 지방정부는

---

6) 지방정치인들이 지역개발정책을 추구할 수밖에 없는 상징적 측면은 다음 표를 통해서 설명할 수 있다.

〈표〉 단체장의 전략

구 분		경제개발정책	
		있음	없음
지역경제	발 전	A	B
	정 체	C	D

출처: M. Keating(1995), "Local Economic Development: Policy or Politics?", in N. Walzer (ed.), *Local Economic Development: Incentive and International Trends*, Westview Press: 16 김석태(1998), p.7.에서 재인용.

위의 표는 개발정책과 지역경제의 성과 간의 관계를 통해서, 지역의 단체장이 개발정책에 몰두할 수밖에 없는 이유를 보여 준다. 지역발전이 있는 A와 B의 경우 정치인들은 발전정책이 효과적이든 아니든 지역의 성장을 정책의 결과라고 주장할 수 있고, 정책은 있었지만 지역발전이 없는 C의 경우 정치인들은 외부적인 여건 때문에 발전이 정체된 것이라고 변명할 수 있다. 그러나 D의 경우와 같이 정책이 없는 상태에서 발전이 정체되면 비난을 면할 수 없다. 따라서 정치인들에게 지역개발정책을 추진하는 것이 정책의 성공여부와 관계없이 정치적으로 안전한 선택이라고 할 수 있다.

정책의 균형을 맞출 필요가 있다고 주장한다. 이 두 입장 사이에 경제개발정책뿐만 아니라 복지정책에도 소극적인 최소정부를 지향하는 주장이 위치하는데, 이는 지방정부가 시장에 개입하기보다는 시장을 지원할 것을 강조한다.

〈표 2.1〉 경제개발정책의 정치적 성격

정치적 차원	논의의 범위		
평등/효율성	평등 증진을 위한 정부개입	자유시장과 최소정부	효율성 강화를 위한 정부개입
위험	위험 회피적 (대규모 사업 회피)		위험 수용적 (신규사업에 적극적)
비용	민간업자가 부담 (부담의 집중)	개발비용 최소화 (현상 유지)	지방정부가 부담 (부담의 분산)
편익	집합적 편익 제공	사적 편익으로 배분	

출처: Stone and Saunders(1987) pp.275-281에서 재정리.

개발의 드 번째 차원은 개발정책이 경제적 이익을 낳을 것인지, 아니면 경제적 손실을 낳을 것인지와 관련된 위험(risk)에 대한 태도이다. 위험에 대한 태도에 따라 경제개발정책을 적극적으로 추진할 것인지 아니면 소극적인 태도로 일관할 것인지가 결정된다. 컨벤션 센터 건립은 성공할 경우 얻게 될 편익이 크지만 실패할 경우의 손실도 커서 위험이 크다고 할 수 있다. 또 한국 지방정부들이 경쟁적으로 유치하려고 하는 내국인 카지노 사업과 같은 도박성 사업의 경우에는 확실한 이익을 보장하지만 장기적 결과는 부정적일 수 있다.[7] 따라서 이

---

7) 지방자치단체들이 세수증대와 지역발전을 앞세워 소위 사행산업을 유치하려는 사례가 많다. 경마장, 경정장, 경견장, 경륜장 건립이나 소싸움 사업

런 대규모 자본사업이나 도박성 사업의 추진 여부의 결정은 자치단체장의 위험에 대한 태도에 의해 결정되는 경우가 많다. 이상 위험에 대한 태도는 앞의 평등/효율성의 차원과 논리적으로 밀접히 연결된다. 평등에 대한 강조는 위험회피와 연관되며, 효율성에 대한 강조는 위험수용이 관련된다.

개발의 세 번째 차원인 비용부담 문제도 정치적 반대로 이어지는 경우가 많다. 민간업자들은 개발비용을 공공부문이 담당하기를 원하지만, 지역의 주민들은 개발사업을 통해 직접 이익을 얻는 민간업자들이 비용을 부담하기를 원한다. 만약 지방정부가 재정지출 혹은 조세지출(조세감면)을 통해 민간업자의 개발비용을 대신 부담할 경우에는 주민들에게 비용을 전가하는 결과를 낳게 되어 논쟁거리가 될 수 있다. 설사 민간업자들이 비용을 부담하더라도 개발에 사용할 토지이용을 허가하는 행위도 어떤 사회경제적 결과를 낳을지 모르는 비용으로 간주될 수 있기 때문에, 개발의 비용부담 문제는 정치적 논쟁의 대상이 되고 있다. 개발의 결과 발생할 공해와 같은 부정적 외부효과나 추가적인 비

등에 뛰어들고 있는 자치단체들이 전국적으로 수십 곳에 달하고 있다. 기존에 유치 혹은 추진 실태를 보면, 과천시(경마장), 정선군(카지노), 경상남도(경륜장), 하남시(경정장), 광명시(경륜장). 안산시(경정장), 대전시(경륜장), 인천시(경마장), 제천시(경견장), 청도군(소싸움), 태백시(경견장, 오토레이스장), 화순군과 진도군(경견장). 전라남도와 광주시(경륜장). 담양군(경마장). 제주도(복권사업).

이에 대해서"세수증대와 지역발전이라는 명분은 그럴 듯하지만 투기산업을 마구 추진하는 것은 전국을 도박열풍으로 몰아넣게 된다"는 우려의 목소리와 함께, "도박산업을 지자체에서 하는 것이 바람직하지 않다는 목소리가 높지만 침체일로에 있는 지역경제 활성화의 유일한 대안"이라며 "장기적으로는 부가가치가 높은 산업을 육성하여 부족한 지방재정을 확보해야 결과적으로 주민들에게 많은 혜택이 돌아갈 수 있다"는 주장이 공존한다(서울신문 2002/1/26 국민일보 2003/2/17).

용을 누가 부담할 것인지에 대해서도 정치적 관심이 모아질 수 있다.

개발의 마지막 차원은 경제개발로 인해 발생된 편익을 어떻게 사용할 것인가에 관한 것이다. 구체적으로 개발의 결과 증가된 재정을 지방정부가 어떻게 사용할 것인지의 문제이다. 이에 대하여 지역의 생활환경 개선이나 교육수준 향상 등 일반 주민에게 이익이 될 수 있도록 공공서비스 개선에 사용해야 한다는 주장이 있는가 하면, 개발로 인한 개인의 소득증대와 일자리 창출 등의 편익을 강조하면서 증가된 재정을 추가적인 개발을 위해 활용해야 한다는 주장이 있다. 이 역시 정치적 논쟁의 문제라고 할 수 있다.

3. 경제개발에 있어 지방정부의 역할

(1) 서구 국가의 지방정부

1970년대 이후 전 세계적 경기침체의 국면 속에서 재정적 위기를 경험한 서구의 중앙정부들은 분권화 정책을 적극적으로 추진하기 시작했다. 따라서 지방정부의 경제적 역할에 대한 기대가 높아졌고 이 상황에서 각국의 지방정부들은 전통적인 기능모형에서 벗어나 경제적 기능을 강화해야 할 입장에 놓이게 되었다.

유럽의 지방정부들이 정립해 온 전통적 기능모형은 공공서비스 공급과 분배를 강조하는 후견주의 모형(clientelistic/patronage model)과 복지국가 모형(welfare state model)으로 대표된다. 후견주의 모형은 지방정부의 단체장과 지역주민 간 긴밀한 연계를 요체로 하며 중세 봉건적 상하관계가 특징인 중앙/지방 관계의 논리를 반영하고 있다.

후견주의 모형의 대표적인 국가로는 프랑스, 이탈리아, 스페인, 그리스 그리고 터키 등을 들 수 있다. 반면 복지국가 모형은 형평성과 재분배에 기능적 초점을 두면서 전문적 정책집행자로서 지방정부의 대응성과 책임성을 강조한다. 복지국가 모형의 대표적인 국가들은 독일, 네덜란드, 영국 그리고 북유럽 국가들이다(Goldsmith 1992; 김정렬 1997).

미국에서는 머쉰정치(machine politics)라는 미국적 형태의 후견주의가 20세기 초까지 지역사회를 지배하였다(Banfield 1958; Judd and Swanstrom 1994). 하지만 중소도시를 중심으로 전개된 개혁운동(Progressive Movements)의 결과 시정관리인(city manager) 제도가 도입되면서 행정의 전문화를 강조하게 되었고, 1933년부터 시작된 뉴딜정책에 따라 연방정부가 복지정책을 강화하는 과정에서 제한된 형태이기는 하지만 복지국가 모형의 제도화가 시도되기도 하였다. 이와 관련하여 미국에서 케인지주의적 경제관리규범이 채택된 것이나 대표성과 반응성을 강화하는 방향으로 행정개혁을 선도한 신행정학이 출현한 것도 복지국가 모형의 제도화를 지탱하는 이념적 토대로 평가되고 있다(김정렬 1997).

후견주의 모형과 복지국가 모형의 국가들에서 지방정치는 중앙정치보다 낮은 수준의 정치(low politics)로 인식되는 경향이 강하기 때문에 지방정부의 자율적인 정책활동은 찾아보기 어렵다. 그런데 1970년대 이후 전 세계적으로 경제가 장기침체국면에 들어서고 연방정부 혹은 중앙정부가 지방에 대한 재정지원을 삭감하면서, 한편으로는 쇠퇴하는 지역경제를 되살려야 한다는 책임에서, 다른 한편으로는 지방정부의 재정위기를 극복해야 한다는 현실적 필요성에서, 지방정부의 경제적 역할을 강조하는 경향이 나타나기 시작했다. 지방정부의 경제적 역할에 대해서 경제발전 모형(economic development model)과 시장형성

모형(market-enabling model)이 거론된다. 이 두 모형은 각각 적극적 시장개입을 중시하는 코포라티즘(corporatism)과 소극적 시장개입을 선호하는 신자유주의(neo-liberalism)를 이념적 토대로 한다.[8]

우선 경제발전 모형의 논리는 지역경제의 활성화를 위해 노력했던 미국 도시정부들의 적극적 활동에서 찾을 수 있다(Elkin 1987; Logan and Molotch 1987; Stone 1989). 경제발전 모형 또는 성장기계 모형 (growth machine model)으로 지칭되는 적극적 시장개입논리가 각광을 받게 된 이유는 북동부 지역의 전통적인 제조업 중심지의 쇠퇴, 연방정부의 지원축소와 지방차원의 자구 노력 증가의 필요성, 그리고 지방정부의 단체장의 지도력에 대한 주민들의 기대상승 등을 들 수 있다. 이 논리에서는 쇠퇴하는 지역경제를 되살리기 위해 지방정부가 시장이 작동할 수 있는 필요조건을 구비하기 위해 노력하고 경제성장을 적극적으로 도모하는 것이 목표이다. 대표적인 국가로 미국, 캐나다, 호주를 들 수 있다.

경제발전 모형이 지방정부의 생산자적 역할을 강조하는 것과 달리, 시장형성 모형은 지방정부의 지원자적 역할을 강조한다. 소비자의 선택권을 높여야 한다는 우파적 논거와 주민참여를 활성화해야 한다는 좌파적 논거가 모두 동원되어 권력의 분산과 주민공동생산을 촉진하

8) 두 모형은 논리구조만을 보면 국가수준의 산업정책에 대한 국가중심적 시각과 신고전주의적 시각 사이의 대립구도와 일치하는 측면이 있다. 예를 들어, 서구국가들의 경우에는 시장개입의 수준이 적극적인가 아니면 소극적인가에 따라 클린턴 정부와 블레어내각의 적극적 시장개입 방식과 레이건 정부와 대처내각의 신자유주의적 방임의 차이가 나타난다(김정렬 1997). 그러나 보다 명확한 구분은 미국과 일본의 도시발전정책에 있어서 정부의 역할의 차이를 비교한 정원식의 연구(1998)에서 찾을 수 있다. 정원식은 시장기제의 힘에 의존한 정부의 발전정책(성장연합)과 정부의 힘에 의한 지역이익대표체제(코포라티즘)의 차이를 통해 두 국가의 도시발전정책과정을 대비하고 있다.

고자 한다(Goldsmith 1992). 이 관점에서 지방정부는 공공서비스를 직접 생산하고 공급하는 것이 아니라 시장과 민간영역과의 협력을 통해 공급할 때 더 효율적이 된다고 본다. 시장형성 모형은 1980년대 영국의 대처 내각과 미국의 레이건 행정부시기에 강력하게 대두한 신공공관리와 신자유주의의 개혁논리와 밀접한 관련이 있다. 시장형성 모형의 출현은 20세기 후반의 경제 침체국면에 대응하여 사회복지 및 재분배를 강조하던 각국의 지방정부들이 경제이슈에 보다 민감한 반응을 보일 수밖에 없었던 현실적 요인과 그에 따라 경제발전을 촉진하는 지방정부의 역할에 대해 중앙정부뿐만 아니라 기업과 주민들의 높아진 기대수준이 합쳐진 결과라 할 수 있다.

(2) 한국의 지방정부

이상 4가지 기능모형은 서구국가들이 경제적 환경이 변화함에 따라 대응하는 과정에서 발전된 것이지만 한국 지방정부를 이해할 때에도 유용한 틀을 제공한다.

지역엘리트뿐만 아니라 지역주민들도 지방정부의 가장 중요한 기능으로 침체된 지역경제의 활성화를 뽑고 있다는 점에서 위의 4가지 지방정부 기능모형 중에서 현재 한국 지방정부를 이해하는 데 가장 적합한 모형은 경제발전 모형이라 할 수 있다.

그러나 한국 지방정치의 독특한 측면은 공공서비스의 연줄망에 의한 분배를 특징으로 하는 후견주의 모형도 동시에 작동하고 있다는 것에 있다. 경제발전 모형과 후견주의 모형, 이 두 모형의 공존은 한국의 지방정치를 분석한 많은 연구자들이 단체장과 후원자들 사이의 배분정치와 교환관계를 강조하는 후견주의 모형을 사용하거나, 지역성장을 핵심과제로 여기고 경제이슈를 강조하는 경제발전 모형을 사용하고 있다는 점에서도 재확인할 수 있다.

후견주의 모형의 관점에서 한국 지방정치를 분석한 연구로는 박종민(2002)이 있다. 박종민은 자발적 범주집단을 정치과정의 주요 행위자로 보는 집단이론이 한국에는 타당하지 않다고 지적한다. 그 근거로 지방정치과정에서 자발적 범주집단이 거의 조직되어 있지 않다는 점과 정치활동이 공적 성격을 갖기보다는 사적 성격을 갖는다는 점을 들면서 그는 정치적 후견주의를 설명의 대안으로 제시한다. 지방수준의 정치적 후견주의의 정점에는 지방정치의 주도권을 쥐고 있는 단체장이 있다(박종민 외 2000). 단체장을 효과적으로 견제할 수 있는 조직화된 이익이 거의 존재하지 않는 상황에서, 지방자원의 배분은 지방의원, 지방관료, 지역기업인, 국회의원 및 지역유지들과 단체장과의 개별적 교환관계를 통해 결정된다. 또한 이들과의 관계는 주로 학연, 지연 그리고 물질적 교환관계로 이루어져 있다는 것이다. 민선 단체장 선출 이후 심화된 교환정치의 폐해로는 부정부패, 공적 권한남용, 이권개입, 특혜제공 등이 자주 거론된다. 후견주의 모델은 지방자치와 민주주의의 관계가 상호긍정의 관계만이 아니라 상호부정의 관계일 수 있는 조건적인 관계임을 보여 주고 있다. 또한 지방사회가 지방보수주의가 지배하는 사회로 전락할 수 있다는 우려 역시 이를 반영한다(안청시, 이광희 a 2002; 강명구 2002).

한국 지방정치를 경제발전 모형으로 설명한 연구로는 고양시의 경제개발정책을 분석한 배유일(Bae 2003), 부산광역시의 성장연합정치를 분석한 백두주(2000, 2003), 울산광역시와 포항시의 성장연합을 연구한 박재욱(1997) 그리고 평택시를 분석한 최승범(2000) 등이 있다. 이들은 미국의 도시정부 연구에 적용된 성장기계론과 레짐이론의 틀을 이용하여 한국 지방정부의 경제개발정책을 분석하였다. 이들의 분석에서 공통적으로 발견되는 특징은 두 가지로 요약된다. 우선 한국 지방사회에서 지역자본과 토착엘리트가 중심이 된 성장연합이 발견된다는 점에서는 서구 학자들의 연구결과와 동일하다. 그러나 한국의 경우에는 단체장을 중심으로 한 지방정부가 이들 성장연합과 우호적인 협력자의 수준을 넘어서 성장연합을 적극적으로 주도하고 있다는 점에서 차별적이다. 또한 반성장연합은 지역에 따라 차별적으로 나타나는데, 지역 시민사회의 활동은 지역사회의 정치적 성격과 정치적 상황에 따라 시기적으로도 산발적이었다. 예를 들어, 고양시와 부산광역시에서는 시민단체 중심의 반성장연합이 발견되는 반면, 울산광역시, 포항시 그리고 평택시에서는 성장연합에의 대항세력은 발견되지 않았던 것이다. 한국 지방사회에서 작동하는 성장정치와 관련된 주요 이슈와 행위자들의 역할은 〈표 2.2〉에 정리되어 있다.

〈표 2.2〉 고양시의 성장정치의 특징

구 분	성장기계론	레짐이론	고양시의 성장정치
지방정부와 민간행위자들과의 관계	민간이 성장연합을 형성, 지방정부를 동원.	지방정부와 민간 사이의 비공식적 협조 관계 형성.	지방정부가 중심이 된 성장연합 형성.
지역자본의 역할	지역에 기반을 둔 자본의 역할이 큼.		전국 수준의 자본의 역할이 발견됨.
주요 정책과제	지역성장과 발전	경제적 이슈(레짐에 따라 사회적 이슈도 포함)	지역성장과 발전
반성장연합 활동수준	적극적	적극적	적극적

출처: Bae Yooil(2003).

〈표 2.2〉를 보면, 한국의 지방정부는 지역성장과 발전을 추구한다는 점에서 성장기계론과 레짐이론의 논리대로 움직이지만, 지역에 기반을 둔 자본의 역할이 미미하며 지방정부가 성장정치를 주도하고 있다는 점에서는 두 이론과 다르다. 이처럼 한국의 사례를 분석한 기존 연구들에서 발견되는 특징은 지방정부의 강력한 영향력이다. 미국에서도 다원주의론 이후 지방정부, 특히 단체장의 리더십을 중요하게 여기는 전통이 있지만 이때의 리더십은 시민사회와의 협조적 관계를 형성하고(Stoker 1995), 사적 행위자들이 결정하고 활동할 수 있도록 촉진자로서의 역할을 의미하는 것이지[9], 한국에서처럼 시민사회로부터 견제를 받지 않고 독자적인 결정을 내리고 추진한다는 의미에서의 리더십은 아니라는 점에서 큰 차이를 보인다.

지금까지 한국 지방정치에서 경제발전 모형과 후견주의 모형이 공존하는 이유를 설명했다. 단체장을 중심으로 한 지방정부가 지역의 경제개발 전략을 주도한다는 점이 설명의 실마리가 되었다. 이는 경제개발정책의 결정에 있어 경제적 합리성이 아니라 정치적 고려가 강하게 작동하고 있다는 반증이다. 한국의 경우 단체장이 중심이 된 지방정부가 경제개발정책을 후견인들을 위한 자원배분의 수단으로 사용할 경우 후견주의 모형이 작동하게 되고, 지역 전체의 경제성장에 초점을 둘 경우에는 경제발전 모형이 작동하고 있다고 말할 수 있는 것이다.

후견주의 모형과 경제발전 모형에 비해 한국 지방정치를 복지국가 모형이나 시장형성 모형으로 설명하려는 시도는 아직 설득력이 부족하다. 한국 지방정부의 정책을 복지국가 모형 틀인 이원국가론으로 분석

---

9) Svara(Menzel 1996)는 지방정부의 리더십을 혁신자(innovator)의 역할(연합형성, 영향력 발휘, 위기의 극복 등)과 촉진자(facilitator)로서의 역할(의사소통 강화, 타인의 역량 강화)로 구분하면서, 후자의 역할이 점차 중요해지고 있음을 밝히고 있다.

한 연구가 있고(정용덕 외 2001), 지방자치 실시 이후 복지정향의 변화에 관한 연구도 다수 있다(이승종 2000; 강윤호 2000; 김태일 2001). 그러나 이들의 분석은 재정지출에 초점을 맞추었을 뿐 지방정책의 정치적 기반에 대한 분석이 부족했다.

또한 시장형성 모형을 강조하는 기업가적 정부에 대한 논의[10]나 신공공관리론에 기반한 지방행정 개혁에 관한 연구[11]도 발견된다. 이들 연구는 최근 많은 지지를 받고 있고 한국 지방자치의 발전을 위해 유용한 의미를 담고 있음에도 불구하고, 한국 지방자치가 나아갈 방향을 제시하는 데 초점을 두고 있다는 점에서 한국 지방정부의 현실을 설명하는 것에는 한계를 갖는다고 할 수 있다.

---

10) 기업가적 지방정부의 필요성을 강조한 연구로 대표적인 것들은 다음과 같다. 삼성경제연구소(역), 『정부혁신의 길』(1994, 삼성경제연구소): 서원교, 『지방경영 흑자전략』(1995, 비봉출판사); 정진호 외 5인, 『지방경쟁력 강화를 위한 기업가형 지방경영』(1995, 한국경제연구원); 최외출 외 2인(역), 『지방자치 경영』(1995, 지역발전연구센터); 김익수, 오연천(편), 『전환기의 지역경제정책』(1998, 삼성경제연구소); 김재철, 「기업가적 지방정치와 지역경제정책의 변화」, 『한국지역지리학회지』(1999), 5(2).

11) 주요 연구주제로는 행정서비스헌장, 민간위탁사업, 목표관리제(MBO), 성과평가 등이 있다.

제2절 지방정부의 정책결정요인에 관한 설명모형

1. 경제적 제약 모형(Economic constraints model)의 논리와 문제점

경제적 제약 모형에 따르면 지방정치는 지역의 경제적 조건이라는 제약하에서 작동한다. 따라서 경제발전, 빈곤퇴치, 삶의 질 향상 등 여러 정책영역의 산출수준도 지역의 경제적 제약에 의해 결정된다. 즉 경제적 제약 모형에서 정책은 경제적 조건에 의해 일방적으로 결정되며 지방정치의 역할은 미미한 수준에 머물게 된다.

〈그림 2.1〉 지방정부 정책결정의 경제적 제약 모형

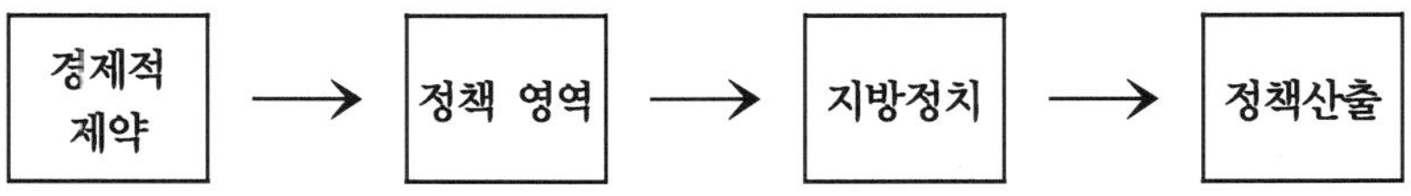

출처: Wong(1988: 2).

〈그림 2.1〉에서 볼 수 있는 바와 같이 경제적 제약에 따라 정책영역별로 정책산출을 늘릴 것인지 아니면 축소할 것인지가 결정되며, 그 결정은 지방정치라는 암흑상자(black box)를 거쳐 정책산출로 나타난다. 따라서 경제적 고려가 최우선이며, 정치적 고려는 차선이 된다. 경제발전의 초기 단계에서 지방정부의 재정지출은 경제개발 위주의 성향을 보이게 되지만, 경제발전의 성숙단계에 이르면 주민의 요구에 부응해 사회복지나 삶의 질과 관련된 지출의 비중이 늘어난다는 주장

(Musgrave 1969)도 경제적 제약의 영향력을 보여 주는 예이다.

피터슨(Peterson)은 그의 기념비적 저서인 『도시한계론』(City Limits, 1981)에서 지방정부 특히 기초수준의 지방정부가 경제적 조건에 더 민감할 수밖에 없는 구조적 근거를 제시하고 있다. 그는 지방정부는 노동과 자본이라는 두 가지 생산요소의 흐름을 규제할 수 있는 권한이 없기 때문에 지역의 경제적 조건 변화에 민감하게 반응할 수밖에 없다는 논리를 세운다. 다시 말해 지방정부는 재화와 서비스의 흐름에 개입하기 위해 관세를 부과할 수도 없고, 시민들의 거주선택권을 방해할 수도 없다. 또한 기업의 투자결정에 미치는 영향도 미미하다. 따라서 지방정부의 개발과 관련된 정책결정은 경제적 조건에 의해 좌우될 수밖에 없는 것이다.[12] 특히 빈곤층이 많이 거주하는 일반도시나 지방정부의 재정력이 취약한 농촌지역에서는 경제개발이 핵심과제가 되는 반면 재분배정책은 경제성장에 부담을 준다는 이유로 공적 담론에서 소외되고 정책이슈로 나타나지 않는다. 즉 재분배정책은 상위정부의 지원이 없는 경우에는 지방정치에서 비이슈(non-issue)가 되고 그 결과 비결정(non-decision)된다.

이상의 논리를 확장하여 피터슨은 중앙정부의 지원이 없는 상황을 상정할 경우, 지방정부는 지역의 경제성장을 지역의 유일한 이익(unitary interest)으로 간주한다고 본다.[13] 따라서 지방정부는 가용재원이 늘

---

12) 그러나 피터슨은 지방정부의 모든 정책이 경제적 조건에 좌우된다고 보지는 않았다. 치안서비스나 소방서비스와 같은 할당정책(allocational policies)에 있어서는 지방정부의 재정력에 따라 정책의 산출수준이 결정될 수 있고, 이 과정에서 협상과 타협이 특징인 다원주의적 정치가 작동할 수 있다고 본다. 예를 들면 생활기반이 안정된 중산층이 많이 거주하는 교외지역(suburban)의 경우에 주민들은 경제성장이나 추가적인 개발보다는 깨끗한 공원, 효율적인 공공서비스, 안전한 삶 등 쾌적한 생활환경을 제공받기를 원한다.

어날수록 경제개발정책에 투입하려는 경향이 강하며, 반대로 재분배정책에 대해서는 상위정부의 보조금 이외에 추가적인 재원을 투입하는데 인색하게 된다. 반면 할당정책의 산출은 지역별로 안정된 패턴이 유지된다. 결국 지방의 정치적 요인은 이상의 지방정부의 정책패턴을 바꾸지 못한다(Peterson and Wong 1985; Wong and Peterson 1986).

그러나 경제적 제약 모형의 예측에도 불구하고 현실의 많은 지방정부에서는 복지정책을 적극적으로 추진한다. Wong은 이런 현실에 대하여 정치적 선택 모형을 제안한다. 그에 따르면 지방정치인은 경제적 조건뿐만 아니라 정치적 안정과 정치적 지지의 확보를 중요하게 여긴다. 따라서 경제성장과 지역개발에는 부정적인 영향을 미칠지는 모르나 정치적 지지를 높이기 위해 복지정책을 추진할 수 있다는 것이다(Wong 1988).

경제적 제약 모형은 제도, 정치적 전통, 행정규범, 주민운동 등과 같은 경제적 조건 이외의 요인을 중요하게 여기지 않는다. 그러나 실제 정치과정에서 이런 비경제적 요소들은 개별 정책을 강화하거나 약화시킬 수 있다. 예컨대 실정법적으로 불가능한 경우 지방정부의 개발극대화 정책은 실행되기 어려울 것이다. 또한 지방정부 조직문화나 정치인의 리더십에 따라 정책의 채택과 집행은 달라질 수 있는 것이다(Pressman and Wildavsky 1973). 그리고 지방정부의 정책은 지방정부와 시민사회와의 관계에 따라 달라질 수 있는데(Stone 1993), 많은 경우 지역의 성장연합과 반성장연합의 관계에 영향을 받는다(Logan and Molotch 1987). 이런 점에서 지방정부가 산출한 정책은 도시의 경제적 목표와

---

13) 피터슨은 경제성장뿐만 아니라 사회적 지위의 향상도 지역의 이익의 하나로 간주할 수 있다고 보지만, 이것은 앞에서 논의한 쾌적한 생활환경을 목표로 하는 할당정책이 지배적인 정책이슈로 작용하는 교외지역의 정치에 해당되므로 예외적인 경우라 할 수 있다.

항상 부합하는 것은 아니며, 실제 각 정책영역 내에서의 정치는 경제적 제약 모형의 예측보다 훨씬 복잡하다(Wong 1988: 5).

2. 정치적 선택 모형(Political choice model)

〈그림 2.2〉에서 확인할 수 있는 것처럼 정치적 선택 모형은 경제적 제약의 영향력을 인정하면서도 비경제적 요인의 중요성을 강조하고 있다. 경제적 제약 모형에서는 경제적 제약에 의해 결정된 각 정책영역별 정책경향이 이미 정치적 선택을 결정하기 때문에 비경제적 요인에 의해 결정되는 정치적 선택의 존재를 부정한다. 그러나 정치적 선택 모형에서는 지방정부의 정책결정에 미치는 비경제적 제약의 영향력이 경제적 제약 모형에서 가정한 것보다 훨씬 크다고 본다. 이 관점에서는 지방정부의 정책은 경제적 제약과 정치적 선택의 영향력이 결합된 결과로 나타난다.

정책의 산출수준은 때로는 경제적 제약과는 상관없이 지방정치과정에 의해 결정될 수도 있다. 어떤 경우에는 경제적 이해관계가 더 강화되기도 하지만, 또 다른 경우에는 지역의 경제적 이익과 상반된 정치적 관계가 형성되기도 한다. 따라서 각 정책영역별로 정치적 요인은 경제적 제약 모형이 예측한 것 이상으로 프로그램을 확대하기도 하고 축소하기도 한다. 예를 들어, 지방의회나 주민들이 강하게 반대하여 자치단체장이 추진하고 싶은 사업추진이 차질을 빚기도 하는 것이다. 이런 결과가 나타나는 것은 정책 당국자가 정책을 선택할 때 실제로 고려해야 할 조건들이 많다는 것을 의미한다. 이 점에 대하여 Wong 은 지역의 정책산출 수준은 다음 두 가지 요소에 의해 결정된다고 주장한다(Wong 1988: 7). ① 각 정책영역이 갖는 독특한 경제적 성격, ② 각 정책영역별 정치적 변수에 의해 영향을 받는 세 가지 정책경향(프로그램 확장, 유지, 축소)의 상대적 강도가 그것이다.

〈그림 2.2〉 지방정부 정책결정의 "정치적 선택" 모형

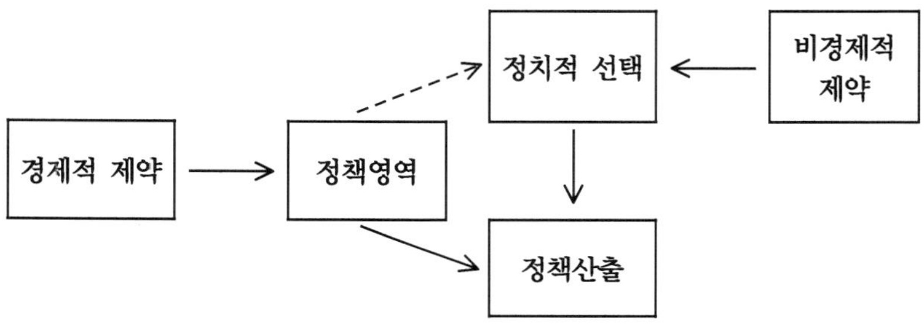

출처: Wong(1988: 5).
  주: 점선은 약한 인과적 영향력. 실선은 강한 인과적 영향력.

비경제적 제약의 원천은 다양하다. 경제적 제약 모형에 따르면 재분배정책은 비결정되어 지방정부의 정책산출에서 축소되는 경향이 있다. 그러나 만약 영세민과 빈곤층이 주민조직을 결성하여 재분배를 강하게 요구할 때, 이들의 호소를 정치적 기반으로 삼고자 하는 혹은 재분배에 대한 강한 신념을 가진 정치인이 존재할 경우 해당 지방정부의 재분배정책의 산출수준은 높아지거나 적어도 줄어들지 않을 것이다. 또 경제개발정책의 경우 강력한 정치적 리더십을 갖춘 인물이 단체장으로 당선될 경우 더 강력한 개발 프로그램이 채택될 수 있을 것이다. 반면 대형 환경사고가 발생하거나 개발관련 비리사건 등이 발생하여 전국적인 이슈가 되고 여기에 개발에 반대하는 시민운동이 조직되어 있는 경우 지방정부는 부득이하게 관련 개발계획을 철회하거나 축소할 수밖에 없을 것이다.

제3절 선행 연구검토와 연구모형 설계

1. 외국의 선행 연구검토

(1) 경제적 제약 모형: Peterson의 연구(1981)

피터슨은 *City Limits*(1981)에서 경제개발정책의 산출수준(1인당 고속도로 건설비 지출액)을 설명하는 변수로 재정력(fiscal capacity), 도시화 수준(urbanization), 그리고 사회적 소요(need but no demand) 등 3가지 변수를 설정하였다. 그리고 연방보조금(federal grants)과 지역(남부지역)을 통제변수로 설정하여 대립가설을 검증하였다.

각 변수를 측정한 방법을 보면, 재정력은 중위가구 소득(median family income)과 주민 1인당 보유자산가치(per capita property value)로 측정하였고,14) 도시화 수준은 대도시에 거주하는 인구비율, 인구밀도 그리고 비농업부문에 취업한 사람 비율의 3가지 지표로 측정하였으며, 재분배정책의 정책수요와 관련되어 있는 사회적 소요는 저소득 주민의 비율과 흑인 거주비율로 측정하였다.

"정책이 정치를 결정한다"고 가정했던 피터슨은 경제적 제약 모형의 논리에 따라 정치적 변수를 분석모형에 포함시키지 않았다. 그에

---

14) 이 지표는 지역주민의 재산과 소득의 크기를 나타내는 것으로, Sharkansky 와 Hofferbert(1969)는 이를 "부유함 정도"(Affluence)로 명명하였다. 지역주민의 부유함 정도는 재산세에 의존하는 지방세 구조에서 본다면 지방정부의 조세기반의 크기를 결정하므로 지방정부의 재정력의 크기와 밀접히 연관된다.

따르면 외부요인에 의해 제약되어 있는 상황에서 지방정치는 지방정부의 정책형성에 결정적인 영향을 미칠 수 없기 때문에 설명변수로 고려할 필요가 없고, 반면 사회경제적 변수들은 단순한 정치 외적 요인이 아니라 오히려 정책당국자들의 재량권을 행사할 수 있는 한계가 어느 정도인지를 추정할 수 있는 정보를 주는 지표로 사용될 수 있다고 보았다(Peterson 1981: 12-13). 결국 피터슨에 따르면 지방정치는 사회경제적 환경이 설정한 환경 한계 안에서만 작동하는 수동적 존재일 뿐이다.

〈표 2.3〉 Peterson(1981)의 경제개발정책 결정요인 분석결과

측정지표	모형1	모형2	모형3
중위가구 소득	0.67**	0.34**	0.72**
대도시 거주인구비율	-0.97**	-0.47**	-1.04**
비농업 취업자 비율	-	-	-0.10
흑인 비율	-0.06	0.02	-0.01
연방보조금	-	0.65**	-
Multiple R	0.81	0.94	0.84
모형설명	기본변수 투입	연방보조금 통제	남부지역 통제

주1: 종속변수: 1인당 고속도로 건설비 지출(연방보조금이 미포함)
주2: **p〈0.01, *p〈0.05. 회귀계수는 베타 값임.
주3: 기본변수를 투입할 때 다중공선성의 가능성 때문에 1인당 보유자산가치와 인구밀도는 투입하지 않았음.

〈표 2.3〉에서 전체모형(모형1)을 보면 도시화 수준이 낮은 지역일수록 고속도로 건설에 투자하는 지출수준이 높다.(β=-0.97) 이것은 낙후된 농촌지역일수록, 즉 경제개발의 수요가 높은 지역일수록, 경제개발정책을 더 추구하고 있다는 것을 보여 준다. 모형1에서는 재정력도

경제개발정책의 산출수준에 긍정적 영향을 미친다.($\beta=0.67$) 이것은 조세기반이 튼튼한 지역일수록 지방정부의 경제개발정책에 투입할 수 있는 여유재원을 보유할 가능성이 크기 때문에 더 많은 투자를 하는 것으로 볼 수 있다.

피터슨은 전체모형에 2개의 통제변수를 각각 투입하여 반론을 기각한다. 우선 연방정부의 보조금을 통제변수로 투입한 모형 2를 보면, 연방보조금의 영향력이 크게 나타났으나($\beta=0.65$) 도시화의 영향력도 유의미하게 나타났다. 또한 남부지역을 제외한 37개 주만을 대상으로 분석한 모형 3에서도 도시화의 영향력은 통계적으로 유의미한 결과를 보여주었다. 이것은 비경제적 변수의 대표적인 예인 정부 간 관계(연방보조금)나 정치적 전통(남부지방)을 고려하더라도 경제적 제약 모형의 논리가 그대로 유지되고 있다는 것을 입증하는 결과라 할 수 있다.

〈표 2.3〉의 결과에 따르면 지방정부의 정책산출을 설명할 때 경제적 조건의 영향력이 크다는 점은 부인할 수 없다. 모형1은 중위 가구소득과 대도시거주 인구비율이라는 단 2개의 변수만으로 전체 변이의 대부분인 81%를 설명할 수 있기 때문이다. 그러나 정부보조금 변수가 투입되었을 때 설명력이 94%로 증가하였고, 남부지역을 통제한 경우에도 설명력이 3% 증가한 84%에 이른 것은 정치적 선택 모형의 주장과 부합하는 측면이 있다. 정치적 선택 모형에 따르면 지방정부의 정책산출은 경제적 조건에 영향을 받지만 정치적 요인들이 그 산출수준을 더 높이거나 낮추는 작용을 하는 것으로 보고 있으므로, 피터슨의 연구결과에서 정치적 변수를 통제한 이후 설명력이 더 높아졌다는 것은 정치적 선택 모형이 어느 정도 작동하고 있다는 것을 예견하고 있다고 말할 수 있다.

(2) 경제적 제약 모형과 정치적 선택 모형의 비교

대부분의 정책산출(policy output) 연구자들은 지방정부의 정책산출 수준을 결정하는 요인이 무엇인가를 사회경제적 조건이 중요한가 아니면 정치적 요인이 중요한가의 문제로 접근하였다. 구체적으로 정책산출수준의 결정요인 분석은 지역의 사회경제적 특성과 정치체제의 특성 그리고 두 변수의 상호관계의 영향력을 비교하는 것으로 보았다. 이런 연구경향은 Dawson과 Robinson(1963)이 사회복지정책 산출의 결정요인에 대해 사회경제적 요인과 정치체제 요인을 모두 투입하여 분석한 결과 사회경제적 요인이 정당 간 경쟁 요인보다 더 강한 영향을 미친다는 연구결과를 발표한 이후 미국에서 활발히 진행되었다.

〈그림 2.3〉에 제시된 분석모형은 많은 연구자들이 사용한 모형으로, 이때 종속변수를 재정으로 표현된 정책산출로 하였으며, 독립변수를 크게 사회경제적 변수와 정치적 변수로 양분하였다.

두 변수군 간의 상대적 중요성과 관련하여 두 가지 주장이 엇갈린다(Hwang and Gray 1991; 이종수 2002). 하나는 사회경제적 변수를 통제하였을 때 정치적 변수의 영향력(c)이 소멸되거나 줄어든다는 의미에서 정책산출에 대한 정치적 변수의 독립적인 영향력이 없다는 주장이다(Dawson and Robinson 1963; Dye 1966). 이 주장에 따르면 사회경제적 요인을 통제하지 않았을 경우에 정치적 변수의 영향력이 발견되었다면 그것은 허위적인 영향력이라고 해석한다.

다른 하나는 정치적 변수가 사회경제적 변수를 통제한 상태에서도 영향력을 갖는다는 주장이다(Walker 1969; Cnudde and McCrone 1969; Fry and Winters 1970; Jennings 1979). 사회경제적 요인을 통제한 상태에서도 정치적 요인의 영향력이 나타난다는 것은 사회경제적 변수가 정치적 변수에 영향을 미치면서 동시에 정책결정에 직접 영향을 미치고, 정치적 변수 또한 정책결정에 직접 영향을 미친다는 의미이다.

〈그림 2.3〉 정책산출 결정의 인과적 경로모형

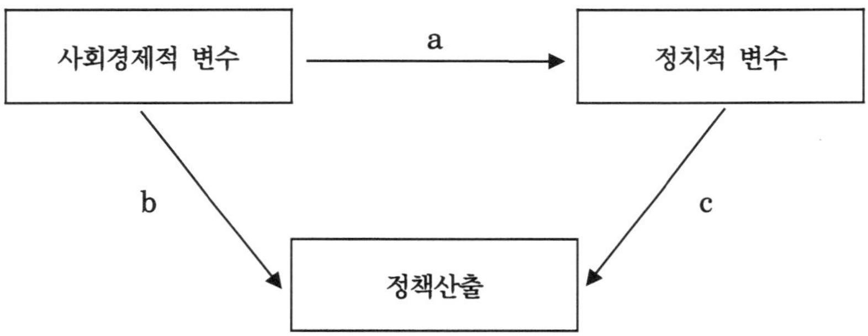

출처: Hwang and Gray(1991: 279)

대부분의 정책산출 연구는 주로 재분배정책을 대상으로 하였기 때문에, 경제개발정책을 대상으로 분석한 선행연구사례는 적은 편이다. 여기에서는 경제개발정책을 대상으로 분석한 Hwang and Gray(1991)의 연구결과를 중심으로 본다.

Hwang and Gray(1991)는 경제개발정책의 산출수준의 지표인 1인당 고속도로 건설지출비(순수 주정부와 지방정부의 지출)의 차이를 설명하는 독립변수를 크게 지역의 사회경제적 특성과 정치체제의 특성으로 나누었다. 이 중 지역의 사회경제적 특성을 반영하는 변수로 도시화 수준, 산업화 수준 그리고 부(富)의 수준을 투입하였고, 정치체제의 특성을 나타내는 변수로 집권정당과 투표율을 선정하였다.

또한 그들은 경제적 제약 모형과 정치적 선택 모형을 비교하기 위해 도시화·산업화·부(富)의 3개 변수를 투입한 모형과 이 3개 변수에 집권정당과 투표율을 투입한 모형으로 나누었다. 분석결과 경제적 제약 모형을 적용한 경우에는 도시화 수준과 부유함의 영향력이 발견되었다. 더욱이 정치적 선택을 나타내는 변수를 투입한 경우에도 경제개발정책의 산출수준에 대한 정치적 변수의 영향력은 발견되지 않아, 경제개발정책이 경제적 제약 변수에만 영향을 받는다는 Peterson의 연구결과를 강하게 뒷받침해 주었다.

(3) 대안적 분석: 정책채택을 종속변수로 분석한 경우

같은 분야의 정책을 연구하더라도 사용하는 자료의 성격과 활용방법에 따라 분석결과가 달라질 수 있다. 재정자료(재정지출)를 사용할 경우와 입법자료(정책채택 여부)를 사용할 경우에 따라 달라질 수 있고, 현재의 수준의 차이를 분석할 경우와 변화의 차이를 분석할 경우에 따라 연구의 결과가 달라질 수 있다.

이에 대해 Boyne(1985)은 1963년부터 1984년까지 미국의 지방정부를 대상으로 한 65개의 연구와 영국의 지방정부를 대상으로 한 14개의 연구에서 추출한 162개 정책분석을 대상으로 경제적 제약과 정치적 선택의 상대적 중요성을 비교하였다. 그 결과 정책산출변수로 재정지출을 사용한 경우에는 정치적 선택 모형이 기각되고 경제적 제약 모형만 채택된 비율이 75%(65/87)였다. 그러나 정책채택과 반응성 등 비재정자료를 사용한 경우에는 그 비율이 48%(25/52)로 낮아졌으며, 더욱이 재정자료이든 입법자료이든 정책변화를 연구대상으로 삼은 경우에는 그 비율은 26%(6/23)에 불과했다.

따라서 경제개발정책을 연구할 때에도 재정지출이 아닌 정책채택을 분석대상으로 삼은 경우에는 앞의 Peterson이나 Hwang et al.의 연구와 달리 정치적 선택의 중요성이 나타날 가능성이 높다고 볼 수 있다.

Fleischmann et al.(1992)은 지역경제개발을 위한 64개 정책채택에 영향을 미치는 경제적 제약과 정치적 선택의 상대적 영향력을 비교하는 연구를 수행하였는데,[15] 분석결과 경제적 제약과 정치적 선택의 영향력이 모두 발견되었다. 경제적 제약과 관련해서는 교외지역이 아닌 중심도시인 곳에서 그리고 비대도시권 도시에서 더 많은 경제개발정책을 채택하였다. 또한 경제개발정책은 인구규모가 큰 곳에서 그리고 빈곤률이 높은 곳에서 더 많이 채택되었고, 지역 간 경쟁이 치열할 경우에도 정책채택 빈도가 높았다. 이와 함께 정치적 선택과 관련해서는 민간보다 지방정부가 주도할 경우 더 많은 경제개발정책이 채택되었고, 지방공무원의 수가 많고 전문화된 개발조직이 갖추어져 있을 경우에 더 많은 정책이 채택되었다. 또한 1인당 지방세가 많아 재정력이 튼튼한 곳의 정책당국자들이 더 많은 개발정책을 수용하였다. 이처럼 경제개발정책의 채택은 경제적 조건의 단순한 반영은 아니며, 지역의 정치적 요인에도 영향을 받고 있는 것이다.

Feiock(1994)은 지역경제개발정책 중 비용을 분산시키고 편익을 집중시키는 정책(산업개발기금과 도시개발보조금)과 비용과 편익을 모두 분산시키는 정책(기업원조센터와 전국적 광고)을 구분하였고, 가시적인 정책(도시개발기금과 전국적 광고)과 비가시적 정책(산업개발기금과 기업지원정책)을 구분하였다. 그는 설명변수를 크게 지역의 경제적 조건, 성장연합의 존재 그리고 정부형태로 나누었는데, 분석결과 경제적 요인보다 기업과 주민이 적극적으로 활동하는 성장연합의 영향력이 더 크게 나타났다. 활발한 시민조직이 존재하고 활동적인 엘리

---

15) 그들은 경제적 제약을 구조(structure)로 그리고 정치적 선택을 행위자(agency)로 보았다.

트 조직이 함께 있을 경우 경제개발정책을 활발히 추진하며, 개발에 저항적일 것이라고 여기는 주민집단도 항상 반대세력인 것은 아니라는 것이다. 또한 강시장형태의 정부와 정당중심 선거제도도 정책채택에 영향을 미치는 것으로 나타났다.

Feischmann et al.(1992)과 Feiock(1994)은 경제개발 정책채택의 결정요인에 관한 연구를 통해 분석대상이 재정지출이 아닌 정책채택일 경우에는 경제적 변수를 통제하더라도 정치적 변수의 영향도 강하게 나타나고 있음을 보여 주었다. 그들의 연구는 정책수단에 따라 결정요인의 상대적 영향력이 달라질 수 있다는 Boyne(1985)의 연구를 재확인시켜 주고 있다.

2. 국내 선행연구 검토

경제적 제약과 정치적 선택의 상대적 영향력을 비교하는 모형을 설정한 연구경향(Dawson and Robinson 1963; Dye 1966)은 국내 학계에도 1980년대 중반에 이르러 상세히 소개되었다(정정길 1984; 유훈 1986). 한국의 지방정부를 대상으로 한 경험적인 연구는 1987년을 기점으로 연구결과가 발표되었고(강인재 1987; 황윤원 1987), 지방의회가 구성되고 실시된 1991년 이후에 몇몇 연구자들이 분석을 시도하였고(이승종, 김흥식 1992; 남궁근 1994), 제2기 민선 단체장이 선출된 1995년 이후에는 지방정부의 정책산출에 대한 연구가 더욱 활발히 진행되고 있다.

지방의회가 구성된 1991년 이후 발표된 연구들에서 채택했던 분석방법들의 특징을 몇 가지로 정리하면 첫째, 연구대상에 있어서, 선행

연구들은 혁신정책(류지성 외 2001)이나 정책성과(이광희a 2003)를 제외하고는 주로 재정지출을 연구대상으로 삼았고, 정책영역에 있어서는 경제개발 관련 정책보다는 사회복지정책을 연구대상으로 한 경우가 더 많았다.

둘째, 정책산출의 측정과 관련해서는 해당 정책이 전체 재정지출에서 차지하는 비율(%)을 이용하였다. 미국 지방정부를 대상으로 한 연구에서 주로 1인당 지출수준을 이용한다는 점과 비교하면 차이가 나지만, 이것은 한국 학계의 관심이 지방자치라는 제도변화가 지방정부의 정책정향(개발지향 혹은 복지지향)에 미치는 영향에 있었기 때문이라고 할 수 있다. 재정지출을 분석한 연구들 중에서 배인명(2000)과 강문희(2001)의 연구를 제외하고는 거의 모든 연구가 정책정향의 방향에 초점을 둔 것이었다.

셋째, 분석모형과 관련해서는 2000년까지는 투표율을 고려한 남궁근(1994)과 집권정당을 정치적 변수로 투입한 한원택과 정헌영(1994)을 제외하고는 거의 경제적 제약 모형을 사용하다가, 2001년 이후로는 정치적 변수까지 포함한 정치적 선택 모형이 주류를 이루고 있다. 정치적 변수에 대한 관심은 주로 투표율, 정당 간 경쟁 그리고 득표율과 같은 선거관련 지표가 주를 이루었으나 점차 시민단체의 영향력(이광희a 2003), 정당(한원택 외 1994; 지병문 외 2003), 단체장(류지성 외 2001; 강윤호 2002; 이광희a 2003) 그리고 지방정부의 조직적 특성(류지성 외 2001; 강문희 2001; 소순창 2001)으로 확대되고 있다. 경제적 변수 및 정치적 변수 이외에 한국의 연구자들은 정부 간 관계 요인을 중요하게 다루어 왔는데, 그중에서 주로 정부 간 재정적 관계에 대한 관심이 높았다(황윤원 1987; 남궁근 1994; 한원택 외 1994; 배인명 2000; 강문희 2001; 소순창 2001). 반면 여야관계와 같은 정부 간 정치적 관계와 관련해서는 상대적으로 관심이 적었다(강윤호 2002; 이광희a 2003).

〈표 2.4〉 지방정부의 경제개발정책 결정요인에 관한 국내 선행연구 결과

연구자 (연도)	연구대상	경제적 변수 및 재정력	정치적 변수 및 기타
남궁근 (1994)	기초지방정부 1인당 산업경제비	시: 인구규모+, 일인당 지방세액+	시: 교부세 비율+
		군: 생활보호대상자비율+ 인구규모-일인당 지방세액+	군: 투표율+ 교부세비율+
		자치구: 생활보호대상자비율+	자치구: 영향변수 없음.
남궁근 (1994)	기초지방정부 1인당 지역개발비	시: 일인당 지방세액+	시: 교부세+ 보조금-
		군: 인구규모+ 일인당부담액+	군: 보조금+
		자치구: 교육수준+	자치구: 투표율+
한원택 외 (1994)	67개 도시정부 경제개발비 비율(%)	재정자립도+	1인당 보조금+
한원택 외 (1994)	67개 도시정부 1인당 경제개발비	인구밀도- 재정자립도+	1인당 보조금+
배인명 (2000)	66개 도시정부 경제개발비 비율(%)	생활보호대상자비율- 인구밀도- 1인당지방세-	일반재원-
강문희 (2001)	중소도시 산업경제비 비율(%)	개발수준+	주민당 공무원 수+ 교부세+ 보조금+
강문희 (2001)	중소도시 지역개발비 비율(%)	개발수준-	경쟁도+교부세- 지원증가시기-
강윤호 (2002a)	170개 기초지방정부 개발지향	재정력+도시화율-	지방의원지지도- 단체장지지도- 단체장학력+

주: +는 긍정적 관계이며, -는 부정적 관계임.

1991년 지방의회가 구성된 이후 기초지방정부를 대상으로 정책결정 요인을 분석한 연구들 중에서 경제개발정책의 정책산출을 대상으로 다중회귀분석을 통해 설명변수 간 상대적 영향력을 비교한 결과를 정리한 것이 〈표 2.4〉이다.

경제개발 관련 재정지출의 결정요인에 관한 연구결과를 보면, 우선 경제개발정책의 정책수요를 의미하는 지역의 경제적 발달정도의 영향력은 두 가지 다른 결과를 보이고 있다. 하나의 연구결과는 지역개발비의 경우 인구밀도, 도시화율, 개발수준 등 지역의 발전수준이 높은 지역일수록 경제개발비의 비중은 낮아지고 있다(한원택 외 1994; 배인명 2000; 강문희 2001b; 강윤호 2002). 지역개발비가 주로 사회간접자본의 공급과 관련되어 있다는 점에서 이상의 연구결과는 고속도로 건설비를 종속변수로 투입한 Peterson(1981)이나 Hwang et al. (1991)의 연구결과와 일치한다.

반면 다른 연구 결과에서는 산업경제비의 경우 경제발전 수준이 높은 지역에서 더 높은 산출을 보이고 있다(남궁근 1994, 도시지역의 경우; 강문희 2010b). 산업경제비의 경우에는 지역경제를 지원하는 성격을 가지고 있기 때문에 나타난 결과로 보인다. 이는 같은 경제개발정책이더라도 그 성격에 따라 설명요인이 달라질 수 있다는 것을 보여 준 것으로 의미가 있다.

다음으로 재정력의 경우 배인명(2000)을 제외한 모든 연구에서 지방정부의 재정자립도가 높아 재정력이 좋은 지역일수록, 지방정부는 더 많은 경제개발정책을 산출하고 있다.

지방선거와 관련된 변수의 영향력은 대체로 나타나지 않고 있어 지역의 경제적 제약이 정치적 선택을 결정한다는 Peterson(1981)의 관점이 한국에서도 적용되고 있다는 주장이 가능하지만, 일부 연구에서 투표율의 영향력이 발견되고 있고(남궁근 1994; 강문희 2001), 또 다른 연구에서 지방정치인에 대한 지지율이 낮은 지역일수록 지방정부는 개발지향적이 된다는 연구결과를 발표한 바 있어(강윤호 2002a), 정치적 변수의 영향력에 대해서는 보다 세밀한 분석이 요구된다.

마지막으로 상위정부의 영향력에 대해서는 상위정부의 보조금을 많이 받을수록 경제개발정책의 산출수준이 높아지고 있다(남궁근 1994, 지역개발비의 경우; 한원택 1994; 강문희 2001b).

3. 연구모형 설계

경제적 요인을 강조하는 연구자들은 지방정부의 정책을 설명할 때 경제적·구조적 제약을 먼저 찾았다(Tiebout 1956; Oates 1972; Bish 1971; Wagner 1971; Peterson 1981). 반면 순수하게 정치적 요인을 강조하는 연구자들은 경제엘리트의 영향력(Hunter 1953; Bachrach and Baratz 1962; Logan and Molotch 1987), 다원적인 엘리트들의 영향력과 단체장의 영향력(Dahl 1961; Polsby 1980), 적극적인 주민운동(neighborhood activism)의 영향력(Stone 1976; Crenson 1983) 등을 강조한다. 전자의 주장은 주로 통계적 방법을 활용하여 입증된 반면, 후자는 사례분석을 통해 입증되었다.

이 둘을 합쳐 웅(Wong)은 정치적 선택 모형을 제안하였다. 웅에 의하면 경제적 고려는 지방의 정책목표 설정에 영향을 미치는 반면, 정치적 선택은 경제적 제약에 의해 '우선' 결정된 정책산출의 범위에 영향을 미친다.(Wong 1988) 이를 통계적 분석의 용어를 사용하여 다시 설명하면 다음과 같다. 경제적 제약이 정책산출의 평균적 수준을 알려준다면, 정치적 선택은 정책산출의 분산, 즉 평균적 수준과의 편차를 설명해 준다. 따라서 개별 지방정부의 정책산출은 경제적 제약모형의 예측과 달리 훨씬 높게 나타날 수도 있고 반대로 낮게 나타날 수도 있는 것이다.

예를 들어 설명해 보자. 피터슨의 이론에 따르면 경제적으로 낙후된 지역은 상대적으로 발전한 지역보다 경제개발정책의 산출수준이 높다. 그러나 개발도상국가의 농촌지역과 같이 공무원의 역량이 상대적으로 부족하고 재정자립도가 극히 낮은 경우에는 지방정부는 외부의 자본을 유치하거나 유인하기가 어려울 것이다. 또한 일본의 혁신자치체의 사례처럼 정치적으로 혁신적인 정치세력이 집권할 경우 경제개발정책은 축소되기도 한다(이시재 2001). 또 한국의 접경지역(경기북부 및 강원도)에 대한 규제나 상수원보호구역(경기동부)으로 묶인 경우에는 입지적으로 유리하더라도 경제개발정책의 추진은 어렵다.

Wong의 정치적 선택 모형은 피터슨의 경제적 제약 모형과 엘리트론－다원주의간의 공동체권력논쟁(Community Power Debate)으로 대표되는 "순수[16]" 정치적 선택 모형의 괴리를 극복하는 길을 제시하였다고 평가할 수 있다. 또한 옹의 분석모형은 엘리트론의 정치경제학적인 부활인 성장기계론(Growth Machine Thesis)이나 다원주의의 정치경제학적 부활인 레짐이론(Regime Theory)의 논리와 깊은 연관이 있다. 성장기계론은 지역에 성장연합이 존재하고, 성장연합이 지방정부

---

16) 여기에서 "순수"라는 표현은 경제적 제약의 영향력을 고려하지 않고 오직 정치적 과정만을 중시했다는 의미를 담고 있다. 예를 들어, 다원주의는 엘리트들 사이의 경쟁과 협상을 통해 지방정부의 정책이 결정될 수 있다는 주장을 하는 반면 엘리트론은 경제엘리트들이 지역의 모든 사안을 결정한다고 주장한다.

를 자극할 경우 지방정부는 경제개발정책을 보다 적극적으로 추진될 수 있음을 보여 주고 있으며(Molotch 1976; Logan and Molotch 1987; Schneider 1989; Harding 1995), 레짐이론에 있어서는 지방정부와 시민사회 사이에 어떤 정치적 과정의 결과 특정 레짐이 형성될 경우 레짐의 특성과 밀접히 관련된 특정 정책의 산출수준이 높아지게 된다는 것을 예측허 주고 있다(Stone 1980; Elkin 1987).

〈그림 2.4〉 정책결정요인 분석모형: 정치적 선택 모형

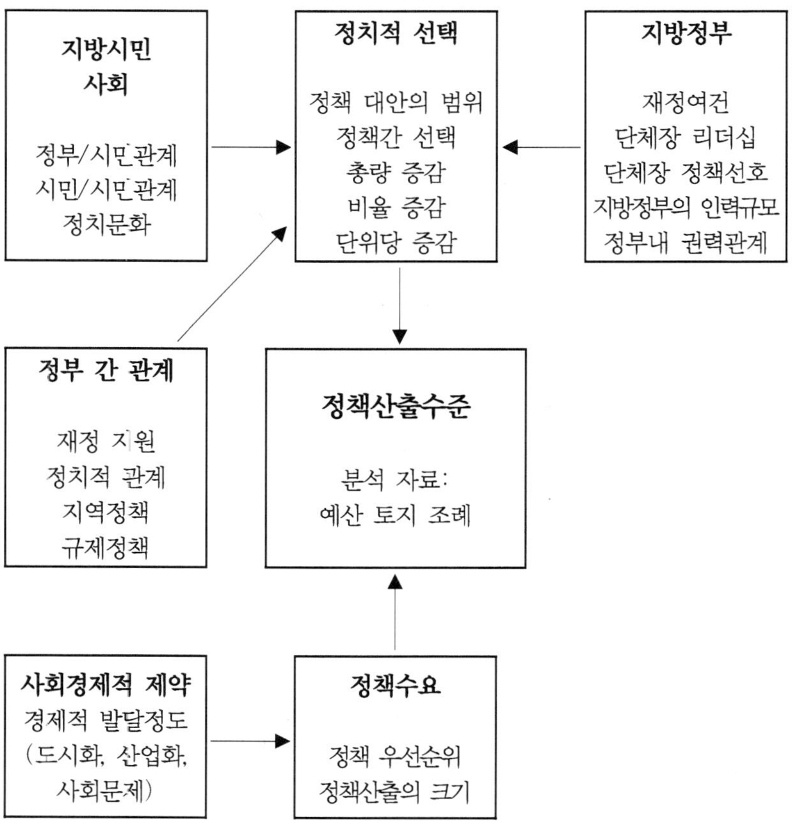

이 연구에서 사용할 정책결정 모형은 〈그림 2.2〉의 정치적 선택 모형과 〈그림 2.3〉의 정책산출 결정의 인과적 경로모형을 토대로 한 것으로 〈그림 2.4〉에 정리되어 있다. 경제적 제약 모형에 따르면 지방정부의 경제개발정책에 있어 정치적 요인의 영향력은 미미한 반면, "순수" 정치적 선택 모형은 주요 엘리트들 간의 정치적 상호작용의 결과가 정책산출로 표출된다고 봄으로써 경제적 조건의 의미를 축소한다. 이에 비해 정치적 선택 모형은 경제적 조건의 영향력을 인정한 상태에서, 정치적 조건과 상황에 따라 달라지는 정책의 산출수준을 파악하고자 한다. 이것은 사회경제적 변수 대 정치체제적 변수의 상대적 중요성을 분석했던 정책산출연구의 경험적 분석모형과 동일한 구조를 가지고 있다.

이 연구의 모형은 옹의 연구모형에 2가지 수정을 가하고 있다. 첫째, 옹의 연구에서는 경제적 제약과 정치적 선택이 서로 다른 수준에서 작동하는 요소들이기 때문에 논리적으로 혼돈을 줄 가능성이 크다. 즉 경제적 제약은 어떤 정책을 핵심과제로 선택할 것인가와 관련된 거시적 수준에서 작동하는 요인인 반면 정치적 선택은 개별 정책의 산출수준을 결정하는 미시적 수준에서 작동하는 요인이기 때문이다. 이를 고려하여 이 연구에서는 경제적 제약을 정치적 선택과 같은 수준에서 작동하는 요인으로 설명하기 위해, 공공정책에 대한 경제적 수요를 의미하는 정책수요[17] (policy demand)라는 개념을 사용하고자 한다.

둘째, 경제적 제약이나 사회경제적 조건의 하위 범주는 도시화, 산업화, 빈곤률 등이 상대적으로 명확한 반면, 정치적 선택에 영향을 미

---

17) 이때의 수요개념은 정치적 요구로 전환된 명시적인(explicit) 정책수요와 다르다. 오히려 이론적인 혹은 잠재적인(implicit) 정책수요로 보아야 한다. 잠재적인 정책수요와 정책산출의 관계는 정치적 이념이나 비효율성이 개입되지 않는 한 선형관계를 이룰 것이다.

치는 요인은 명확하지 않다. 옹(Wong)이 재분배정책과 개혁정부와의 관계, 할당정책과 지방공무원조직과의 관계, 그리고 경제개발정책과 반성장연합과의 관계 등 정책영역에 따라 다른 정치적 요인들을 나열한 것은 "정책이 정치를 결정한다"는 로위(Lowi 1964)와 피터슨의 논리를 따른 것이다. 그러나 옹의 모형이 설득력을 가지려면 "정치가 정책을 결정한다"는 논리를 견지해야 하고, 그 점에서 정치적 요인들을 좀 더 명확하게 범주화하여 인과관계를 분석할 필요가 있다. 이와 관련하여 이 연구에서는 정치적 요인을 정부 간 관계, 지방정부 그리고 지방시민사회의 세 요인으로 나눌 것이다.

이 연구의 인과적 논리는 다음과 같다. 주요 변수인 경제적 발달 수준, 정부 간 관계, 지방정부, 그리고 지방시민사회가 지방정부의 객관적 '정책수요'와 '정치적 선택'에 영향을 미쳐 지방정부의 정책산출 수준을 결정한다는 것이다. 정책수요에 대해서는 지역의 경제적 발달 수준이 영향을 미치고, 정치적 선택에 대해서는 상위정부와의 관계, 지방정부의 역량 그리고 지방시민사회의 특성이 영향을 미친다.

4. 연구가설 설정

(1) 정책수요

지방정부의 경제개발정책의 산출수준은 공공정책에 대한 정책수요의 함수이다(Peterson 1981: 48). 경제개발정책에 대한 정책수요가 증가할수록, 지방정부는 더 많은 정책을 산출하게 된다. 이는 비단 경제개발정책에만 해당되는 주장이 아니다. 복지정책의 산출수준도 지역의 복지수요의 크기에 비례할 것이기 때문이다(Hochschild 1981). 또한 지방정부는 주차장이나 도시공원 등 주민의 수요가 있는 생활기반시설의 확충을 위해 노력할 것이다.

경제개발정책과 관련된 정책수요는 크게 두 가지로 나눌 수 있다. 하나는 지역의 경제적 낙후(underdevelopment)로 인한 것이며, 다른 하나는 산업화된 지역의 경제쇠퇴(economic decline)로 인한 것이다. 경제적으로 낙후된 지역일수록 지역개발정책에 대한 정책수요가 높아지고 그에 따라 사회간접시설의 설치, 개발을 위한 토지공급, 산업시설이나 국가시설의 유치 등에 적극적으로 임할 것이다. 반면 일정수준 이상 지역경제가 발달한 지역에서는 사회간접자본과 공공시설 등이 어느 정도 갖추어진 상태이기 때문에 공공서비스 제공이나 주민참여 등 경제정책 이외의 사회정책에 대한 수요가 커질 것이다.

발전정도와 함께 지역의 경제적 쇠퇴 역시 경제개발정책에 대한 정책수요를 높일 수 있다. 지역경제활성화에 대한 정치적 요구는 경제적으로 낙후한 지역보다는 경제적으로 쇠퇴하는 지역에서 더 강하게 표출될 수 있다.[18]

---

18) 지역 쇠퇴와 개발정책 수요에 대해서는 태백시가 대표적인 사례이다. 태백시는 1989년 석탄합리화 정책 이후 12만 명에 달했던 주민수가 6만여 명 선으로 급감했다. 이에 가장 큰 위기의식을 느낀 층은 일반시민들이었다. 재산을 외지로 돌린 일부 부유층을 제외하고 다른 곳에 이주할 기반이 없는 주민들을 중심으로 시의 면모를 바꿔야 한다는 여론이 자연스레 조성됐다. 이에 지역유지들이 참여한 「태백발전추진위원회」가 1993년 출범한 데 이어 일반인들의 성금을 모아 설립한 시민주식회사 「하이랜드」도 1994년 선을 보였다.(중앙일보, 1995년 10월 10일자) 주민들의 개발의지가 표출된 두 가지 큰 사건이 있다. 이 두 사건은 주민이 중심이 되어 직접 지역개발을 주도했다는 점에서 의미가 있다. 하나는 1995년 폐광지역개발지원특별법이고, 다른 하나는 1999년 12월 12일 주민 1만 명이 참가한 지역경제 회생을 위한 대규모 시민총궐기 대회였다. 이

이런 점을 고려하여, 이 연구에서는 다음과 같은 '정책수요 가설'을
설정한다.

가설1-1. 지역개발에 대한 정책수요(지역의 경제적 낙후나 경제적
　　　　쇠퇴)가 클수록, 지방정부 경제개발정책의 산출수준이 높
　　　　아진다.

(2) 정부 간 관계

상위정부의 영향력은 광역지방정부의 경우에는 중앙정부로부터, 기
초지방정부의 경우에는 광역지방정부와 중앙정부로부터의 영향력을
의미한다. 이는 다시 세 가지 차원으로 나눌 수 있는데, 법적인 차원,
재정국 차원 그리고 정치적 차원이 그것이다(이달곤 2004: 321-335).
이 중 법적·제도적 관계는 헌법 및 지방자치법에 규정된 지방정부
의 권한 및 기능과 관련되어 있어 지방정부의 정책선택에 있어 제도
적 환경을 구성하는 것은 사실이나, 모든 지방정부에 동일한 영향을
미치는 변수이므로 지방정부 정책산출의 차이를 분석하기에 적합하지
않다. 따라서 이 연구에서는 상위정부의 재정적 영향력과 정치적 관계
에 의한 영향력에 초점을 맞추고자 한다.

를 통해 정부와의 합의를 이끌어 내었다. 현재 태백시는 고원 관광 휴양
스포츠 도시를 지향하고 있다. 지역개발에 있어서 태백시민의 역할에 대
해서는 조승현의 1999년 고려대 박사학위논문인 『지역개발정책의 형성
과 지역주민의 역할 ― 폐광지역개발지원에 관한 특별법 제정사례를 중
심으로 ― 』에서 분석되었다.

1) 상위정부의 재정적 영향력: 교부금 및 보조금

정부 간 재정적 관계는 매우 중요하다. 상위정부는 지원금을 통해한 지역에서 추진하는 사업이 갖는 외부효과를 시정함으로써 효율성을 증진시킬 수 있고, 지역 간 재정불균형을 시정함으로써 형평성을 제고할 수 있으며, 특정 가치재(merit goods)의 공급수준을 높일 수도 있다(전상경 2002: 211-214). 또한 상위정부의 지원금은 소득효과와 가격효과를 발생시켜 지방정부의 재정력을 확충시켜 준다. 경제학의 관점에서 소득효과는 재정규모가 지원금만큼 증가된다는 것을 의미하며, 가격효과는 정부지원금의 배분결과 지방정부 공공서비스의 상대적 공급가격이 하락함으로써 그만큼 더 많은 서비스를 공급할 수 있게 된다는 의미이다(전상경 2002: 211).

상위정부의 지원금은 또한 지방정부의 정책집행에 다음과 같이 두 가지 방향에서 영향을 미친다(강문희 2001b: 486-487). 하나는 상위정부의 재정지원은 지방정부로 하여금 지원된 정책 분야에 대해 보다 많은 공공지출을 하도록 유도한다. 이것을 순수지출효과라고 한다. 또 다른 하나는 상위정부의 재정지원은 지원된 정책분야의 단순한 지출능력을 향상시키는 것에 그치지 않고 정책의 우선순위를 변화시킬 수 있다. 후자의 영향은 지원의 방식에 따라 달라지는데, 지방정부의 자체 부담금을 조건으로 하는 경우에는 지방정부는 그 정책에 대해 소극적인 반응을 보일 수 있으나, 자체 부담금의 비중이 작은 일반교부금(general grants)의 성격을 띨 경우에 지방정부는 보다 적극적으로 해당 정책분야의 지출수준을 확대하려고 할 수 있다.

이러한 목적과 효과를 가지고 있는 상위정부의 재정적 지원 중 경제개발을 위한 보조금이 지방정부의 정책산출에 미치는 영향력은 국내외 기존 연구들에서도 분석된 바 있다(Peterson 1981; 황윤원 1987;

남궁근 1994; 강문희 2001b). 특히 상위정부의 보조금은 사회복지나 지역개발사업 등 어떤 정책 목적을 달성하기 위해 지원되기 때문에 지방정부는 상위정부의 지원금을 사업 목적 이외의 다른 용도로 사용할 수 없다. 또한 경제개발 보조금의 상당 부분은 도로건설이나 지역개발의 목적을 위해 배분되기 때문에 정부 간 재정적 관계가 지방정부의 경제개발정책에 미치는 영향과 관련하여 다음과 같은 '정부 간 재정적 관계 가설'을 설정할 수 있다.

> **가설2-1.** 상위정부의 재정적 영향력이 클수록, 지방정부의 재정력이 보완되기 때문에, 지방정부의 경제개발정책 산출수준은 높아진다.

2) 상위정부와의 정치적 관계

1995년부터 본격적으로 지방자치가 실시되고 있으나 아직도 지방행정의 여러 부문에서 중앙집권의 유산이 남아 있는 실정이다(김석태 2000; 안청시, 이광희a 2002: 39-41; 이달곤 2002: 164-167; 이승종 2003: 319-331). 따라서 상위정부를 어떤 정당이나 어떤 정치세력이 장악하고 있는가에 따라 지방정부의 운영은 크게 달라질 수 있다. 특히 상위정부와 지방정부의 집권정당이 같은가 아니면 다른가에 따라 지방정부의 정책집행은 달라질 수 있는 것이다.

국고보조금의 경우 정해진 공식에 따라 배분되는 것이 아니라 지방정부의 신청에 따라 중앙심사에 의해 배분되므로, 국고보조금의 배분 결과는 중앙정부의 정책에 좌우되는 경향도 있다(전상경 2002: 280-283). 일반적으로 상위정부와 지방정부가 모두 같은 당(즉 여당) 소속이라면 그렇지 않은 정부에 비해 정부 간 우호적 협조관계가 형성되기 쉬우므로, 지방정부에서 원하는 사업에 대해 상위정부로부터 재정지원 및 행정지원 등의 혜택을 보다 쉽게 받을 수 있다고 추론해 볼 수 있다. 따라서 '정부 간 정치적 관계 가설'을 다음과 같이 설정할 수 있다.

가설2-2. 중앙정부와 지방정부 간 정치적 관계가 우호적일수록, 중앙정부로부터 더 많은 지원을 얻어낼 수 있기 때문에, 지방정부의 경제개발정책의 산출수준은 높아진다.

(3) 지방정부

지역의 경제발전을 적극적으로 추진하기 위해서 지방정부의 정책 공급능력이 수반된다면 더욱 좋을 것이다. 이때 지방정부의 정책 공급능력은 지역 사회의 정책수요에 안정적이고 지속적으로 대응할 수 있는 잠재력과 역량을 의미한다(정재욱 1998: 119). 지역 공공재(local public goods)에 대한 일정 수준 이상의 공급능력은 지역경제의 성장을 위한 경제정책뿐만 아니라 빈곤감소와 복지서비스를 안정적이고 지속적으로 공급할 때에도 필요하다. 정책수요가 같더라도 자치단체의 공급역량에 차이가 있다면 정책산출에는 큰 차이를 보일 것이기 때문이다. 지방정부의 정책 공급능력의 중요 구성요소는 재정력과 인력이다.

지역발전을 위해 또 하나 중요한 지방정부의 변수는 단체장이다. 어떤 단체장이 지휘하는가에 따라 지방정부의 정책의 방향과 생산성 및 효과성이 달라질 수 있기 때문이다. 이때 단체장의 리더십은 자신이 원하는 바를 관철시킨다는 의미의 전통적인 권력자가 아니라, 지방정부와 기업 및 시민사회가 보유한 잠재력과 역량을 극대화할 수 있도록 촉진자적 역할을 하는 생산적인 리더십을 의미한다. 한국처럼 지방정부가 지방시민사회에 비해 정책주도권을 독점하고 있는 경우에 단체장의 리더십은 더욱 중요할 것이다.

1) 지방정부의 재정력

일반적으로 지방정부의 재정력이 양호할수록 정책에 활용할 수 있는 자원이 늘어남으로써 전체 정책산출 수준은 높아지게 된다(Peterson 1981; Chamlin 1987). 재정력이 양호할 경우 지방정부가 선택할 수 있는 정책의 범위가 넓어지기 때문이다. 다만 모든 정책영역에서 산출수준이 높아진다는 의미로 해석하기는 어렵고, 해당 지역의 정치적 선택에 따라 특정 정책의 산출수준은 높아지는 반면 다른 정책의 산출수준은 낮아질 수 있다는 것이다.

이런 점에서 지방정부의 재정력과 관련하여 두 가지 경쟁 가설을 설정할 수 있다(최승범 1998). 하나는 경제발전에 활용할 수 있는 재정적 자원이 풍부할수록 경제개발정책에 치중할 것이라는 가설이고 (Cable et al. 1993; Schneider and Teske 1993a), 다른 하나의 논리는 재정적 자원이 풍부할수록, 지방정부는 경제발전보다는 반성장(anti-growth) 내지는 성장관리(growth management)를 추구하여 주민의 삶의 질과 공공 서비스의 효율적 공급을 더 중요시할 것이라는 가설이다(Donovan and Neiman 1992; Schneider and Teske 1993b; Stone 1989, 1993). 이 둘 중 어떤 논리가 우세한지는 지역의 정치적 역학관계에 따라 다를 것이다. 특히 지방정부의 정책성향이 경제성장과 사회복지 중에서 어느 쪽에 편향되어 있는가에 따라 결정된다. 예를 들어, 미국의 교외지역의 경우 생활적으로 안정된 중산층이 다수 거주하기 때문에, 추가적인 산업화나 주택단지 건설보다는 어메너티(amenity)의 향상, 즉 생활환경의 개선이나 쾌적한 삶의 질 추구 등이 중요한 정책

목표가 되고 있다.[19)]

　이처럼 재정력의 정책효과에 대한 두 가지 논리가 공존하는 현실에서 재정력과 관련된 연구가설을 설정하기는 어렵다. 이를 해결하기 위해서 지방정부의 정책성향에 관한 선행연구들을 검토하였다. 한국의 지방정부의 단체장들의 정책선호에 대한 국제비교연구를 보면(이승종, 김흥식 1998: 53-59; 김흥식 1999), 한국의 단체장들은 다른 국가의 단체장들과 비교해서 사회간접자본에 대한 지출선호도(2위)뿐만 아니라 사회복지에 대한 선호도(3위)도 높은 편이다.[20)] 또한 자신의 정책

---

19) 미국의 교외 지역은 Tiebout(1956)가 연구대상으로 삼은 곳이기도 하다. 티부는 공공재의 지출수준을 결정할 수 있는 시장적 해결방책은 존재하지 않는다는 머스그레이브-새뮤엘슨류의 분석이 연방수준에서의 지출에는 타당하지만 지방정부수준에서의 지출에는 적용될 필요가 없다는 주장을 편다. 다시 말해 도서관, 도로, 병원 등 지방정부가 공급하는 지방공공재는 일정 가격(지방세)을 지불하고 선택할 수 있기 때문에 지방공공재를 효율적으로 공급할 수 있는 메커니즘이 존재한다는 것이다. 시민들의 거주지 선택은 자신이 지불할 비용과 지방정부가 공급하는 공공재로부터의 편익을 고려해서 결정한다. 이러한 과정을 그는 각 지방정부별로 최적 크기(optimum size)를 달성하는 과정이라 할 수 있다. 만약 최적 크기에 도달한 지방정부가 있다면 그 자체로 전체의 이익이 된다. 어느 누구도 더 많은 비용을 지출하지 않은 상태에서, 지불한 비용에 해당되는 만큼의 서비스를 제공받을 수 있기 때문이다. 물론 그의 가정들(공공재에 대한 주민들의 진정한 선호를 파악할 수 있는 모형을 구성하기 위해 티부는 7가지 가정을 설정한다. 시민은 자유롭게 이주할 수 있는 권리와 능력을 가지고 있다; 지방정부의 재정정책 패턴에 대해 완전한 정보를 가지고 있다; 선택할 수 있는 충분한 수의 지방정부가 존재한다; 주민들은 취업 문제를 고민하지 않고 배당수입(dividend)에 의존하여 생활한다; 한 지방정부의 공공서비스로 인한 외부효과가 없다; 모든 지방정부는 최소한 한 가지의 고정적인 생산요소를 갖는다. 고정되어 있기 때문에 무제한 성장은 불가능하다; 모든 지방정부는 최적 규모를 추구한다)이 비현실적이고 실제 지방정부의 제도는 경직되어 있지만, 티부는 일반균형과 마찬가지로 주어진 선호와 자원을 가장 잘 조합할 수 있는 균형이 존재함을 보여 주었다(전상경 2002: 76-77).

선호를 지역주민의 정책선호와 일치하는 것으로 보고 있으며, 정책반영도에 있어서도 사회복지 분야(1위)와 사회간접자본 분야(2위)에서 단체장의 정책선호가 가장 잘 반영되는 것으로 보고 있다. 이상의 결과는 미국과 캐나다의 단체장들의 정책선호와 상반된 것이다(사회 간접자본 1위, 사회복지 12위). 따라서 지방정부의 재정적 역량이 양호할 경우 한국에서는 사회복지정책뿐만 아니라 경제개발정책의 산출 수준도 높아질 것을 예측해 볼 수 있다. 따라서 다음과 같은 '재정력 가설'을 설정할 수 있다.

> **가설3-1.** 재정력이 양호할수록, 경제발전에 활용할 수 있는 자원이 풍부해지기 때문에, 지방정부의 경제개발정책의 산출수준은 높아진다.

---

20) 자치단체장의 정책에 대한 선호를 알아보기 위해, "다음 각 정책 분야의 지출에 대한 귀하의 대체적인 선호는 어떻습니까?"라는 질문에 답한 결과이다. "대폭 증액"은 0점, "약간 증액"은 25점, "현행 유지"는 50점, "약간 증액"은 75점, "대폭 증액"은 100점으로 하여 점수를 산정하였다. 모든 정책을 평균한 점수는 68.32점으로 증액을 선호하였다. 개별 정책을 순서에 따라 정리하면 다음과 같다. 도로/주차(90.71점), 사회간접자본(88.0점), 사회복지(87.03점), 보건/의료(84.20점), 대중교통(81.67점), 공무원봉급(78.92점), 교육(77.11점), 공원/여가(75.94점), 서민주택(73.78점), 소방(62.78점), 경찰(61.49점), 공무원증원(47.33점)이다. 한국의 정책선호 패턴은 개발지향/복지축소를 행태를 보이는 미국과 캐나다와 다른 패턴이며, 일본의 단체장과 비슷하나 그 강도에 있어서는 개발정책과 복지정책 모두에서 더 적극적이다. 보다 상세한 비교는 이승종, 김흥식(1998: 53-59)을 참조할 것. 이상의 결과는 소순창(2001: 173)의 분석에서도 나타난다. 그는 재정지출에 대한 단체장의 선호도를 비교하면서, 한국의 경우 52.7%의 단체장이 재정지출을 증액하려는 의사를 보였는데, 미국의 29.8%, 일본의 34.3%와 비교하면 재정지출을 높이려는 경향이 강함을 지적하였다.

2) 지방정부의 인력규모

지방정부의 인력규모의 의미에 대해서는 두 가지 방향으로 연구가 진행 중이다. 하나는 정부의 비효율성 및 정부실패에 대한 연구[21]로 지방정부가 인력규모를 늘리거나 줄일 때 행정수요의 증감에 합리적으로 대응하는가 아니면 관료집단의 이기적 유인에 따라 과잉인원을 유지하여 비효율을 낳는가에 관한 연구가 있다(이은국 1996; 이명석 1998). 이와 유사하게 정부혁신과 관련하여 고객, 성과 그리고 경쟁을

---

21) 정부실패와 대의 민주주의의 실패에 대한 비판은 공공선택론에서 주로 제기한다. 이에 대한 대표적인 연구 성과를 보면, 애로우의 불가능성 정리(Arrow's general impossibility theorem), 다운스(Downs)의 정당경쟁에서 합리적 행위자 모델, 뷰캐넌, 올슨, 튤락 등의 지대추구 행위론 그리고 니스캐넌의 관료의 예산 극대화 행위론 등이 있다. 사회의 공공재 공급을 위한 정확한 수요 함수를 찾는 것이 문제가 될 때, 민주주의자들은 민주주의 체제가 그 함수를 찾을 수 있는 능력을 가지고 있다고 본다. 그러나 공공선택 연구자들은 이런 관점에 동의하지 않는다. 애로우는 그런 수요 함수란 존재하지 않는다는 점을, 다운스는 정당과 정치인들은 그런 수요 함수에 관심을 두지 않는다는 점을, 튤락 등은 압력 단체들이 사회적으로 비효율적인 수요 함수를 강요한다는 점을 그리고 니스캐넌은 관료들은 필요한 수요보다 과잉공급하려고 한다는 점을 지적하고 있다(Dowding 1996: 51-52). 이와 관련된 주요 서지 사항은 다음과 같다. K. Arrow, 1951, *Social Choice and Individual Values*(New York: John Wiley); A. Downs, 1957, *An Economic Theory of Democracy*(New York: Harper Row); J. Buchanan, R. Tollison, and G. Tullock(eds.), 1980, *Towards a Thoery of the Rent-Seeking Society*(College Station, Texas: Texas A&M University Press); M. Olson, 1965, *The Logic of Collective Action*(Cambridge, Mass.: Harvard University Press); G. Tullock, 1990, "The Costs of Special Privilege," in J. Alt and K. Shepsle(eds.), *Perspectives on Positive Political Economy*(Cambridge: Cambridge University Press); G. Tullock, 1965, *The Politics of Bureaucracy*(Washington, DC: Public Affairs Press); W. Niskanan, 1971, *Bureaucracy and Representative Government*(Chicago: Aldine-Atherton).

68

핵심요소로 하는 작은 정부를 염두에 둔 정부 재설계에 대한 논의도 활발히 진행되고 있다(김태룡 2001).

다른 하나는 과소정부로 인해 나타나는 문제에 대한 우려이다(정재욱 1998; 최홍석 2002). 한국의 지방정부는 정책 집행의 효과성과 생산성을 논하기에 앞서 조직상 취약한 구조를 가지고 있다는 것이다. 만약 지방정부의 역량이 매우 취약하다면, 자율성에 따른 책임성이나 정책성과를 논한다는 것은 시기상조라 할 것이다.

〈표 2.5〉 정부인력규모 비교

	인구 천 명당 공무원 수		
	전체	중앙	지방
영국	70.4	8.5	61.9
뉴질랜드	19.6	9.1	10.1
호주	73.1	7.8	64.3
미국	68.9	7.0	61.9
일본	33.2	7.1	26.1
독일	73.1	18.3	54.8
프랑스	67.3	28.8	38.5
한국	20.5	12.8	7.7

출처: 총무처 직무분석기획단(1998: 260)

〈표 2.5〉에서 확인할 수 있는 바와 같이 한국의 전체 정부규모는 외국에 비해 작은 편이다. 그러나 정부규모를 중앙정부와 지방정부로 나누어 분석할 경우에는 다른 결과가 나온다. 중앙정부를 보면, 한국 중앙정부의 인력규모는 인구 천 명당 공무원 수가 12.8명으로 독일(18.3명)이나 프랑스(28.8명)에 비해서는 작지만 영국(8.5명), 미국(7.0명), 호주(7.8명) 그리고 일본(7.1명)에 비해서는 큰 편으로, 중앙정부

의 정부규모를 축소해야 한다는 주장은 어느 정도 합당한 근거를 가지고 있다.

하지만 지방정부의 경우에는 상황이 다르다. 한국 지방정부의 인력규모는 인구 천 명당 7.7명으로 여타 선진국가에 비해 매우 낮은 수준이다. 미국(61.9명), 영국(61.9명), 호주(64.3명) 그리고 독일(54.8명) 등 서구 국가들은 인구 천 명당 지방 공무원 수가 50명이 넘는다. 중앙집권적 전통이 강한 프랑스의 경우에도 인구 천 명당 지방공무원 수가 38.5명에 이르며, 같은 아시아권의 일본의 경우에도 26.1명이다. 가장 적은 뉴질랜드조차도 10.1명이다. 이상의 결과는 한국의 지방정부의 경우에는 지방행정조직을 축소하는 것보다는 오히려 인력 규모를 확충하기 위한 방안을 모색하는 것이 분권화 정책에서 중요한 과제일 수 있음을 말해 준다.

이처럼 한국 지방정부의 경우 과다인력으로 인한 비효율보다는 과소인력으로 인한 지방정부의 인력규모의 부족이 더 심각한 문제로 대두할 수 있다. 이런 결과를 토대로 지방정부의 인력규모가 지방정부의 경제개발정책에 미치는 영향에 대해 다음과 같은 '인력규모 가설'을 설정할 수 있다.

가설3-2. 지방정부의 인력규모가 큰 지방정부일수록, 경제개발정책의 산출 수준은 높아진다.

지방정부의 인력규모와 다른 정책영역과의 관계는 어떨까? 지방정부의 인력규모에 따라 어떤 정책 영역의 산출 수준이 높아질 것인지는 지방정부의 정책성향에 따라 결정될 것이다. 하지만 한국 지방정부의 단체장들은 "공무원 증원"을 제외한 사회복지, 경제개발 등 모든 정책

영역에서 정책 산출수준을 높이려 한다는 연구결과를 고려한다면(이
승종, 김흥식 1998; 김흥식 1999; 소순창 2001), 한국의 경우 지방정
부의 공무원 규모가 클수록 경제개발, 사회개발 그리고 공공서비스 공
급 등 모든 정책영역에 대해 정책산출 수준을 높일 것이라는 위 가설
이 적용가능할 것이다.

지방정부의 인력규모의 중요성에 대해 예산극대화 관료론(Niskanen
1994; 뮬러, 배득종(역) 1992: 204-207)과 지방정부의 과잉인원(oversized
staff)의 논리(이명석 1998) 등 공공선택론의 관점에서는 비판적으로
바라본다. 예산극대화 관료론에 따르면 관료들은 효용을 극대화하려는
합리적 행위자들이기 때문에 그들의 봉급, 부수입, 존경, 안정성 등을
극대화하려고 한다고 보며, 과잉 인원론에 따르면 업무량의 증가나 감
소와 상관없이 관료들은 조직의 규모를 과잉으로 유지하려는 유인이
있다고 한다(이명석 1998: 185). 이 두 주장의 공통점은 우선 지방정
부의 공무원 규모가 행정수요의 증가나 감소에 비탄력적으로 반응한
다는 것이며, 또 다른 공통점은 지방 공무원 조직의 규모가 크면 클수록
정책의 산출수준은 높아지지만 조직의 규모가 일정 수준을 넘어서는
순간부터는 비효율을 낳는다는 것이다. 따라서 인력규모와 정책산출
간 선형적인 관계를 설정하는 것은 타당하지 않다는 반론이 가능하다.
그러나 이런 주장에 대해 한국 지방정부의 예산과정에 대한 미시적
관찰을 보면(이준원 1999), 지방정부의 예산편성과정에서 단체장의 역
할은 예상보다 훨씬 강력한 반면 지방공무원들의 영향력은 매우 취약
한 것으로 나타났다.[22] 따라서 한국의 경우 지방정부의 정책 산출수

---

22) 이준원의 분석(1999)에 따르면, 지방정부의 예산편성과정은 먼저 경직성
　　경비를 결정한다. 이는 사업비 규모를 미리 결정함으로써 부서 간 예산
　　투쟁을 미연에 방지하려는 목적이 깔려 있다. 다음으로 각 부서로부터
　　예산요구서를 받는다. 상위정부의 보조금과 지방양여금 사업예산편성은

준을 예산극대화 관료론과 직접 연결시키는 것은 무리가 있다고 할 수 있다.[23] 이보다는 지방정부의 인력규모가 클수록 지방정부의 단체장은 자신이 추구하는 정책을 달성하는 데 보다 유리한 조건에서 선택할 수 있다는 위 가설의 논리가 더 타당하다고 할 수 있다.

3) 단체장의 정책성향과 리더십

지방자치가 심화될수록 자치단체장의 리더십에 대한 관심도 커지고 있다. 한국 지방정치에 있어 단체장의 역할 및 기능에 대해서는 두 가지 상이한 관점이 대립하고 있다. 한편으로는 자치단체장의 권력이 너무 막강하다는 현실에 대한 우려의 관점이 있고(박종민 외 2000), 다른 한편으로는 한국 사회의 독특한 단체장 우위의 구조가 지역 사회 발전을 위한 생산적 리더십으로 전환될 수도 있다는 관점이다(이광희b 2003).

전자의 관점에서 핵심은 전통적으로 행정권이 강한 한국의 경우 지

중앙정부의 예산편성이 확정되기까지 지방정부가 확정할 수 없기 때문에, 추후에 추가경정예산으로 편성되는 경우가 많은 구조적 문제를 안고 있다. 각 부서의 사업비 요구가 모아지면, 먼저 예산 부서는 추정세입에 맞추어 지출규모를 조정한다. 이때 경직성 경비와 보조금 사업은 삭감할 수 없기 때문에, 주로 사업비가 삭감된다. 이 조정결과를 예산부서는 단체장에게 중간보고하며, 그 과정에서 단체장의 의지가 반영되어 예산안이 수정된다. 지방의회의 심의과정에서 협상을 위해 지방의원들에게도 1인당 약 1억 원 정도씩의 사업비가 책정된다. 이처럼 단체장은 각 사업의 사전승인, 예산편성의 중간보고과정, 수정예산편성 등 예산편성의 전 과정에 걸쳐 자신의 의지를 충분히 반영할 수 있는 기회를 가지고 있다. 그러나 공무원의 영향력은 각 부서의 사업예산요구액이 거의 80% 삭감됨에도 불구하고, 각 사업부서의 반발이 거의 없다는 점에서 매우 낮은 것으로 평가할 수 있다.

23) 물론 한국 지방정부의 예산편성 과정에 공공선택론적 관점의 타당성을 제기하는 연구들도 있다. 대표적인 예가 이영조, 최희경(1995), 전상경(1993) 그리고 강윤호(1999)의 연구이다.

방정치과정에서 단체장이 가지고 있는 정책성향의 영향력은 매우 클수밖에 없다는 것이다(이승종, 김흥식 1998; 이승종 2003: 제19장). 한국 지역사회의 정책결정구조는 "지역주민이나 지역사회 조직의 손에 의해서라기보다 중앙과 관료의 주도하에서 이루어지고" 있다는 관찰결과(안청시 1995b: 17)나, 지역 사회의 주요 쟁점들이 타결되는 과정에서 지방정치는 '시장(단체장)의 독무대'로 묘사해도 무방할 정도로 단체장의 영향력이 강력하다는 주장(최창수 2000; 박종민 2002)은 자치단체장의 강력한 권력에 대한 우려와 일맥상통한다. 그 결과 단체장의 영향력은 예산편성과정에서 특히 두드러진다(이준원 1999). 다시 말해 한국의 지방정부의 예산 및 정책결정은 단체장 중심적이고 집행부 본위의 성향이 강한 반면 '지방위주의 행정'이나 '시민위주의 행정'은 아직 미약하다고 평가할 수 있다(소순창 2001: 325).

생산적 리더십과 관련해서는 민선자치가 실시된 이후 자치단체장의 리더십에 관한 연구는 진일보하고 있다. 대표적으로 리더십에 영향을 미치는 요인에 관한 연구(이승종 1998), 단체장들의 리더십 행태와 그 효과성에 대한 실증연구(이창원 1999, 2000), 지역개발정책에 있어 단체장 리더십의 영향력에 관한 연구(이광희b 2003) 등이 있다. 이들은 모두 행정환경의 변화에 능동적으로 대처할 수 있어야 하는 단체장의 규범적 역할을 강조하고 있으며, 실제로 단체장의 리더십이 어떻게 발휘되고 있는지를 분석하고 있다. 연구결과를 보면 단체장들은 현재의 상황여건을 강조하면서 그들이 보유하고 있는 자원, 네트워크 및 권한의 범위 안에서 효과적으로 리더십을 발휘하려고 노력하고 있음을 보여주고 있다.

이와 관련하여 〈표 2.6〉을 보면 박종민 외(2000)의 연구와 이광희 b(2003)의 연구에서 다루어진 주요 정책사례가 정리되어 있다. 박종

민 외의 연구에서 경제개발사업과 관련된 사안들의 수와 비경제개발
사안들은 비슷한 비중을 차지하고 있다. 그러나 박종민 외의 연구 사
례들은 정책영역을 구별하지 않고 단체장의 영향력을 입증하는 데 있
어 유용하지만 과연 단체장의 리더십이 어느 정책영역에서 얼마나 강
하게 발휘되고 있는지는 보여 주지 못하고 있다.

　반면 이광희b의 연구는 이 점에 있어 유용하다. 그는 연구사례를 단
체장이 스스로 정책성과로 내세우는 정책사안들을 중심으로 선정하였기
때문이다. 단체장들은 주로 지역개발과 관련된 정책을 성공한 정책으
로 제시하고 있는 것으로 나타났다. 다음으로 혐오시설 입지와 관련된
주민 간 갈등을 슬기롭게 극복한 사례도 성공한 정책사례로 들고 있
다. 이에 비해 사회복지나 공공 서비스와 관련하여 성공적인 사례로
제시한 경우는 적었다. 이상에서 본다면 한국 지방정부의 단체장들은
주로 지역개발 및 갈등관리와 관련된 성과를 중요하게 여기고 있다고
할 수 있다.

〈표 2.6〉 단체장의 주요 리더십 연구 사례

	경제개발 분야	기타 정책분야
박종민 외 (2000)[b]	골프장 건설(진주시) 영상도시화 사업, 경인우회고속도로 건설(부천시) 행정타운 건설 추진, 성남광역시 추진, 성호시장 재개발, 복정동 토지구획 정리, 이매역사 신설, 대장동 저유소 건설허가, 시영아파트 건립 및 분양, 아파트형 공장 건축, 서현 근린공원 골프장 허가 등(성남시)	통합진주시 청사부지선정과 재결정, 시내버스 노선조정 및 요금결정, 구 금성초등학교 부지 매각, 논개영정폐출(진주시) 초등학교 급식지원, 쓰레기 수거체계 개선(부천시) 모란5일장 이전, 송림고 자연녹지 이전, 공영주차장 설치, 문화회관 건립, 시외버스터미널 이전, 하수종말처리장 설치, 장학기금 조성 등(성남시)

	경제개발 분야	기타 정책분야
이광희b (2003)[a]	평택항 개발(평택시) 세계도자기엑스포, 수도권정비법 완화 노력(이천시) 통일안보전시관, 대학과 컨소시엄 구성(강릉시) 특별법 제정, 석탄산업 시설투자 유치, 삼각게임산업 유치, 태백체험공원 조성, 모터스포츠레저단지 조성, 태백산 도립공원 국립공원화 계획 철회(태백시) 강원국제관광엑스포 유치, 백두산항로개설, 대포항 개발, 청초호 교량건설(속초시) 세계동굴엑스포 유치, 삼척해수욕장의 철도역 복원, 골프장 유치(삼척시) 국제체육행사 유치, 지역특산품 명품화 사업, 충주수출문화 축제(충주시) 지평선 축제, 문화관광산업육성(김제시)	도농통합도시 발전기본틀 구축(평택시) 이천시민장학회, 쓰레기위생매립장, 도축장 설치 분쟁(이천시) 광역쓰레기매립장, 하수종말처리장, 석교리 청솔공원(강릉시) 새천년 유원지 조성(삼척시) 광역위생매립장, 화장장이전 신출사업 등(충주시) 노인종합복지타워, 쓰레기처리를 위한 야적장 설치, 정무조직팀 특별추진반 구성(김제시) 문화예술회관 및 종합운동장 건립, 하수종말처리장 운영(김천시) 쓰레기매립장 운영 연장(구미시) 고압송전철탑 외곽지 이전 및 쓰레기 소각장 입지 등(상주시) 덕산동 공유수면 매립(진해시) 불합리한 하수도법 개정에 대처(밀양시)
이광희b (2003)[a]	한지택지개발사업추진, 정책연구실 운영(김천시) 테크노폴리스구미건설 추진, 수출시장 개척 및 외국기업투자유치, 4공단조성, 전기초자 파업 교섭, 미래디자인팀 운영 등(구미시) 자전거 축제, 한방자원사업화 단지 유치 등(상주시) 중소기업전용공단 조성(진해시) 대구-부산간 고속도로 건설(밀양시)	

a) 박종민 외(2000)는 쟁점이 되었던 사업을 중심으로 분석.
b) 이광희b(2003)는 성과를 낸 사업들을 중심으로 분석.

이처럼 지방정부의 단체장이 어떤 정책성향을 가지고 있는가 그리고 단체장이 얼마나 강한 리더십을 가지고 있는가에 따라 지방정부의 정책산출은 달라질 수 있는 것이다. 이 점을 고려하여, 다음과 같은 두 개의 '자치단체장 가설'을 설정할 수 있다.

가설3-3. 단체장이 경제개발정책을 선호할 경우, 지방정부의 경제개발정책 산출수준은 높아진다.

가설3-4. 단체장이 강력한 리더십을 보유하고 있을 경우, 지방정부의 경제개발정책 산출수준은 높아진다.

(4) 지방시민사회

지방시민사회는 지방민주주의와 지방거버넌스의 핵심요소이다. 지방정부가 지방시민사회의 위에 군림하면서 자신의 정책을 관철하기 위해 주민을 포섭하고 정보를 독점하는 상황에서는 주민의 정책영향력이 발휘되기 어려울 것이다. 반면 지방정부가 지방시민사회의 의견을 적극 수렴하여 정책에 반영하고, 정책을 추진하는 과정에서도 지속적으로 피드백을 받는 경우에 정책의 실패가능성은 크게 줄어들 것이다. 따라서 지방선거에서의 주민의 영향력과 지방시민사회의 성격에 따라 지방정부의 정책결정은 달라질 수 있다.

지방자치제도가 부활된 이후 240여 명에 달하는 단체장을 비롯, 4,000명이 넘는 지방의원을 포함하는 대규모 선출직 공직자가 탄생했다. 이들은 지역발전과 주민의 복지증진을 위한 임무를 부여받고 지역주민의 목소리를 지방정부의 정책으로 전환하고, 중앙정부에 전달하기 위해 부단히 노력하고 있다. 향후 지방정치인들을 견제할 수 있는 지방주민의 정치적 수단으로서의 지방선거의 영향력은 점점 더 커질 것으로 예상된다.

지방시민사회와 관련하여 또 하나 중요한 이슈는 지방시민사회의 성격과 관련된 것으로, 풀뿌리 민주주의와 지방보수주의의 논쟁으로 요약할 수 있다(안청시 외 2002). 지방자치가 부활된 이후 공익적 시민단체의 활동영역이 크게 확장되어 시정모니터링, 자치헌장 운동, 난개발 반대운동 등 주민참여를 통해 지방정부를 적극적으로 감시해 온 것은 사실이다. 그러나 다른 한편으로 지방의회에 진출하면서 지역의 상층 자영업자와 건설업자 등의 영향력과 단체장과의 후원자 인맥망을 통한 관변단체의 영향력이 커진 것도 사실이다. 특히 참여적 시민단체가 형성되기 어려운 지방의 시·군에서는 지방보수주의만이 남아 있는 경우도 발견된다.

1) 정치적 경쟁

선거는 지방정부에 대한 주민통제의 한 수단으로 일반 주민들이 자신의 정책 선호를 표출할 수 있는 제도화된 장이라 할 수 있다. 현대 정치에서 선거가 갖는 위와 같은 의미만으로도 선거결과가 선출직 공직자들의 정책결정에 미치는 영향에 대한 관심을 갖기에 충분하다.

선거가 주민들의 정책선호를 표출하는 수단으로 잘 작동하고 있는가? 이에 대한 대답은 명확하지 않다. 선거를 통해 주민들의 의사가 충분히 반영되려면, 우선 유권자들의 과반수가 지지하는 정책 대안이 존재해야 하고, 유권자들은 각자의 정책이슈에 대한 선호에 따라 투표해야 하며, 선거구도가 후보들의 정책이슈에 대한 입장에 따라 갈려야 하며, 또한 당선자는 자신의 공약을 반드시 이행해야 할 것이다.[24] 그

---

24) Edwards III와 Sharkansky(1978: 23)는 10가지 조건을 제시한다.

러나 현실의 유권자들은 자신의 정책선호를 모르거나 알더라도 표출하지 않으며, 현실의 정치인들은 유권자들의 목소리를 건성으로 듣거나, 경제적으로든 정치적으로든 실현불가능한 공약을 제시하는 경우가 많다. 이 점에서 실제 정치에서 선거는 유권자들의 정책선호를 정부의 정책으로 연결시켜 주는 정교한 제도적 장치로 작동하기 어려운 것은 사실이다.[25]

---

① 유권자들은 정책에 대한 견해를 가지고 있어야 한다.
② 유권자들은 후보들의 정책 입장을 알고 있어야 한다.
③ 적어도 한 후보는 유권자 과반수가 선호하는 대안을 지지해야 한다.
④ 유권자들은 반드시 투표권을 행사해야 한다.
⑤ 유권자들은 정책 이슈에 따라 투표해야 한다.
⑥ 유권자들의 과반수가 특정 이슈를 지지하고, 정치인들은 주민 과반수의 견해가 어떤 것인지를 정의할 수 있어야 한다.
⑦ 당선자는 유권자 과반수의 지지를 받아야 한다.
⑧ 게리멘더링이나 다른 수단에 의해 선거과정이 조작되어서는 안 된다.
⑨ 당선자는 자신의 승리를 지지자들의 정책 선호와 연결시킬 수 있는 능력을 가지고 있어야 한다.
⑩ 당선자는 선거 공약을 반드시 이행해야 한다.

25) 그렇다고 선거제도를 영향력이 없는 형식적인 것에 불과한 것으로 보는 것은 잘못이다. 이에 대해서 뷰캐넌과 툴락에 따르면(Mueller, 배득종(역) 1992: 324), 선거제도의 도입 여부는 헌법제정의 단계(constitutional stage)의 문제인 반면 선거제도가 도입된 이후의 결과가 패권적인가 경쟁적인가는 의회적 단계(parliamentary stage)의 문제로, 양자는 질적인 차이가 있다고 한다. 이 점에서 선거제도 자체가 없는 상황에서는 근대적 의미의 사회경제적 발전을 논의하는 것 자체가 무의미하다고 말할 수 있는 것이므로 선거제도의 사회적 의미는 크다 할 것이다. 또한 다른 반론으로 패권정당만이 집권할 경우에는 사실상 선거경쟁이 무의미한 것이 아닌가에 대한 문제를 제기할 수 있을 것이다. 그러나 패권정당이 장기 집권할 경우 주민의 일반 이익이 아닌 일부 강자들의 경제적 이익만을 보호하는 쟁점 없는 파벌주의적 정치체제로 귀결될 가능성이 크다는 점에서 문제가 있다는 것이지(Key 1949; 지병문, 김용철 2003: 272), 선거경쟁의 무의미함을 주장하는 것은 아니다. 민주적 제도의 발전을 위

하지만 유권자들이 정교한 정책투표를 하지 않더라도 현직 정치인들의 정책성과를 감안하여 지지 여부를 결정하는 회고적 평가(retrospective evaluation)에 따라 투표에 임할 경우에는 주민들이 선출직 정치인들을 통제할 수 있다는 주장도 있다.[26] 회고적 투표의 한계가 없는 것은 아니다. 회고적 투표는 현직 정치인이 재선을 노리고 출마할 때에만 효과적일 수 있고, 처벌을 하기 위해 반대자의 "정책"이 아닌 "반대자"에게 투표한다는 문제점을 지니고 있기 때문이다(Edward Ⅲ and Sharkansky 1978: 28-30). 그러나 재선을 원하는 현직 단체장이나 지방의원들에게 회고적 투표가 주는 정치심리적 압력은 단순한 가정은 아니다. 예를 들어 현직자와 경쟁자 간 경쟁이 치열하여 과반수 미만의 득표로 당선된 경우나 지역 유권자들의 선거에 대한 관심이 매우 높은 선거구도가 형성되어 당선된 경우에, 선출직 공직자들은 재선을 위해서는 의미 있는 정책성과를 산출해야 할 필요성에 대해 임기 초기부터 각인하게 될 것이다.

그렇다면 정치적 경쟁이 치열했던 선거의 결과는 정책선택에 어떤 영향을 주는가? 정치적 경쟁과 정책과의 관계도 매우 중요한 연구주제인데, 정치적 경쟁에 관한 일반적인 가설은 정당간의 경쟁이 심할수록, 각 정당은 더 많은 득표를 위해 저소득층에게 유리한 공공정책을 수

해 패권적 정당구조보다 경쟁적 정당구조가 더 낫다는 주장은 뮬러(Mueller, 배득종(역) 1992: 329)가 공동체 전체에 혜택을 주는 결정을 의미하는 파레토 곡선 이외의 곳에서 파레토 곡선상으로 옮기는 이동에 대한 선택이라고 말할 수 있다. 뮬러는 공동체 전체에 편익을 주는 선택과 승자와 패자를 결정하는 파레토 곡선 위에서의 선택을 구분한다.

26) 회고적 투표(retrospective voting)는 정부의 과거 업적을 평가하여 심판하는 투표 전략이다. 회고적 투표 개념에 관해서는 이현우, 「한국의 경제투표」, 『한국의 선거 Ⅱ: 제15대 대통령선거를 중심으로』(1998, 서울: 푸른길)를 참고할 것.

립한다는 것으로(Key 1949; 지병문 외 2003: 8), 이는 정치적 경쟁이 치열할수록 사회복지 지출이 증가한다는 것을 의미한다. 위 가설은 현대 정치에서 유권자 수의 정치적, 정책적 의미를 보여 주고 있다.

그러나 대안적 가설이 없는 것은 아니다. 기초지방정부의 수준으로 내려올수록 인구 규모가 줄어들고 지역의 인구 구성은 점차 동질적이 되는 경향이 있는데 이처럼 주민의 구성이 다양하지 않고 상대적으로 비슷한 사람들이 모여살고 있다면, 해당 지방의 선거결과는 저소득층의 수가 아니라 중위 투표자의 선호에 따라 좌우될 가능성이 크다는 것이다.[27] 이 가설에 따른다면 선거경쟁이 치열할 경우에 반드시 사회복지정책의 산출수준만이 높아진다고 볼 수 없는 것이다. 이 경우에는 해당 지역의 중위 투표자가 선호하는 정책이 무엇인가에 따라 정책결과가 달라질 수 있기 때문이다.

따라서 Key의 정치적 경쟁 가설을 도입할 때에는 주민들의 정책성향을 고려할 필요가 있다. 만약 지역주민들이 지역개발을 원한다면 지방정치인들은 경제개발정책의 산출수준을 높일 것이며, 반면에 지역주민들이 개발에 반대하고[28] 보다 쾌적한 생활환경을 원한다면 지방 정치인들은 공공서비스의 공급에 더 많은 노력을 기울일 것이다.

---

27) 보다 큰 구성원(constituency)을 가질수록, 강력한 이해집단의 상호 견제와 다양한 이해관계자들의 연합형성의 필요성이 강해진다. 반면에 구성원이 작은 지방정부의 경우에는 지배적 집단이 특정 정책을 배제하거나 강화하는 방향으로 정책을 통제하기 쉽다(김재훈 1996: 62).

28) 개발에 반대하는 주민들의 활동의 대표적인 사례는 용인 서북부의 지주들이 택지로 지정된 땅 31만 평을 개발하지 못하도록 그린벨트로 묶어 달라는 청원을 제출한 것이다(조선일보 2000년 7월 19일자). 건설교통부는 이에 대해 약 10만 평 정도를 택지지구에서 제외하는 결정을 내렸다(동아일보 2000년 7월 21일자). 이것은 택지로 지정되었음에도, 주민의 요구로 지정이 해체되는 전례를 남긴 최초의 사건이다.

그러나 재정력 가설에서 밝힌 바와 같이 한국의 단체장들은 사회복지정책뿐만 아니라 경제개발정책에 대한 선호가 모두 높다는 점을 고려하면, 다음과 같은 '정치적 경쟁 가설'을 설정할 수 있다.

가설4-1. 정치적 경쟁이 치열할수록, 지방정부의 경제개발정책의 산출수준은 높아진다.

2) 성장연합과 반성장연합

지방정부와 경제 엘리트 집단으로 이루어진 성장연합세력의 활동은 경제개발정책의 채택과 밀접한 관련이 있다는 주장은 지방정부의 경제개발정책에 대한 연구에서 흔히 발견된다(Feiock, 1994). 이것은 로간과 몰로치(Logan and Molotch 1987)의 '성장기계론(growth machine)'과 밀접히 관련되어 있다. 성장기계의 주도 세력인 '성장연합(growth coalition)'을 "어떤 비용이 들더라도 성장을 추구하려는 영향력이 있는 행위자들의 집단"으로 보는 경우도 있고(Molotch 1976: 309-310: 박재욱 1997: 66), "경제활동의 초장소화, 즉 세계적으로 쉽게 이동하고 이전하는 추세 그리고 지역 간 경쟁이 첨예해지는 상황에서 약화되는 지역투자나 생산 기능을 확충하기 위해 지역여건을 '성장주의적 분위기'로 이끌어 가는 지역지배세력의 연합(조명래 1999: 37: 백두주 2003: 169 재인용)으로 보는 경우도 있다.

한마디로 성장연합은 '분배의 정치'보다는 '성장 정치'를 강조하고, 폐쇄적인 의사결정구조를 선호하며, 지역적 이해관계가 뚜렷한 행위자들로 구성되어 있다. 성장연합은 주로 지방의 토지를 보유한 경제엘리트들을 중심으로 형성되며 도시경제개발 의제를 장악하고 도시개발·산업단지조성·하부구조건설에 있어서 적극적 역할을 수행한다. 또한 성장연합은 철저히 지역성을 지닌 권력구조라는 특징을 갖는다. 부산지역을 연구한 결과를 보면(백두주 2000; 2003), 성장연합의 구성원으로 시청, 상공회의소, 지역 내 토착자본가들과 유기적으로 연결된 개발지향적 시민단체, 발전연구원, 지역언론 등을 지적하고 있다. 그러나 한국의 성장연합은 지방정부가 주도하는 연합이며(Bae 2003), 그 속에서 경제엘리트와 기업의 영향력은 뚜렷이 발견되지 않는다(박종민 1998; 박종민(편) 2000). 이 점에서 한국의 지방정치를 해석할 때에는 미국 지방사회에서 발견되는 경제엘리트가 중심이 된 성장연합이나 개발레짐의 틀을 그대로 적용해서는 문제가 발생할 수 있는 것이다.

성장반대세력은 일반적으로 지역주민조직과 일시적 저항세력에 의해 주도된다. 이 반성장연합(anti-growth coalition)은 결과로서의 성장위기뿐만 아니라 성장위기가 예견되는 상황에서 '성장기계'의 해체를 목적으로 한 대항세력을 형성한다. 이들은 성장연합에 의해 침해된 지역 사회의 주거나 환경과 같은 토지의 '사용가치(use value)'에 대한 보존을 강조한다. 한국 사회에서 반성장연합의 주도 세력으로 지역의 시민운동가, 주민대표 그리고 환경지도자 등이 지적되고 있고, 이들은 주로 전국적인 시민단체와 연대를 꾀한다(백두주 2003; Bae 2003). 미국의 경우 반성장연합은 San Francisco 당국의 성장정치를 무력화하기도 했다(DeLeon 1992).

지방정치의 활성화와 시민사회의 역동성은 반성장연합의 형성에 유리한 환경을 조성하지만 반드시 반성장연합의 형성을 가져오는 것은 아니다. 중간계급의 성격에 따라 다른 결과가 나타날 수 있다. 예컨대 중간계급이 보수화된 경우에는 반성장연합이 와해될 수도 있는 것이다. 특히 한국처럼 지역권력을 상위 자영업 집단이 장악하고 있거나(정상호 2001), 관변단체나 혈연·지연·학연에 기반을 둔 사회단체가 자발적 결사체인 공익적 시민단체와 공존하는 현실에서는(박종민(편) 2000: 358), 반성장연합이 안정적인 레짐을 형성하기는 어려울 것으로 예측해 볼 수 있다.

이상 성장연합과 반성장연합에 대해 검토하면서 확인할 수 있는 바는 한국 사회에서 성장연합이나 반성장연합의 존재 자체를 입증하기는 어렵다는 사실이다. 따라서 이 연구에서는 성장연합(반성장연합)의 존재가 아니라, 성장연합(반성장연합)의 형성 가능성에 초점을 맞춘 '지방시민사회 가설'을 설정한다.

> 가설4-2. 지역사회에 성장연합의 발생에 유리한 조건이 갖추어져 있을수록, 토지의 사용가치보다는 교환가치를, 환경보존보다는 개발을 더 강조할 것이기 때문에, 지방정부의 경제개발정책의 산출수준은 높아진다.

(5) 기타 통제요인

이 논문에서 기타 통제요인들은 이론에 근거한 것은 아니지만, 논리적으로 그리고 현실적으로 지방정부의 정책에 영향을 미칠 수 있는 중요 변수들로 구성된다.

통제요인은 두 가지로 나눌 수 있는데, 하나는 회귀분석에 직접 투입할 통제요인이며, 다른 하나는 회귀분석에 투입할 경우 다중공선성이 우려되기 때문에 회귀분석에 투입되기보다는 몇 개의 그룹으로 나누어, 그룹별 인과관계의 차이를 관찰함으로써 이 연구에서 사용할 인과관계 모형의 강도를 시험한다는 의미의 통제요인이다.

먼저 회귀분석에 직접 투입할 통제변인으로는 해당 지역의 면적이 있다. 면적은 개발정책과 명확한 관계를 가지고 있다. 면적이 넓다는 것은 그만큼 개발을 위한 토지 자원이 많다는 의미이다. 따라서 개발을 더 적극적으로 추진할 가능성이 높다고 말할 수 있다. 반대로 면적이 좁다면 개발을 위한 자원이 적다는 것을 의미하기 때문에, 구조적으로 개발정책을 적극적으로 추진하기는 어려울 것이다.

다중공선성이 우려되지만 반드시 분석해 보아야 할 통제요인들로는 기초지방정부의 종류(시·군·자치구)와 광역지역(수도권·영남·호남·충청)이 있다. 기초지방정부의 종류와 광역지역을 가변수 처리하여 회귀분석 모형에 투입하지 않는 이유는 시·군·자치구나 광역지역에 따라 변수들의 인과관계가 다를 것으로 보기 때문이다. 즉 자치구의 경제개발정책의 정치와 일반시의 경제개발정책의 정치가 다른 인과적 패턴을 가질 것이며, 수도권의 경제개발정책의 정치와 영호남의 경제개발정책의 정치가 다를 것이다. 가변수 처리할 경우에는 단순한 평균의 차이만을 확인할 수 있을 뿐인 데 반해, 시·군·자치구별, 광역지역별로 나누어 분석을 하면 한국 지방정치에 대한 더 유용한 시각을 얻을 수 있을 것이라는 관점에서 이런 방식을 취한 것이다.

기초지방정부의 세 가지 종류는 시·군·자치구인데, 종류에 따라 자율권의 수준이 다르고, 대도시권(자치구)과 비대도시권(시군)이라는 사회적 환경의 차이도 다르다.[29] 다음으로 광역지역도 중요한데, 광역

---

29) 사회적 환경의 차이로 인해 대도시와 농촌 단체장의 정책 유형에 차이가 생긴다. 대도시의 구청장은 구민으로서 공동체의식이 형성되어 있지 않을 뿐만 아니라 도시의 익명성을 향유하려는 주민들을 만족시켜야 한다. 주민들은 개인주의적이고 이기주의적 성향이 강하기 때문에 자신의 권익을 침해받지 않으려 한다. 나아가 생활의 편의성을 중시한다. 따라서 구청장들은 어메너티, 부동산 문제, 교통문제 등 전형적인 도시문제 해결해야 한다. 한편, 농촌의 군수는 공동체의식이 강하게 형성되어 있는 마을 단위에 반응해야 한다. 마을의 주민들은 어느 정도 공동체를 위

정부들은 광역지역 내 불균등을 해소하기 위해 노력할 수 있고 광역지역이라는 지역적 특색은 소속된 기초지방정부에 대해 경제적, 사회, 문화적으로 영향을 미친다. 광역지역은 크게 수도권과 지방으로 나누고, 다시 지방을 영남권, 호남권, 충청권 등 3개 권역으로 나누어 분석할 것이다. 광역지역은 개발수준(수도권 대 지방)과 정치적 경쟁(일당 우위 체제와 다당 경쟁 체제) 등에 있어 의미 있는 차이를 가지고 있다.

제4절 소 결

제2장은 크게 세 부분으로 구성되었다. 제1절에서는 논문의 종속변수인 경제개발정책의 개념정의, 정치적 성격, 그리고 지방정부의 역할에 대해서 다루었다. 제2절에서는 지방정부의 정책결정요인에 관한 설명모형을 검토하였고, 제3절에서는 선행연구를 검토한 후 이를 토대로 연구의 연구모형 및 연구가설을 설정하였다.

이 연구에서는 경제개발정책을 "지역발전이나 지역의 경제적 지위를 극대화하기 위해 지방정부가 사적 행위자들의 행위를 특정 방향으로 장려·방해·금지·지시하는 데 활용가능한 정책수단에 대하여 갖는 방침"으로 본다. 이 정의에 따르면 지방정부의 경제개발정책을 이해하

해 자신이 손해 보는 것도 감수하는 편이다. 군수는 경제 수준의 낙후, 인구의 감소, 문화적 소외 등 상대적 박탈감이 심한 주민들을 상대해야 한다. 도시의 시장의 상황은 구청장과 군수가 처한 특성을 공유하고 있는 경우가 많다. 이에 대해서는 임도빈(2004: 134-135)을 참고할 것.

기 위해서는 지역발전 혹은 경제적 지위 극대화라는 정책목표와 사적 행위자들의 행위에 개입하기 위한 정책수단에 대한 이해가 필요하게 된다. 따라서 지방정부의 경제개발정책을 분석할 때, 정치학의 관점보다는 지역경제학과 지역개발학의 관점이 더 유용한 것으로 보일 수 있다.

그러나 경제개발정책은 개발비용과 성과의 분배에 대한 태도, 위험에 대한 태도 그리고 효율성/평등의 가치에 대한 태도의 차이로 인해 종종 심각한 정치적 논쟁의 대상이 된다는 점에서 경제개발정책을 이해하기 위해서는 정치적 관점을 도입할 필요성이 커진다. 이와 동시에 지역 주민과 엘리트들도 지방정부의 가장 중요한 정책과제로 지역경제의 활성화를 들고 있다는 점에서 경제개발정책은 한국 지방정치의 특징을 파악하는 데 중요한 매개가 될 수 있다.

1970년대 이후 전 세계적 경제침체 국면에서 정치적 분권화를 적극 추진한 선진국가의 경우, 지방정부는 과거의 전통적 통치방식인 후견주의모형과 복지국가모형에서 벗어나 보다 적극적으로 시장에 개입하는 경제발전모형과 사적 행위자들을 지원하는 촉진자적 역할(facilitative role)을 수행하는 시장형성모형으로의 변신을 꾀하고 있다. 그러나 한국의 경우에는 민주주의의 정착이라는 정치적 목적으로 지방자치가 도입되었기 때문에, 제도적으로 지방에 대해 강한 중앙정부와 지역사회에 대해 강한 지방정부가 조합되어 있어, 지방의 거버넌스는 후견주의모형과 경제발전모형이 상호 공존하고 있는 상태로 평가할 수 있다.

그렇다면 한국 지방정부의 경제개발정책을 어떤 틀과 방법으로 분석할 수 있는가? 이에 대해 이 연구에서는 옹(Wong)이 제시한 정치적 선택 모형을 수정한 분석모형을 제시한다. 이 모형에서는 정치적 선택을 고려하지 않는 경제적 제약모형과 경제적 조건을 고려하지 않는

'순수' 정치적 선택모형을 통합한 옹의 분석모형을 다시 수정하였는데, 우선 경제적 제약은 정책수요에 영향을 미치는 환경변수로 해석하여 정치적 선택과 같은 수준에서 작동하는 요인으로 놓았고, 다음으로 정치적 요인을 보다 명확히 범주화하여 "정치가 정책을 결정한다"는 논리를 견지하고자 하였다.

또 경제적 제약 모형에 따르면 지방정부의 경제개발정책에 있어 정치적 요인의 영향력은 미미한 반면 '순수' 정치적 선택 모형은 주요 엘리트들 간의 정치적 상호작용의 결과가 정책산출로 표출된다고 봄으로써 경제적 조건의 의미를 축소하는 경향이 있다. 이에 비해 정치적 선택 모형에서는 경제적 조건의 영향력을 인정한 상태에서, 정치적 조건과 상황에 따라 달라지는 정책의 산출수준을 파악하고자 한다.

이 연구의 분석 논리를 정리하면 다음과 같다: 지역의 경제적 발달 수준, 정부 간 관계의 특성, 지방정부의 특성, 그리고 지방시민사회의 특성이 지방정부의 '정책수요'와 '정치적 선택'에 영향을 미쳐 지방정부의 정책산출 수준을 결정한다.

선행연구의 검토를 통해서 연구모형에 포함된 4가지 설명변수의 경제개발정책에 대한 영향력을 검증가능한 언어로 표현한 연구가설을 설정하였다. 정책수요는 정책산출 수준의 객관적 조건을 의미하는 하나의 가설로 구성된다. 정부 간 관계에 대해서는 상위정부의 재정적 영향력과 정부 간 정치적·우호적 관계 형성의 영향력을 중심으로 두 개의 가설을 설정하였다. 지방정부 요인에 관해서는, 지방정부의 재정력과 인력규모 그리고 단체장의 정책성향과 리더십을 중심으로 네 개의 가설을 설정하였다. 마지막으로 지방시민사회는 정치적 경쟁과 성장연합의 형성가능성을 중심으로 두 개의 가설을 제시하였다. 이 연구의 분석가설은 아래에 정리되어 있다. 그러나 이 가설들은 개념 간 논리적 관계를 표현한 것이기 때문에, 구체적인 분석을 위해서는 지표 간 통계적 관계를 표현한 작업가설을 설정할 필요가 있다. 작업가설은 이 연구의 개념에 대한 측정을 다루는 제3장에서 다루어질 것이다.

가설1. 지역개발에 대한 정책수요(지역의 경제적 낙후나 경제적 쇠퇴)가 클수록, 지방정부의 경제개발정책의 산출 수준이 높아진다.

가설2-1. 상위정부의 재정적 영향력이 클수록, 지방정부의 재정력이 보완되기 때문에, 지방정부의 경제개발정책 산출수준은 높아진다.

가설2-2. 중앙정부와 지방정부 간 정치적 관계가 우호적일수록, 중앙정부로부터 더 많은 지원을 얻어낼 수 있기 때문에, 지방정부의 경제개발정책의 산출수준은 높아진다.

가설3-1. 재정력이 양호할수록, 경제발전에 활용할 수 있는 자원이 풍부해지기 때문에, 지방정부의 경제개발정책의 산출수준은 높아진다.

가설3-2. 지방정부의 인력규모가 큰 지방정부일수록, 지방정부의 경제개발정책의 산출 수준은 높아진다.

가설3-3. 단체장이 경제개발정책을 선호할 경우, 지방정부의 경제개발정책의 산출수준은 높아진다.

가설3-4. 단체장이 강력한 리더십을 보유하고 있을 경우, 지방정부의 경제개발정책 산출수준은 높아진다.

가설4-1. 정치적 경쟁이 치열할수록, 지방정부의 경제개발정책의 산출 수준은 높아진다.

가설4-2. 지역사회에 성장연합의 발생에 유리한 조건이 갖추어져 있을수록, 토지의 사용가치보다는 교환가치를, 환경보존보다는 개발을 더 강조할 것이기 때문에, 지방정부의 경제개발정책의 산출수준은 높아진다.

제3장

지방정부의 경제개발정책과 결정요인: 측정

제1절 종속변수: 측정 기준

측정(measurement)이란 관측 가능한 지표를 이용하여 추상적인 개념에 구체적인 수치를 부여하는 작업이다. 이때 각 사례에 부여된 값 자체는 중요한 것이 아니다. 이보다는 그 값을 통해서 확인하고자 하는 개념과 측정된 값이 논리적으로 타당한 관계를 형성하고 있는가가 더욱 중요하다. 만약 측정과정에 심각한 오류가 있다면, 연구자는 올바른 추론을 할 수 없는 것이다. 뿐만 아니라 측정방식과 측정범위가 달라짐에 따라 연구의 결과가 달라질 수도 있기 때문에[30] 측정은 경험적 연구에 있어 핵심적인 과정이라 할 수 있다. 개념을 측정할 때, 측정지표는 적어도 다음의 세 가지 조건을 충족해야 한다.[31] 타당성(validity), 포괄성(comprehensiveness) 그리고 신뢰성(reliability)이다.

첫째, 측정의 타당성이란 측정하고자 하는 개념을 정확히 측정했는가에 관한 것이다(Manheim and Rich 1995: 72-78). 어떤 개념을 측정하는 방식에 대해서는 여러 대안이 존재한다.[32] 여러 대안 중에서

---

30) 예를 들어, 1인당 지출수준과 지출 비중을 동시에 고려한 한원택 외(1994)의 연구를 보면, 측정 지표의 차이에 따라서도 분석결과가 약간 다르게 나타났다.

31) Robert Putnam은 정부성과를 측정하는 기준으로 포괄성(comprehensiveness), 내적 일관성(internal consistence), 신뢰성(reliability), 엘리트와 국민의 평가의 일치여부(correspondence to the objectives and evaluations of the institution's protagonists and constituents) 등 4가지를 제시하였다.(Putnam, 1994, pp.64-65) 그러나 이 논문은 정부의 성과를 측정하기 위한 것이 아니라, 정책의 결정요인에 대한 분석이기 때문에, 일반적인 기준인 측정의 타당성과 신뢰성을 따랐다. 퍼트남의 기준에서는 포괄성을 빌려 왔다.

32) 양적 자료를 이용한 측정은 4가지의 대안을 갖는다. 하나는 총량 개념이

특정한 측정방식을 선택하는 기준은 측정대상의 개념과 논리적으로 가장 가까운 방식을 선택해야 한다는 것이다. 예를 들어, 복지정책과 문화서비스의 공급은 지역사회의 가난한 주민과 일반 주민들에게 편익을 제공하기 위한 정책이기 때문에, 각 주민에게 응분의 혜택이 돌아가도록 산출되어야 할 것이다. 따라서 이러한 정책의 산출수준을 측정할 때에는 주민 1인당 산출수준으로 측정하는 것이 타당하다. 이에 비해 이 논문의 연구대상인 경제개발정책은 개념적으로 특정 기업이나 주민의 복지가 아닌 지역 전체의 성장에 목표를 두고 있다. 따라서 경제개발정책에 대해서는 주민 1인당 수치로 측정하는 것보다는 총량 개념의 측정방식을 사용하는 것이 옳다.

한국 지방정부에 대한 기존의 많은 연구들에서는 경제개발정책의 비율(%)로 측정하는 방식을 채택해 왔다. 이는 연구목적이 다르기 때문인데 경제개발정책의 시간의 변화에 따른 동태적인 변화를 측정하거나 복지정책과의 비교를 통해 정책지향성을 연구하고자 할 때에는 전체 예산대비 비율을 측정지표로 사용하는 것이 타당할 것이다.(한원

다. 전체 투입된 양을 측정할 수 있다. 개발과 관련된 모든 지출 항목의 합이나 개발관련 용도로 변경된 토지의 총량으로 구하는 것으로 절대적 측정방식이라 할 수 있다. 둘째는 단위당 개념이다. 1인당 지출이나 단위 면적당 토지용도변화 등이 그 예가 될 수 있다. 개개 시민들에게 돌아가는 혜택의 크기가 어느 정도인가를 알고자 할 때 사용할 수 있는 측정방식이다. 시민지향적 측정방식이라 할 수 있다. 셋째 비율 개념으로 측정할 수 있다. 전체 항목에서 차지하는 비중으로 개발의 노력 정도를 측정하는 것이다. 각 항목 간 상대적인 측정 방식이라고 할 수 있다. 마지막으로 표준점수나 입지계수로 측정할 수 있다. 해당 항목의 전체 평균으로 각 지방정부의 해당 항목을 나누면, 전국적인 평균에 비해 해당 지방의 해당 항목의 노력정도가 어느 정도인지를 알 수 있다. 이것은 지역 간·항목 간 상대적 측정방식이라 할 수 있다. 질적 자료인 입법이나 정책 프로그램에 대해서는 관련 정책을 채택한 수를 사용하거나, 다시 범주로 나누어 범주별로 분석할 수 있을 것이다.

택 1994; 강윤호 2002)

둘째, 측정지표는 포괄적(comprehensive)이어야 한다. Putnam(1994)은 정부의 제도적 성과(institutional performance)를 측정하기 위해서는 정부가 활동하는 모든 분야를 포함시켜야 한다는 의미에서 포괄적이어야 함을 강조한다.(안청시 외 역 2000: 95) 같은 문제의식에서 이 연구에서는 경제개발정책의 산출수준을 측정하기 위해 지방정부가 이용할 수 있는 여러 가지 정책수단을 고려하여, 재정수단뿐만 아니라 토지이용과 조례제정 등 다면적으로 접근하고자 한다. 조례 등 입법을 통한 노력은 재정정책 및 토지정책과 밀접히 연관되어 있지만, 기존 연구를 보면 조례의 채택은 재정지출의 결정과는 달리 정치적 요인의 영향력이 강한 것으로 나타나기 때문에(Fleischmann et al. 1992; Feiock 1994), 각기 다른 범주로 간주하여 측정할 것이다.

셋째, 측정의 신뢰성(reliability)을 어떻게 확보할 것인가? 측정의 신뢰성이란 연구에서 활용할 지표를 얼마나 안정적으로 사용할 수 있는가에 대한 것이다(Manheim and Rich 1995: 78-79). 즉 측정결과에 오차가 작아야 신뢰할 만하다고 할 수 있다. 이 연구의 경우 경제개발정책의 산출수준을 나타내는 지표는 갑작스런 외적 환경의 변화에도 한 지역의 개발노력을 보여 주는 지표로서 안정적이어야 한다. 개발노력에 적극적인 지역이 한두 해 사이에 갑자기 개발노력에 소극적인 지역으로 변해서는 안 될 것이다. 따라서 이 연구에서는 재정의 경우 2년 단위−3개년도의 평균치(1996년, 1998년, 2000년)를 사용할 것이고, 토지의 경우는 5년간의 변화를 통해서 측정할 것이다.

제2절 종속변수: 지역 경제발전을 위한 지방정부의 정책수단

1. 지방정부의 경제발전 정책수단에 관한 기존 연구

지방정부의 경제개발정책이 분석대상이 될 때, 구체적으로 무엇을 연구할 수 있는가? 어떤 정책을 분석한다는 것은 곧 정책목표, 정책수단 그리고 정책대상집단에 관한 분석이라고 할 수 있다. 이 점에서 정책의 결정, 집행 그리고 평가는 곧 다양한 정책목표, 정책수단 그리고 정책대상집단에 대한 결정, 집행 그리고 평가라고 할 수 있다. 따라서 각 지방정부는 정책의 원활한 수행을 위해, 정책수단을 정확히 이해할 필요가 있으며 지방정부가 가진 한정된 재원과 역량을 가지고 어떤 정책수단을 활용하는 것이 최대한의 효과를 낼 수 있는지에 대해 고민할 필요가 있는 것이다.

기존의 지방정부의 지역경제정책 수단에 관한 연구를 보면, 우선 지방정부의 활동별로 구분하는 방법이 있다. 김렬(1997: 779-780)은 지역경제정책 수단을 재정지원 활동, 토지/재산관리 활동, 시장(판매) 활동, 기타 행정활동으로 구분하였다. 이달곤(2004: 673-680)은 지역경제발전과 관련하여 지방정부가 활용할 수 있는 정책수단으로 하부구조 개선과 공단조성(사회간접자본), 기업유치 그리고 지원 및 유인체계 구축 등 세 가지 수단을 지적한다.[33] 김석태(1998)는 지방정부

---

33) 이상의 세 가지는 직접적 정책수단이다. 그러나 이달곤(2004: 673)은 간접적 정책수단도 지적하고 있다. 간접적 정책수단은 주로 기업분위기 조성과 지역의 매력을 증진시키는 조치들을 통해서 해당 지역의 경제활동

의 경제개발정책을 기업육성정책과 기업유치정책으로 나눈다. 이 중 기업육성정책은 중소기업육성자금지원, 기술개발, 인력지원, 산업용지 지원, 수출지원 등으로 주로 기술지원에 초점을 두고, 기업유치정책은 용지지원, 행정지원, 금융지원, 조세감면, 노사관계지원 등이 포함되며 주로 행정재정적 지원이 특징이다. 홍기용(1998)은 지역경제개발을 위한 지방정부의 정책활동을 아이싱어(Eisinger 1988)의 기준으로 재분류하였다. 아이싱어는 종래 공공서비스를 제공하는 정부의 입장에서 분류한 미시 및 거시정책의 경제정책 구분을 벗어나, 지방정부 중심의 공급정책(supply-side policy)과 경제정책 수혜자의 입장에서 기업 중심의 수요정책(demand-side policy)으로 분류하였다.

〈표 3.1〉에서 확인할 수 있는 바와 같이, 공급정책은 정부가 자원을 투입하여 경제활동에 필요한 물리적 조건을 구축하는 데 초점을 맞춘 정책으로 타 지역의 기업을 유치하거나 창업을 유도하여 지역경제 활성화에 기여하고자 하는 정책이다. 반면 수요정책이란 기존 지역기업의 경제활동을 지원함으로써 기업경쟁력을 제고하기 위한 것이다. 정리하면 외적 경제환경 조성에 의한 기업유인책이 공급정책의 핵심이라면, 생산구조 개선 및 판매관리의 지원을 통해 기업경영 개선을 돕는 것이 수요정책의 핵심이다.

이 비교우위를 가질 수 있게 하는 것이다. 이러한 조치로는 인적자본의 축적, 사회적 자본의 향상, 환경보호, 문화 및 야외생활의 기회증진, 고용증진과 복지정책 등을 들 수 있다. 이것은 주로 경제외적 요소들에 영향을 미치는 것으로 구체화하기 어렵다. 광의의 경제개발정책에 포함되며, 사회문화적 하부구조의 개선 및 제도발전과 밀접히 관련된다. 사회문화적 하부구조와 제도발전에 관련된 문헌으로, Ostrom, Schroeder, Wynne, *Institutional Incentives and Sustainable Development: Infrastructure Policies in Perspective*(1993, Boulder, San Francisco, Oxford: Westview Press); A. Israel, *Institutional Development: Incentives to Performance* (1987, Baltimore: Johns Hopkins University Press)가 있다.

〈표 3.1〉 지역경제 정책수단 분류

영 역	공급정책	수요정책
재 정	조세감면, 금융지원, 금융알선, 직접융자, 조세유예, 부채보조, 채권발행, 물질지원,	창업지원, 첨단산업보육 재무회계서비스, 자본공급 훈련 및 재교육지원 판매대금회수 보장
마케팅	상품전시회 개최, 홍보물 제작, 전문상가 및 영업장소 마련 견학 및 이벤트개최	수출시장개척 외래구매자유치 공동판매 시장규모확대 각종 위원회 구성
행정관리	합동사무실 개설, 환경규제 조정, 토지이용분류 개선, 지역노동제공, 경제환경개선, 지원부서설립	연구 및 개발보조 중소기업 육성 벤처기업 육성 기술지도
토지부동산관리	토지공급(임대, 무상) 토지개발 기업재배치 토지구입자금지원	개발권 부여 재개발 부동산관리서비스 산업공단관리
사회간접자본	주차시설, 도로개설 환경미화, 항만 교통체계개선, 공중위생 휴식공간	사회간접자본 민영화

출처: 홍기용(1998: 71).

　　여러 연구들에서 재정을 활용한 공급위주 정책의 성과에 대해서 의문을 제기하고 있으나,[34] 많은 지방정부에서는 주민들에게 가시적인 성과

---

34) P. Eisinger, *The Rise of the Entrepreneurial State*(1988, Madison: University of Wisconsin Press); R. Fosler, "State Economic Policy: the Emerging Paradigm," *Economic Development Quarterly*(1991, 10(4)); L.

를 보여줄 수 있다는 이유로 공급 위주의 정책을 선호한다(홍기용 1998: 70). 한국의 경우도 마찬가지이다. 아이싱어의 분류를 한국에 적용한 연구를 보면, 한국 지방정부에서는 행정지원이나 조세정책 등을 통한 지원책에 대한 선호도가 높은 반면, 마케팅이나 금융재정을 활용한 지원책에 대해서는 선호도가 매우 낮은 것으로 나타난다(강인원 외 2000).

그러나 이상의 논의들은 진정한 의미에서 정책수단에 대한 논의로 보기 어렵다. 오히려 '정책 대안(policy alternatives)' 혹은 '정책 프로그램(policy program)'에 관한 것으로 보는 것이 타당하다고 본다. 지방정부는 위에서 제시한 정책 대안 프로그램들을 모두 활용할 수 없으며, 그중에 일부만 채택할 수 있기 때문이다.

이와 달리 위의 정책 대안들이 실제로 집행되는 방식에 초점을 맞춘다면, 지방정부가 사적 행위자들의 행위를 장려, 제약, 금지, 및 지시하기 위해 사용할 수 있는 수단은 크게 세 가지로 압축될 수 있는데, 그것은 재정, 토지이용의 통제 그리고 자치입법이다. 기존의 연구에서 말하는 정책 대안들은 이상 세 가지 '정책수단'의 다양한 조합의 결과라고 말할 수 있다. 지방정부의 정책산출 수준에 초점을 맞추고 있는 이 연구에서는 지금까지 논의된 정책 대안보다는 위의 세 가지 정책수단의 활용정도에 초점을 맞출 것이다.

Resse and A. Malmer, "The Effect of State Enabling Legislation on Local Economic Development Policies," *Urban Affairs Quarterly* (1994, 30(1)); J. Kossy, "Economic Restructuring and the Restructuring of Economic Development Practice," Economic Development Quarterly.(1996, 10(4))

2. 재정수단과 정부예산

지방재정이란 각 지방정부가 주민들의 공공 수요 충족을 위해 요구되는 재화 및 서비스를 획득, 관리, 처분하는 행위이면서(우명동 2001: 5; 손희준 외 2001: 17), "지방의회의결로써 성립하는 하나의 법형식"(홍정선 2000: 377)인 예산이라는 형태를 띤다. 지방정부는 재정이라는 수단을 통하여 사적 행위자들의 행동을 유도하거나 변경시킬 수 있다.

지방정부의 재정 및 예산을 분석할 때 주의할 점은, '정부재정은 정치과정의 산물'이라는 윌답스키(Wildavsky)의 말처럼 지방재정이 경제적 논리만으로 결정되는 것은 아니라는 것이다. 정부재정은 경제적 행위와 정치적 행위가 결합된 특성을 지니고 있다. 정부재정의 경제적 측면은 공공재 및 공공서비스를 생산하고 공급하기 위해 많은 재원이 동원되어야 하고 체계적으로 관리되어야 하며 적절히 배분되어야 한다는 점에 있고, 정치적 측면은 예산편성－심의－의결－집행－결산으로 이어지는 일련의 예산과정에서 단체장을 비롯한 여러 정치행위자들이 개입하고 있다는 점에 있다(이광희a 2003: 17). 또한 지방재정은 지역경제와 밀접한 관계를 맺고 있어(전상경 2002: 7), 지역경제의 특징을 이해하거나 지방정부의 거버넌스를 이해하고자 할 경우 유용한 분석대상이 되는 것이다.

이 외에도 공공조직에 대한 많은 연구에서 연구편의성을 이유로 예산 및 재정자료가 활용되고 있다. 우선 예산은 정부에 의한 가치의 배분을 관찰할 수 있는 공신력 있는 문서라는 점에서 강점이 있다. 또한 예산은 양적 분석이 가능한 자료를 제공할 뿐만 아니라 공개되어 있으므로 자료수집에 있어서도 용이하다. 그리고 재정자료는 상대적으로 훈련된 전문가들에 의해 생산되기 때문에 신뢰성에 대한 문제제기가 적다는 장점도 지니고 있다(이종수 2002: 152).

98

재정자료를 이용하여 지방정부의 경제개발정책을 어떻게 측정할 수 있는가? 재정자료를 수집하기 위해서 이 연구에서는 행정자치부에서 펴낸 『지방재정연감』(1997; 1999; 2001)을 이용하여, 1996년·1998년·2000년도 재정자료를 수집하였다.

한국 지방정부의 세출은 기능별로 분류[35]하였을 때 5개 장, 16개 관으로 구성되어 있다[36]. 현행 분류체계에서 사회개발비와 경제개발비(농수산비 제외)의 주요 사업 내용을 정리한 것이 〈표 3.2〉이다.

---

[35] 지방정부세출의 분류에는 성질별 분류기준도 있다. 이 기준에 따라 지방정부의 예결산은 인건비, 물건비, 이전경비, 자본지출비, 융자 및 출자비, 보전재원, 내부거래, 예비비 및 기타 등 여덟 가지로 분류할 수 있다. 인건비는 지방정부의 행정활동에 요구되는 인적 자원의 고용에 소요되는 의무적 경비이고, 물건비는 행정사무의 집행에 소요되는 자재의 조달비와 활동비이다. 인건비와 물건비는 가장 대표적인 경직성 경비이며, 주로 경비절감의 최우선 대상이 된다.

　이전경비는 지방정부로부터 국가, 다른 지방정부, 개별가계, 기업 등에 지출되는 단순한 경상이전적 경비이고, 자본지출비는 지방정부가 자본형성을 위하여 직접 투입한 투자비용뿐만 아니라 자본형성을 위한 자본보조도 포함된다. 융자 및 출자비는 지방정부가 비금융 공기업이나 지방정부 및 금융기관에 대해 융자 또는 출자에 소요되는 경비이며, 보존재원비는 국나차입금이나 해외채무의 상환과 차기이월에 소요되는 경비이다. 그리고 내부거래는 지방정부 내의 회계 간, 계정 간에 이루어지는 전출금, 전입금, 예탁금 등에 소요되는 경비를 가리킨다. 전상경(2002: 92-94).

[36] 5개 장은 일반행정비, 사회개발비, 경제개발비, 민방위비, 지원 및 기타 경비이며, 16개 관은 일반행정비에 입법 및 선거관리와 일반행정의 2개, 사회개발비에 교육 및 문화, 보건및생활환경개선, 사회보장, 그리고 주택및지역사회개발의 4개, 경제개발비에 농수산개발, 지역경제개발, 국토자원보존개발 그리고 교통관리의 4개, 민방위비에 민방위와 소방관리의 2개 그리고 지원 및 기타 경비에 지방채 상환, 제지출금, 교부금, 예비비의 4개이다.

〈표 3.2〉 지방정부의 세출 기능별 주요 사업

대기능	소기능	사업	세부사업
사회 개발	교육문화	교육	급식비, 장비, 체육관, 전문교육 지원, 사회교육지원
		문화재관리	국가 및 지방문화재 등
		청소년 육성	청소년 육성
		도서관 건립 등	도서관 건립 등
		문예진흥	향토문화개선, 관광지개발, 시민회관건립 등
		체육	지방체육대회, 국제경기대회시설, 종합운동장, 전국체육대회 등
	보건생활 환경개선	보건관리	보건소, 의료원 운영, 가족계획, 전염병관리 등
		환경관리	오폐수처리시설, 하수처리장, 청소관리, 상수도관리 등
		공원녹지관리	공원조성, 도시공원조성, 녹지관리
	사회보장	사회복지	생계지원, 의료보호사업 등
		장애인복지	시설보강, 요양시설운영 등
		아동복지	아동보호, 보육 등
		노인복지	노인교통비, 노인회관, 기금조성 등
		여성복지	여성회관, 모자보호 등
		청소년복지	소년소녀가장보호, 시설확충 등
	주택지역 사회개발	주택사업	구획정리, 재개발, 공공임대주택건립 등
		도시개발	도시계획, 공업단지 조성 등
		지역사회개발	오지종합개발, 정주권 개발 등
		기타	재해취약지개선, 소규모생활편익사업 등
경제 개발	지역경제		외국인 투자전용단지 조성
			중소기업지원
		공업단지 조성	국가공단, 지방공단, 농공단지
			과학산업연구단지 조성
		기타	광산진흥대책, 종합유통단지조성, 새마을소득 사업
	국토자원 보존	산림자원개발	산림병충해방제, 조림, 육성, 사방
		치수재해대책	소하천정비, 하천준설, 준용하천개설, 재해위험지구개선 등
		건설관리	국토준용도로, 시관내우회도로개설, 특별광역시도, 도시고속도로, 지방도, 시군구도로 등
	교통관리	지하철건설	지하철 건설, 운영
		도시교통난 해소	교통안전시설, 대중교통시설 등
		공공주차장 건설	공공주차장
		도심철도이설	벽지노선결손, 경전철건설, 교통신호체계개선, 환승시설 등

출처: 김태영, 김선기(2000: 18-19) 중 관련 내용 정리.

〈표 3.2〉에 내용에 대해 자세히 설명할 필요는 없을 것 같다. 다만 각 기능별로 구체적인 사업 내용을 고려하지 않고 단순히 기능의 명칭만으로 분석할 경우, 오류가 발생할 수 있다는 점에 유의해야 한다. 예컨대 「교통관리비」가 경제개발이라는 장으로 분류되어 있지만, 실제 사업을 보면 공공서비스의 제공에 가깝다(전상경 2002: 89). 또한 「주택 및 지역사회개발비」의 경우 주요 사업 내용을 보면, 도시개발과 관련된 사회간접자본의 확충의 성격이 강하기 때문에 사회개발비에 포함되어 있는 것이 적합한지 의문이다.

이상의 유의점을 고려하여, 〈표 3.3〉은 지방재정의 16개 범주 중에서 사회개발비와 경제개발비의 항목을 중심으로, 지방정부의 정책을 경제개발정책, 사회복지정책, 공공서비스 공급으로 분류한 것이다.[37] 각 세출의 기능별 세부 사업 내용을 고려한 결과, 경제개발정책에는 「지역경제개발비」, 「국토자원보존개발비」 그리고 「주택 및 지역사회개발비」가 포함된다.

〈표 3.3〉 지방정부의 정책과 재정지출 항목

정책영역 ＼ 대기능	사회개발비	경제개발비
경제개발	주택 및 지역사회개발비	지역경제개발비, 국토자원보존개발비
사회복지	사회보장비	
공공서비스 공급	교육 및 문화비, 보건 및 생활환경개선비	교통관리비

---

37) 이것은 피터슨(1987)의 분류 방식에 따른 것으로, 피터슨의 정책의 지역의 경제 발전에 미치는 영향을 기준으로 개발정책(경제개발정책), 재분배정책(사회복지정책) 그리고 할당정책(공공서비스 공급)을 구분하였다. 지방의 경제적 발전에 긍정적인 영향을 미치는 정책은 개발정책, 반대로 지역의 경제발전에 부정적인 영향을 미치는 정책은 재분배정책이다. 지역의 경제발전에 중립적인 영향을 미치는 정책은 할당정책이다.

「농수산개발비」가 분석대상에서 제외된 이유는, 우선 「농수산개발비」는 제1차 산업과 관련된 것으로 경제개발정책을 도시적 특성을 강화하는 것으로 정의한 이 연구의 목적과 직접 관련이 없고 또한 「농수산개발비」는 사회적 약자인 농어민에 대한 사회복지적 지출의 성격도 함께 내포하고 있기 때문이다.

「교통관리비」의 경우에도 비록 대기능 분류상 경제개발비에 포함되어 있으나, 사업내역을 보면 사실상 일반 행정비와 공공 서비스의 성격을 지니고 있기 때문에 제외하였다. 반면 「주택 및 지역사회개발비」는 사회간접자본 투자의 성격을 지니고 있기 때문에, 비록 사회개발비에 속해 있지만 경제개발정책에 포함시켰다(안종석 2001: 101).

사회복지정책은 주로 사회적 약자에 대한 보조로 구성된 사회보장비로 파악할 수 있고, 공공서비스 공급에는 「교육 및 문화비」, 「보건 및 생활환경 개선비」, 「교통관리비」 등 일반주민을 위한 서비스를 포함시킬 수 있다. 이 항목들은 주민생활과 밀접히 연관되어 있고 단기간에 가시적 성과를 낼 수 있는 정책영역이기 때문에, 민선 단체장 선출 이후 급격히 증가하는 추세에 있다는 점에서 의의를 갖고 있지만(안종석 2001), 이 연구의 목적과 일치하지 않아 분석에서 제외하였다.

3. 토지이용: 규제와 공급

토지는 농촌사회를 도시로 개발할 때 지방정부가 활용할 수 있는 중요한 정책수단으로, 다른 생산요소(자본과 노동)와 달리 지방정부가 어느 정도 통제권을 행사할 수 있다. 지방정부는 도시 주변지역의 미개발지를 용도 전환하여 도시용지로 공급하거나 같은 도시용지라도 다른 도시용도로 전환하는 등의 정책을 통해 주민의 생활과 경제활동에 영향을 미칠 수 있다(박헌주 1995; 이성복 1996).

토지시장은 불완전경쟁 시장의 성격과 시장실패의 문제를 가지고 있어 정부의 개입이 정당화된다. 이러한 불완전경쟁의 성격은 토지의 특성과 결부된 구조적 결함 때문에 나타난다(이정전 1991).[38] 토지정책은 합리적인 계획과 적정한 규제를 핵심으로 하는데, 이는 개별 토지가 갖는 지리적 여건이나 특성을 효율적으로 이용하고 전체적으로 토지이용의 형평성이 달성될 수 있도록 하는 데 목적이 있다.

토지이용과 관련하여, 지방정부가 활용하는 정책 프로그램은 크게 세 가지이다: 토지이용의 허가 및 규제, 토지의 공급 그리고 개발이익 환수제도이다(박종화 외 2000: 437-459). 우선 토지이용의 허가 및 규제와 관련하여 가장 중요한 것은 토지이용계획이다. 토지이용계획은 현재의 토지이용패턴과 지역 주민의 활동패턴을 파악하여 장래의 용도별 토지수요를 추정하고 그것을 근거로 한정된 토지를 합리적으로 배치하는 것이다. 이때 용도지역의 구분은 토지이용계획을 구체적으로 실현하는 법적·행정적 수단 중 하나이다. 『국토의 계획 및 이용에 관한 법률』에 따르면 용도지역을 도시지역, 관리지역, 농림지역, 자연환경보전지역의 4개로 구분하고 있다.

다음으로 토지개발과 공급은 개발되지 않은 지역의 토지를 주민의 일상적인 생활과 경제활동에 필요한 용도로 활용하기 위하여 토지의

---

38) 우선 토지는 지점에 따라 각기 다른 특성을 가진 이질적 자원이며, 각 특성별로 이용 가능한 토지의 양이 한정되어 있기 때문에, 공급자가 독점적 영향력을 행사할 수 있다. 둘째, 토지시장에 대한 정보가 불완전하다. 셋째, 토지시장에의 진입과 퇴출이 자유롭지 못하다. 토지이용규제가 없더라도 새로운 용도로의 전환은 상당히 큰 토지개발비용이 필요하기 때문에 용도전환이 쉽지 않다. 이상의 문제로 토지소유의 형평성 문제가 야기되고, 토지의 효율적 이용이 어려워진다.(박종화 외 2000: 433-435).

형질을 용도에 맞게 변경시키는 일련의 활동이다. 대표적인 예로, 주택용지의 확보를 위한 택지개발 사업과 공장용지를 공급하기 위한 산업단지·공업단지·농공단지 등의 지정을 들 수 있다. 마지막으로 개발이익환수제도는 토지투기 방지와 사회적 형평성을 확보하기 위해 도입된 제도이나 현재 한국의 지방정부가 활용할 수 있는 정책은 아니다.

이 연구에서 지방정부의 정책을 분석하면서 토지이용을 강조하는 이유는 다른 생산요소인 자본이나 노동과 달리 토지의 활용에 대해서는 지방정부가 어느 정도의 자율성을 가지고 통제할 수 있다는 점에 있다. 토지는 공간적으로 명확하게 정의되어 있고 크기가 지역마다 고정되어 있으면서, 사회경제적 환경이 변하고 용도가 설정되는 방식에 따라 그 가치가 달라진다는 특성을 지니고 있어 지방정부에서 관할 지역 내의 토지의 용도를 어떻게 설정하고 활용하려고 하는가에 따라 지역의 발전방향이 결정되기도 한다.

토지이용과 관련해서 또 하나 지적할 점은 두 가지 가치가 충돌한다는 것이다. 우선 사용가치(use value)로서 토지는 주민들이 거주하는 사회적·물리적 안식처이다. 반면 교환가치(exchange value) 혹은 상품가치(Logan and Molotch 1987)로서 토지는 경제활동과 재산증식을 위한 투자의 대상이 된다. 이처럼 토지의 사용가치와 교환가치의 구분으로 도시의 개발과 관련된 정치는 복잡해진다. 2003년에 실시된 「토지에 관한 국민의식조사」[39]에 따르면, 토지의 의미를 묻는 질문에 대해 일반 국민의 46.7%가 토지란 재산증식을 위한 수단이라고 여기고 있는 반면 주거필요 공간이라는 항목에는 32.7%가, 생산 및 경제

---

39) 건설교통부와 한국토지공사가 한국갤럽조사연구소에 의뢰하여 2003년 10월 7일부터 23일까지 전국 1000명의 일반인과 300명의 전문가를 대상으로 한 조사. 조사결과는 건설교통부 홈페이지(http://www.moct.go.kr)에서 검색할 수 있다.

활동기반이라는 항목에는 20.6%가 대답하고 있다. 이것은 한국 사회에서 토지이용과 관련된 교환가치와 사용가치의 대립이 실제로 존재하고 있음을 보여 주는 단적인 예라 할 수 있다.

같은 조사에서 토지개발로 인해 나타난 심각한 문제(중복응답 가능)에 대해 국민들은 무분별한 토지개발과 환경파괴(48.2%), 일부 계층의 토지투기(45.5%), 높은 토지가격 및 지가상승(35.6%) 등을 지적하였다. 이상의 답변들은 주로 교환가치에 기반을 둔 토지이용의 문제점을 지적한 것이다.

이처럼 토지이용의 패턴은 지역 주민의 소득 및 재산과 밀접한 관련이 있어 지방정부의 경제개발정책을 이해하기 위한 중요한 분석 자료가 된다. 또한 토지이용에 관한 자료는 예산자료와 마찬가지로 상대적으로 쉽게 구할 수 있으며, 자료의 신뢰성에 대한 문제가 적다는 점에서 연구 자료로써 의미를 갖는다.

현재 활용 가능한 토지이용의 자료는 두 가지 종류가 있다. 하나는 『국토의 계획 및 이용에 관한 법률』에 규정된 용도지역의 구분을 사용하는 것이다. 이 자료는 도시계획 관련 통계자료에서 구할 수 있다. 그러나 용도지역은 계획일 뿐 실제 지역의 토지이용 패턴을 보여 주지 못한다는 점에서 문제가 있다.

또한 『지적법』에 따라 작성되는 지목별 토지이용 자료가 있다. 지목별 토지이용 현황에서 "지목"이란 「지적법」 제2조 7항에 "토지의 주된 용도에 따라 토지의 종류를 구분하여 지적공부에 등록한 것을 말한다"고 규정되어 있으며, 실제로 지역의 토지이용의 구체적인 패턴을 파악할 수 있는 자료이다. 또한 『지적법 시행령』 제5조에는 지목을 28개로 구분하고 있다. 전, 답, 과수원, 목장용지, 임야, 광천지, 염전, 대, 공장용지, 학교용지, 주차장, 주유소용지, 창고용지, 도로, 철도용지, 제방, 하천, 구거,[40] 유지,[41] 양어장, 수도용지, 공원, 체육용지, 유원지, 종교용지, 사적지, 묘지, 잡종지 등 28종류이다. 이 중에서 토지의 도시적 이용과 관련된 지목으로 대,[42] 공장용지,[43] 학교용지, 도로용지, 철도용지를 들 수 있다. 이 연구에서는 지역의 개발과 직접 연관된 항목으로 대지, 공장 그리고 도로를 선정하였다. 반면 학교와 공원은 공공 서비스와 밀접한 관련이 있는 범주이기 때문에 제외하였다. 각 지방정부별, 지목별 토지이용 패턴의 변화는『전국통계연감』(한국도시행정연구소)에서 찾을 수 있다.

대지용도의 증가는 인구의 유입을 촉진하기 위한 노력과 밀접히 관련되어 있으며, 공장용도의 증가는 기업과 공장을 유치하기 위한 노력과 관련되어 있다. 또한 도시성장의 두 가지 패턴인 택지개발과 공단조성과 관련지어 설명할 수도 있기 때문에 지역의 발전경로를 파악할 수 있는 지표로도 사용할 수 있다.

도로용도의 증가에 대해서는 두 가지 해석이 존재한다. 도로를 할당

---

40) "구거"는 용수 또는 배수를 위하여 일정한 형태를 갖춘 인공적인 수로·둑 및 그 부속시설물의 부지와 자연의 유수가 있거나 있을 것으로 예상되는 소규모 수로 부지를 말한다.

41) "유지"는 물이 고이거나 상시적으로 물을 저장하고 있는 댐·저수지·소류지·호수·연못 등의 토지와 연·왕골 등이 자생하는 배수가 잘되지 아니하는 토지를 말한다.

42) "대"는 다음 두 항목을 가리킨다. 가. 영구적 건축물 중 주거·사무실·점포와 박물관·극장·미술관 등 문화시설과 이에 접속된 정원 및 부속시설물의 부지. 나. 국토의계획및이용에관한법률 등 관계법령에 의한 택지조성공사가 준공된 토지.

43) "공장용지"는 가. 제조업을 하고 있는 공장시설물의 부지, 나. 산업집적활성화및공장설립에관한법률 등 관계법령에 의한 공장부지조성공사가 준공된 토지. 다. 가목 및 나목의 토지와 같은 구역 안에 있는 의료시설 등 부속시설물의 부지.

정책의 하나로 보자는 정치적 견해(유재원 1999)와 도로건설을 사회간 접자본이라는 관점에서 접근하는 경제적 견해가 그것이다. 도로건설이 일부 지역에서는 마을 간 할당방식으로 결정되는 경우가 없는 것은 아니지만, 도로망의 확충을 지역의 도시화를 촉진하는 한 요소로 볼 수 있기 때문에 이 연구에서는 도로용도의 증가를 지방정부의 경제개발정책의 산출수준을 측정할 수 있는 또 하나의 지표로 포함시켰다.

구체적인 측정방식은 1996년의 대지용도 면적, 공장용도 면적 그리고 도로용도 면적에 비해 2000년에 얼마나 변화하였는가를 통해서 측정한다. 이 지표를 통해서 이 기간 동안 지역사회에 얼마나 많은 도시적 용도의 토지가 공급되었는가를 확인할 수 있다.

토지를 이용한 경제개발정책의 측정과 관련하여 다음 두 가지 점을 지적할 수 있다. 우선 측정방식에 있어 증가량과 증가율 중의 선택의 문제가 하나이고, 다음으로 지역개발의 방식에는 신개발뿐만 아니라 재개발도 있는데 위의 지표는 재개발 노력은 포함하고 있지 않다는 것이다. 전자와 관련하여 만약 비슷한 개발수준의 지역을 비교할 경우에는 도시적 이용의 증가율은 타당한 지표가 될 수 있다. 그러나 개발수준이 다른 상황에서, 증가율은 낙후된 지역의 개발노력이 발전된 지역의 개발노력에 비해 과도하게 평가받을 수 있는 위험이 있기 때문에 이 연구에서는 증가량을 선택하였다. 후자와 관련해서 한국의 지방에서 재개발을 포함한 주택사업은 주로 민간영역이 담당하고 있기 때문에(김태영, 김선기 2000: 16), 현행 제도하에서는 재개발 자료는 지방정부의 경제개발정책을 측정하는 적합한 지표라 할 수 없다는 점에서 이 연구에서는 신개발만을 측정에 포함하였다.

4. 자치입법

자치입법권은 지방정부가 갖는 자치권의 일종으로 그 사무에 대하여 법규적 성격을 가지는 규범을 제정할 수 있는 권능이며, 구체적으로 지방정부가 그 사무에 관하여 지역 내의 주민을 구속하는 법규 내지 사무수행에 필요한 법규를 제정하는 권능이다(양철호, 조준 1999: 179). 자치입법의 종류에는 지방정부가 지방의회의 의결을 통해 제정하는 조례와 집행기관의 장이 법령과 조례의 범위 안에서 그 권한에 속하는 사무에 관하여 정하는 규칙이 있다.

지방정치 및 지방행정에서 자치입법 활동은 첫째, 자치법규를 제정하여 시행하는 입법 활동은 지역주민의 선호와 욕구를 반영하고 있다는 점에서 중요하다. 규범적으로 자치법규의 제정과정에서 주민들이 지역에 대해 가지고 있는 정보와 지식을 충분히 활용할 수 있어 지역적인 특성을 반영할 수 있다.

둘째, 지방정부가 어떤 업무를 처리하기 위해 반드시 조례나 규칙을 제정할 필요는 없지만 지방정부가 정책을 입법화할 경우 적어도 두 가지 이점이 있다. 하나는 선거의 결과에 영향을 받지 않고 정책의 일관성과 객관성을 보장받을 수 있다는 것이고, 다른 하나는 지방의회의 기능 활성화에 긍정적인 작용을 한다는 것이다(이광희a 2003: 238). 이 외에도 조례는 지역사회에 새로운 규범을 창조하고, 전국적 법률의 제정을 선도하며, 국가 법률을 보완하고, 법률과 사회적 현실 간의 괴리를 조정하는 기능을 갖는다(양철호, 조준 1999: 182-183).

이처럼 주민의 요구와 선호를 반영하면서도 지방행정의 법적 근거를 마련할 뿐만 아니라, 법률을 보완하는 기능까지 갖추고 있다는 점에서 자치입법활동은 지방정부의 정책을 관찰하는 데 있어 중요한 지표로 활용할 수 있다. 또한 지방정부의 자치법규도 예산서와 마찬가지로 공개하도록 되어 있기 때문에, 자료의 획득이 쉽고 자치법규의 체계가 지방정부의 행정업무체계와 유사하기 때문에 정책 사안별로 비교 분석하는 것도 가능하다는 장점도 가지고 있다. 각 지방정부의 자치법규의 내용은 지방행정정보은행의 홈페이지(http://laib.mogaha.go.kr)에서 검색할 수 있다.

　지방정부가 수행하는 대부분의 정책은 집행부와 의회가 협조해야 하는 조례형식이 아닌 집행부의 규칙이나 정책 프로그램의 형식으로 운영되고 있는 것이 현실이다. 그럼에도 이 연구에서 조례의 제정을 강조하는 이유는 조례에 대한 연구가 지방정부의 핵심적인 두 구성원인 단체장과 지방의회의 공동 노력을 파악하는 데 이점이 있기 때문이다. 또한 경제개발정책의 경우에는 지방정부의 단체장, 지방의회 그리고 경제관련 지방공무원의 공동 노력으로 이해할 수도 있다.

〈표 3.4〉 지방정부의 경제개발정책 관련 조례

범　주	조례(예)
관내 기업지원	중소기업육성기금, 경제안정기금, 중소기업육성자금이자 보조금 등
토지 공급	산업단지 조성, 공업단지 조성, 농공단지 조성 등
신규 창업지원	창업지원센터, 벤처기업육성, 창업보육센터 등
외부 투자유치	기업 및 투자유치, 외국인 투자유치 등
노사 관계지원	노사정 위원회 설치, 근로복지회관 운영 등

　이 연구에서는 경제개발정책과 관련된 조례를 〈표 3.4〉에 정리된 바와 같이 5가지 범주로 나누었다. 관내 기업지원, 신규 창업지원, 외부 투자유치, 노사관계 지원, 토지공급 등 다섯 범주이다. 관내 기업지원은 중소기업육성기금, 이자에 대한 보조금 지원, 경영안정자금 지원 등의

프로그램으로 구성되어 있으며, 신규 창업지원은 벤처기업육성과 창업 보육센터 등 중소기업 창업에 유리한 환경 제공을 위한 프로그램이 핵심이다. 외부 투자유치는 외국자본 및 국내기업의 이전과 유치를 지원하기 위한 프로그램 위주이며, 노사관계 지원은 지역 내 노사관계의 안정을 위해 노사정 위원회를 설치하거나 근로복지회관을 건설하는 등의 활동을 포함한다. 마지막으로 토지공급은 지방공업단지와 농공단지 조성 및 공급을 위한 정책 프로그램이다.

이상 다섯 가지의 범주는 각각 어떤 특성을 가지고 있는가? 이와 관련하여 1960년대 이후 정책유형학 발달의 주요 공헌자인 로위(Lowi 1966)와 윌슨(Wilson 1973) 등은 정책을 분류하는 방법을 정책수요에서 갈등의 수준, 정부관여의 정도 그리고 비용부담과 편익의 배분 등과 같은 기준을 도입하여 고안해 왔다.[44] 또 페이옥(Feiock)은 윌슨

---

44) 정책을 분류한 대표적 학자로 Lowi(1966)가 있다. 정책의 종류에 따라 정책과정에서 일어나는 갈등과 조정의 형태가 다르다는 점, 즉 정책이 정치를 결정한다는 문제의식에서 출발한 Lowi는 정책을 배분정책 (distributive policy), 규제정책(regulatory policy), 재분배정책(redistributive policy) 그리고 구성정책(constitutional policy)으로 구분하였다. 로위의 분류는 일정한 기준에 따라 연역적으로 도출된 것이 아니라는 단점이 있다. 로위와 달리 분류의 명확한 기준을 가지고 정책을 분류한 학자로는 Wilson(1973)이 있다. 윌슨은 제안된 정책에 대하여 정책의 대상자들이 느끼는 비용과 편익의 형태에 따라 정책을 분류하였다. 정책의 편익이 특정 개인이나 집단에 집중되는가 아니면 일반 시민이나 보다 넓은 집단으로 골고루 배분되는가를 하나의 기준으로 하고, 정책을 수행할 비용의 부담이 한 집단에 집중되는가 아니면 일반 시민들에게 분산되는가를 다른 기준으로 하여, 편익과 비용이 골고루 분산되는 다수결정치(majoritarian politics), 편익과 비용이 집중되는 이익집단정치(interest group politics), 편익이 집중되는 반면 비용은 사회전체로 분산되는 고객정치(client politics) 그리고 편익은 분산되는 반면 비용은 한 분야에 집중시키는 기업가적 정치(entrepreneurial politics)를 구분한다.
　이들 이외에 Almond와 Powell은 정치체제의 산출을 Performance라고

의 기준 중에서 편익의 배분과 정책의 가시성(visibility)을 토대로 경제가발정책을 분류하였다(Feiock 1994).

이 연구에서는 정책의 수혜자에 초점을 맞춘 아이싱어(Eisinger)의 구분에 하나의 기준을 추가하여 분류하고자 한다. 아이싱어의 기준에 따라 기업의 외적 경제환경의 조성을 통한 간접유인(공급정책)인가 아니면 기업의 경영에 대한 지원을 통한 직접유인(수요정책)인가를 첫 번째 기준으로 도입하였으며, 정책의 대상집단의 특성에 따라 지역 내 기업인가 아니면 지역 외 기업인가를 두 번째 기준으로 도입하였다. 이 두 기준을 중심으로 4가지 범주를 구분할 수 있다.

〈표 3.5〉를 보면 위의 두 기준을 적용한 4가지의 범주의 예가 정리되어 있다. 중소기업육성기금으로 대표되는 기업지원 관련 조례는 관내 기업에 대한 공급정책이며, 공단조성은 관외기업과 외부자본의 투자 유치를 위한 지방정부의 공급정책이다. 반면 지역의 노사관계 지원 관련 조례는 관내 기업에 대한 수요정책에 해당되며, 창업지원과 투자유치는 관외 기업과 자본을 위한 수요정책이다. 지방정부에서는 투자처를 찾는 기업과 자본의 선택에 영향을 미칠 수 있도록 행정적 편의와 세금감면을 지원한다. 이때 창업지원 관련 조례는 벤처기업이나 중소기업의 유치나 창업을 유도하려는 것이며, 투자유치 관련 조례는 중소기업의 창업지원보다는 규모가 큰 자본의 유치를 염두에 둔 것이다. 이

부르고, 이를 배분(distributive performance), 규제(regulative performance), 추출(extractive Performance) 그리고 상징정책(symbolic performance)으로 나누었다. 또한 Ripley and Franklin은 분배정책, 경쟁적규제정책, 보호적규제정책, 재분배정책등으로 분류한 바 있다. Gabriel Almond and Bingham Powell, Jr. *Comparative Politics Today: A World View*,(6th edition. New York: Harper Collins, 1996, pp.125-134); Randall Ripley and Grace Franklin, *Congress, the Bureaucracy, and Public Policy*,(5th ed., Pacific Grove, CA: Brooks/Cole, 1991, pp.17-24).

네 가지 범주에 대한 분석은, 정책유형에 따라 정치행위자들의 행태가 어떻게 규정되는가를 핵심으로 하는 정책유형학의 문제의식을 한국 지방정부의 경제개발정책으로 확장하는 데 기여할 수 있을 것이다.

〈표 3.5〉 경제개발 정책의 분류

		경제개발정책의 목표	
		기업지원(수요정책)	환경조성(공급정책)
대상집단	지역 내 기업	노사관계 지원	기업지원
	지역 외 기업	창업지원, 투자유치	공단조성 공급

이 연구에서는 각 지방정부가 2003년까지 제정한 조례들을 위의 범주에 따라 분류하여 각 범주별로 조례를 하나 이상 제정하였다면 1점을, 제정한 조례가 없다면 0점을 부여하였다. 각 범주에 대한 점수뿐만 아니라 조례를 이용한 경제개발정책의 산출수준의 값은 위의 다섯 범주 중에서 몇 가지 범주를 활용하고 있는가로 측정하였다. 다섯 범주에 해당하는 조례를 모두 제정한 지방정부에게는 5점이 부여되며, 단 하나의 조례도 없는 지방정부는 0점이 된다.

이런 방식에 대해 경제개발을 위해 제정된 조례의 수로 점수를 부여하는 것이 낫지 않느냐는 주장이 가능하다. 그러나 자료를 수집하는 과정에서 다른 지역에서는 여러 조례로 제정된 것을 하나의 조례로 통합한 경우가 있음을 발견하였다.[45] 따라서 조례의 수보다는 범주의 수가 더 적합한 측정지표가 된다고 할 수 있다.

---

45) 예를 들어, 서울특별시 강동구의 「중소기업육성조례」의 경우, 「중소기업 육성기금설치및운용조례」, 「공동브랜드운용조례」, 「중소기업육성위원회 조례」 등 여러 조례를 통합한 성격을 띠고 있다.

제 3 절 독립변수의 측정과 분포

1. 정책수요(Policy Demand)

경제개발정책의 정책수요는 지역의 경제적 발달수준으로 측정할 수 있다. 지역의 경제적 발달수준이 낮을수록, 지역사회의 개발에 대한 경제적 수요는 높아지기 때문이다. 여기에서 경제적 발전정도를 나타내는 지표는 크게 두 가지 범주로 나누어서 생각할 수 있다. 하나는 지역의 도시화(urbanization) 수준이며, 다른 하나는 공업화(industrialization)와 시장규모(market size)로 대표되는 지역의 경제적 지위(economic position)이다.

도시화 정도를 나타내는 하위 지표로는 총 면적 대비 인구밀도와 토지의 도시적 이용 비율을 사용할 수 있다. 총 면적 대비 인구밀도는 도시화 수준을 나타내는 대표적 지표이며, 도시적 이용 비율은 지역 토지의 도시적 용도로의 개발정도를 나타낸다. 이 두 지표는 서로 밀접한 상관관계(r=0.938)를 가지고 있기 때문에, 두 지표의 표준점수를 평균한 "도시화 지표[46](the indicator of urbanization)"라는 통합 지수를 산출할 수 있다.

지역의 경제적 지위를 나타내는 하위 지표 중에서, 공업화 정도를 가리키는 대표적인 지표로 선행연구에서는 비1차산업 취업자 비율을 많이 사용하고 있다(Peterson 1981; Hwang and Gray 1991).[47] 그러

---

46) 도시화 지표 = (인구밀도의 표준점수 + 도시적 이용비율의 표준점수) ÷ 2.
47) 취업자에 대한 통계는 두 종류가 있다. 하나는 거주지 기준의 통계이고,

나 고용구조를 이용한 지역의 산업구조는 지역의 경제적 특성을 나타
내는 지표가 될 수는 있지만, 지역의 경제적 지위를 나타내는 데 적합
한 지표라고 말하기 어렵다. 지역의 경제적 지위는 다른 지역과의 상
대적 관계를 말하는 것이기 때문에, 산업구조보다는 생산력, 자본 그리
고 시장규모 등이 더 적합하다. 이 연구에서는 지역의 경제적 지위를
측정하기 위해, 1995년 해당 지역의 광공업 생산액, 1996년도 인구규모
그리고 2000년 현재 거래소에 등록한 상장기업의 수와 코스닥에 등록
한 상장기업의 수[48]를 지표로 선정하였다. 이 지표들은 노동의 관점보
다는 자본의 관점을 더 반영한다. 광공업 생산액을 제외한 세 지표는
도시계층론[49](urban hierarchy theory)에서 도시의 경제적 계층을 측
정하는 데 사용된 지표들이다. 이상 4가지 지표가 지역의 경제적 지위
를 나타내고 있는지 확인하기 위해서 요인분석을 실시하여 "경제적 지
위 지표(the indicator of economic position)"로 통합하였다.[50]

　도시화 지표와 경제적 지위 지표는 양의 상관관계를 나타내고 있기
때문에(피어슨 상관계수＝0.44) 도시화 지표와 경제적 지위 지표의 값
을 합한 '경제발달 지표'로 통합하였다. 이 경우 경제발달 지표는 지역
의 물리적·물질적 개발정도를 나타내는 하위지표들로 구성되었다고

　　다른 하나는 근무지 기준의 통계이다. 공업화 현 지역에 어떤 산업들이 분
　　포되어 있는가의 문제이기 때문에, 근무지 기준의 통계를 사용할 것이다.
48) 자료는 신영증권사에서 펴낸 『상장기업분석』(2001)을 활용하였다.
49) 도시계층론은 지리학의 중심지이론(central place theory)을 근간으로 한
　　다. 이 이론의 핵심적 가정은, 어떤 특정한 도시는 국가의 전 도시계층
　　체계 내에서 특정한 위치나 기능을 점유하고 있고, 바로 이에 의해서 지
　　방정부의 정책과 서비스 공급이 결정된다는 것이다. Paddison(1983: 제5
　　장)과 Aiken et al.(1987)의 연구가 대표적이며, 한국에 적용한 연구는
　　이종수(2002: 제8장)가 있다.
50) "경제적 지위 지표"의 구성을 위한 요인분석의 결과는 다음과 같다.

할 수 있다.

경제개발정책에 대한 정책수요는 지역의 낙후정도와는 다른 원천을 가지고 있는데, 그것은 지역의 경제적 쇠퇴이다. 경제적 쇠퇴는 경제적 발달 수준과 상관없이 어떤 지역에서든지 나타날 수 있는 문제이기 때문에, 발달정도와는 다른 정책수요의 원천이라 할 수 있다. 사실 한국 사회에서 지방의 위기의식은 지역의 낙후보다는 지역경제의 쇠퇴로부터 나타나는 경우가 많다. 낙후된 상태에서 현 상태보다 더더욱 쇠퇴할 경우, 일종의 운명주의(fatalism)와 체념의 분위기가 지역사회를 지배할 것이기 때문이다.[51]

지역의 경제적 쇠퇴를 나타내는 지표로 사용될 수 있는 것은 인구감소, 산업생산력 둔화, 기업의 이동, 재정기반의 침식, 제조업 쇠퇴 등이다. 그러나 이 연구에서 지역의 쇠퇴 지표는 고려하지 않았다. 그 이유는 지역경제의 쇠퇴는 장기적인 추세로 나타나기 때문에 적어도

측정지표	요인점수
광공업 생산액(1995: 10억)	0.69
인구규모(1996: 천명)	0.80
2000년 현재 거래소 상장기업 수	0.85
2000년 현재 코스닥 상장기업 수	0.64

KMO 측도: 0.620. Bartlett의 구형성 검정: 근사 카이제곱 276.63 (0.000) 자유도 6.

요인추출방법: 주성분 분석.

51) 빈곤의 악순환에 빠져 있는 남부 이탈리아에서 밴필드(Edward Banfield)는 "비도덕적 가족주의"(amoral familism)를 발견하였고, 그람시는 남부지역(메쪼죠르노)을 "거대한 사회적 해체상태"(a great social disaggregation)로 묘사하였다. 퍼트남은 남부 지역의 조직범죄 현상을 정부능력의 결여와 불신의 문화와 지역사회의 낙후가 악순환의 고리 속에서 발생한 것으로 본다. 안청시 외(역)(2000: 228-230).

1990년 이후 1995년까지의 자료를 구해야 의미 있는 분석이 가능하기 때문이다. 동 시기에 도농복합 시 설치 등 행정구역 조정이 폭넓게 이루어져 신뢰할 만한 자료를 구할 수 없었다. 민선 3기가 끝나는 시점에서는 경제적 쇠퇴 변수도 지방정부의 경제개발정책의 산출수준에 영향을 미치는 요인으로 고려하여 분석모델을 구성할 수 있을 것이며, 향후 연구과제로 미룬다.

이제 정책수요 변수의 측정지표인 경제발달 지표의 하위 지표들의 분포에 대해 몇 가지 점을 지적할 차례이다. 먼저 도시화 지표와 관련된 지표의 분포는 〈표 3.6〉에 정리되어 있다. 인구밀도는 평균 4,186명이고, 관할지역 토지의 지목 중 대지, 공장, 도로, 학교 용도의 합으로 계산된 도시적 이용비율은 평균 18.5%이다. 인구밀도와 도시적 이용비율은 모두 평균보다 표준편차의 값이 커서 변이계수가 1이 넘는다는 것은 지역 간 개발 격차가 상당함을 보여 주고 있다.

〈표 3.6〉 정책수요: 도시화 지표(1996년)

	평균 (A)	표준편차 (B)	변이계수 (=B/A)
인구밀도(단위: 명/㎢)	4186.00	6940.56	1.66
도시적 이용비율(단위: %)	18.52	22.11	1.19
도시화 지표	0.00	0.98	-

도시화 수준이 높은 지역의 분포를 보면, 상위 30개 지역이 모두 대도시의 자치구들이었다. 도시 중에서는 부천시가 31위로 도시화 수준이 대도시 자치구와 비슷한 수준에 이르고 있다. 이 외에 안양시가 44위, 수원시 48위, 광명시 49위, 군포시 50위, 성남시 54위, 안산시 58위 등 주로 수도권의 도시들이 개발수준이 높았으며, 지방도시로는 목포

시 51위, 청주시 64위, 전주시 70위, 창원시 76위, 진해시 77위, 제주시 84위 등으로 지역의 수부 도시들의 도시화 수준이 높게 나타났다.

도시화 수준이 낮은 지역의 분포를 보면, 주로 강원도와 경상북도 농촌지역이 다수 포함되어 있다. 도시 중에는 삼척시가 217위, 태백시가 203위, 안동시가 197위, 문경시 196위, 상주시가 186위, 춘천시 180위, 강릉시 179위 등으로 강원도와 경상북도에 위치한 도시들의 도시화 수준이 낮음을 알 수 있다. 그러나 수도권 지역에서도 연천군 213위, 가평군 212위, 옹진군 203위, 양평군 199위 등 경기 북부와 동부의 수도권 규제를 강하게 받는 지역들이 일부 포함되어 있었다.

〈표 3.7〉 정책수요: 경제적 지위 지표

	평균 (A)	표준편차 (B)	변이계수 (=B/A)
광공업 생산액 (1995: 10억)	1393.37	2399.30	1.72
인구(1996: 명)	199.15	172.21	0.86
2000년 현재 거래소 상장기업 수	2.43	7.66	3.15
2000년 현재 코스닥 상장기업 수	2.39	7.22	3.02
경제적 지위 지표	0.00	1.00	-

다음으로 경제적 지위 지표와 관련된 지표들의 분포는 〈표 3.7〉에 정리하였다. 광공업생산액은 평균 약 1조 4천억 원이고, 인구규모는 평균 19만 9,150명이며, 거래소 상장기업의 수는 지역별로 평균 2.43개이고, 코스닥 상장기업의 수는 평균 2.39개이다.

변이계수를 보면, 인구규모나 공장의 분포를 나타내는 광공업생산액의 변이계수에 비해 기업의 분포를 나타내는 상장기업의 수의 변이계수가 더 크게 나타나, 인구나 공장의 분포보다는 기업의 분포가 지역 간 경제적 차이를 더 잘 설명해 주는 요소임을 알 수 있다.

경제적 지위가 높은 상위지역을 보면, 서울, 부산, 대구, 인천의 자치구들이 많이 포함되어 있다. 도시의 분포를 보면, 안산시 4위, 부천시 8위, 수원시 12위, 성남시 16위, 안양시 22위, 용인시 46위 등 수도권에 위치한 도시들의 경제적 지위가 높았다. 지방도시로는 창원시 25위, 구미시 45위, 청주시 53위, 포항시 55위 등 과거 권위주의 개발 시기에 공업화가 추진된 도시들의 경제적 지위가 높았다. 경제적 지위가 낮은 지역들은 대부분 수도권을 제외한 지역의 농촌지역이었다. 도시로는 태백시 199위, 삼척시 171위, 문경시 169위, 상주시 154위 등 주로 강원도와 경상도 지역의 도시들의 경제적 지위가 낮은 것으로 나타났다. 이에 비해 수도권의 농촌지역은 옹진군, 연천군, 가평군 정도만이 하위 50위 안에 포함되어 있을 뿐이었다.

〈표 3.8〉 경제적 발달 지표의 지역별 분포

순위 범위	수도권	영남권	호남권	충청권	강원·제주
1-30	25	5	0	0	0
31-60	16	13	0	1	0
61-90	6	10	10	4	0
91-120	12	6	1	7	4
121-150	2	10	5	11	2
151-180	1	7	12	6	4
180-226	4	16	12	2	12
N	66	67	40	31	22

도시화 지표와 경제적 지위 지표를 통합한 "경제발달 지표"의 광역 지역별 분포는 어떠한가? 경제적 발달지표의 지역별 분포를 보면(표 3.8). 상위 30위까지 수도권의 지역이 25곳이나 차지하여, 수도권/지방 간 격차가 얼마나 심각한지를 잘 보여 주고 있다. 상위 60위까지의 분포에서는 수도권이 41곳으로 가장 많지만, 영남권도 30%인 18곳이나 된다. 이에 비해 기타 지역에서는 청주만이 53위로 나타날 뿐으로, 지난 경제개발 시기의 수도권 – 영남을 축으로 한 경제개발전략의 결과로 지역 간 극심한 격차가 잘 나타난다. 그러나 특이한 사실은 영남권의 경우 경제발달 수준이 높은 지역도 많지만, 반대로 경제발달 수준이 낮은 지역도 많다는 점이다. 이처럼 지역 내 편차가 심한 이유는 영남 지역의 공업도시의 발달이 주변 지역으로 확산되지 못한 결과이며, 그 근본에는 영남지역에서 산출된 잉여가 수도권으로 이전되는 구조적 요인이 작동하기 때문으로 보인다.[52] 호남권도 영남권과 마찬가지의 문제를 안고 있다. 전반적으로 경제발달 수준이 낮지만, 더욱 심각한 문제는 역내 지역 간 격차가 너무 심각하게 벌어져 있다는 것이다. 일부 대도시와 전주와 목포 등 수부도시를 제외하고는 극심한 저발전 상태에 있는 것이다. 이에 비해 충청권의 상황은 양호한 편이다. 전체적으로는 경제발전 수준은 낮지만, 광역지역 내 편차는 심하지 않은 것으로 나타나기 때문이다. 강원도와 제주 지역은 지역 내 편차를 고

---

52) 금융지배력이 강한 대기업의 본사가 수도권에 집중되어 있고, 지방에 본사를 둔 지방기업들까지도 서울에 지사 또는 사무소를 두고 자금 및 수출입에 따른 무역 금융 등의 주요 관리기능을 수행하고 있어, 실물부문에서 지역자금이 수도권으로 유출된다. 또한 지역금융기관들은 지역사회에 대출하기보다는 자금운용을 위해 주식, 회사채, 부동산 등에 투입함으로써, 자금이 지역 내에서 환류되지 못하고 주로 수도권으로 몰리는 결과를 낳았다(안동규 1995). 이런 요인들로 인해 영남지역의 잉여가 지역의 발전에 재투자되지 못하고, 수도권으로 유출되었으며, 현재도 마찬가지이다.

려하기 이전에 전체적으로 낮은 경제발전 수준 자체가 문제이다.

지역의 경제발전 수준을 측정하는 "경제발달 지표"를 이용하여, 가설1은 다음의 작업가설을 통해 검증할 수 있다.

> 작업가설1. "경제발달 지표"가 낮은 지역일수록, 지방정부의 경제개발정책의 산출수준(재정, 토지, 조례)은 높아질 것이다.

2. 정부 간 관계

(1) 정부 간 재정적 관계

이 연구의 시간적 분석범위인 1996년부터 2000년까지 운영되었던 지방재정조정제도에는 지방교부세, 국고보조금 그리고 지방양여금 등 3가지가 있었다. 지방교부세는 일정한 공식[53]에 의거하여 지방정부에 배분하는 조건 없는 일반지원금(general grants)으로 지방정부가 자주적으로 지출할 수 있는 재원이다. 지방교부세 배분의 근본 목적은 형평성의 추구에 있기 때문에(전상경 2002: 236), 지방정부의 재정력을 확충시켜 주는 기능을 가지고 있다.

---

53) 현재 지방교부세는 보통교부세와 특별교부세로 나뉜다. 이 중에서 보통교부세는 지방정부의 기준재정수입액이 기준재정수요액에 미달하는 금액을 기준으로 조정하여 결정된다. 특별교부세는 재해나 특별한 재정수요에 배분하기 위해, 교부신청을 받고 행정자치부 장관이 심사를 통하여 교부한다. 그러나 현행 지방교부세 제도는 지나친 재원보장적 성격 때문에, 지방정부의 도덕적 해이를 유발시킬 수 있다는 점이 단점으로 지적되고 있다(전상경 2002: 248). 따라서 효율성의 논리가 형평성의 논리와 공존하지 못하고 있다(오연천 2002: 128).

이에 반해 국고보조금은 국가적 이해관계 또는 국가와 지방정부 사이의 이해관계가 있는 사업들을 대상으로 중앙정부가 이전한 재원으로, 효율성의 제고에 그 목적이 있는 것으로 사용 목적이 정해져 있어 중앙정부의 엄격한 통제가 수반되는 특정지원금(specific grants)이다(배인명 2000: 164). 또 지방양여금은 1991년에 도입되어 2004년 폐지된 제도로 국세세입의 일부를 지방정부에 양여하여 도로정비 사업 등을 추진함으로써, 지역 간의 균형발전과 지방정부의 재정력을 확충해 주기 위한 것으로, 지방교부세와 국고보조금의 중간형태의 성격을 갖는다. 이 외에 시도보조금이 있는데, 이는 국고보조금과 동일한 논리로 광역정부가 지방정부에 대해 지급하는 지원금이다.

이 연구는 중앙정부의 국고보조금과 지방양여금 그리고 광역정부의 시도보조금을 상위정부의 재정적 영향력을 나타내는 지표로 선정하였다. 보조금의 경우 엄격하게 말하자면 경제개발정책과 관련된 국고보조금만을 고려해야 하지만,[54] 이에 대한 지역별 상세한 자료를 구할 수 없는 관계로 전체 국고보조금과 시도보조금을 측정지표로 사용할 것이다. 향후 보다 정교한 측정에 대한 연구가 필요하다. 이에 비해 지방양여금은 주로 도로사업, 농어촌지역개발, 수질오염방지, 지역개발 등에 사용되고 있어,[55] 지방정부의 경제개발정책과 보다 밀접히 관련

---

54) 중앙부처별 지방비 부담 국고보조금 사업에 관한 2000년 계획안을 보면(전상경 2002: 253), 보조금 사업은 부처별로 다양하다. 총 8조 2530억 원의 보조사업 중, 보건복지부가 2조 5764억 원(31.2%)으로 가장 많은 부분을 차지하고, 다음이 건설교통부로 1조 9939억 원(24.2%)이며, 농림부 1조 3099억 원(15.9%), 행정자치부 4850억 원(5.9%), 환경부 4317억 원(5.2%), 문화관광부 3623억 원(4.4%), 산림청 2496억 원(3.0%), 산업자원부 1930억 원(2.3%), 문화재청 1692억 원(2.0%) 순이다.

55) 1999년 현재 지방양여금의 재원규모는 2조 7729억 원이며, 이 중 50.2%가 도로사업에, 24.2%는 수질오염방지사업에, 16.4%가 지역개발(재정보

되어 있다. 측정방법은 지방재정에 대한 영향력을 확인하기 위한 것이므로 세 가지 의존재원이 차지하는 비율로 정하였다. 또한 의존재원의 종류별 영향력을 비교하기 위해서 합산한 값을 사용하지 않고 세 가지 의존재원을 구분하여 투입한다.

〈표 3.9〉 기초 지방정부의 세입구조(1996년과 2000년 평균)

(단위: %)

	평균 (A)	표준편차 (B)	변이계수 (=B/A)
재정자립도	45.49	15.80	0.35
지방교부세[a]	25.44	11.25	0.44
국고보조금	11.91	5.86	0.49
지방양여금	4.88	3.87	0.79
시도보조금	9.99	4.28	0.45
지방채	1.26	1.66	1.32

a) 자치구의 경우, 자치구재원조정교부금 비율을 사용.

〈표 3.9〉에는 한국 기초지방정부의 세입구조가 정리되어 있는데, 평균 재정자립도는 45.49%이고 지방교부세의 비중은 25.44%로, 이 둘을 합치면 평균 재정자주도인 71.93%가 된다. 다음으로 국고보조금 비율은 평균 11.91%이고, 지방양여금의 비중은 4.88%이며, 광역정부의 보조금의 비율은 9.99%로, 특정사업에 대한 보조성격을 갖는 의존재원의 규모가 26.78%에 이른다. 마지막으로 지방채의 비중은 1.26%이다.

재정자립도와 지방교부세를 합한 재정자주도가 평균 71.93%에 이른 것을 보면, 지방재정이 일반적인 인식과 달리 열악한 것만은 아니다.

전, 인건비보전, 소하천정비 등), 8.5%는 농어촌지역개발사업(정주권개발, 오지개발)에 투입되었다(허명환 1999: 34; 전상경 2002: 263). 허명환, 「지방양여금제도의 개편방안」, 한국지방재정학회 1998년 1차학술대회(1999).

재정자립도가 낮더라도 중앙정부에서 지방교부세를 교부하여 재정을 보충해 주고 있기 때문이다. 하지만 현재의 형평성 위주의 정부 간 재정관계가 유지되는 한, 향후 중앙정부의 기능을 점차 지방정부로 이양할 경우의 급격히 늘어날 재정수요에 지방정부가 효과적으로 대처할 수 있을지에 대해서 문제를 제기하는 경우가 많다.

정부 간 재정적 관계를 측정하는 세 가지 지표가 선정되었기 때문에, 다음의 세 가지 작업가설을 통해서, 가설2-1을 검증한다.

> 작업가설2-1-1. 국고보조금의 비중이 높은 지역일수록, 지방정부의 경제개발정책의 산출수준은 높아진다.
>
> 작업가설2-1-2. 지방양여금의 비중이 높은 지역일수록, 지방정부의 경제개발정책의 산출수준은 높아진다.
>
> 작업가설2-1-3. 시도보조금의 비중이 높은 지역일수록, 지방정부의 경제개발정책의 산출수준은 높아진다.

(2) 정부 간 정치적 관계

증앙정부와의 우호적인 정치적 관계를 형성할 경우, 지방정부는 중앙정부로부터 더 많은 지원을 확보할 가능성이 높다. 그런데 정부 간 정치적 관계가 우호적인지, 아니면 비우호적인지 확인할 방법이 있는가? 이와 관련하여 비교가능한 지표가 선출된 단체장의 정당과 중앙정부의 집권정당의 일치여부라 할 수 있다. 이는 곧 정부 간 여야관계를 의미하며, 다시 세 가지로 나누어 볼 수 있다. 하나는 중앙정부와 지방정부의 정당이 일치하는 경우, 즉 여당관계이고 다른 하나는 중앙정부와 지방정부의 정당이 불일치하는 경우인 야당관계이며, 마지막으로 지방정부의 단체장이 무소속인 중립관계 혹은 무소속관계이다. 중앙정부와의 우호적 관계는 여당지역〉무소속지역〉야당지역의 순으로 형성될 것이다. 가설3-2에 따르면, 중앙정부의 지원의 크기도 여당지역〉무소속지역〉야당지역의 순으로 정해질 것이다. 이때의 지원은 단순한 국고보조금의 지원뿐만 아니라, 각종 개발시책 및 규제완화 등 다양한 방식을 통틀어 일컫는다.

이 연구에서는 구체적으로 '여당 지표'와 '무소속 지표'를 측정한다. 여당 지표는 1기와 2기 단체장이 모두 여당 소속인 경우 2점을 부여하고, 둘 중 한 번만 여당인 경우에는 1점 그리고 양자 모두 야당이거나 무소속인 경우에는 0점을 부여한다. 무소속 지표도 마찬가지이다. 1기와 2기 단체장이 모두 무소속인 경우 2점을 부여하고, 둘 중 한 번만 무소속인 경우에는 1점, 그리고 정당 소속인 경우에는 0점을 부여한다. '야당 지표'는 여당지표와 무소속지표를 이용하여 구할 수 있다.[56]

그러나 이 지표들은 하나의 문제가 있다. 선출될 당시의 단체장의 당적을 대상으로 하였기 때문에 당적을 바꾸거나 보궐선거에 의해 단체장의 소속 정당이 바뀐 경우를 통제하지 못한다는 단점을 갖는다. 또한 이 지표들은 경선 불복 등의 사유로 무소속으로 출마하여 당선되었으나 실제로는 특정 정당과 밀접한 관계를 유지하는 경우도 구별하지 못한다. 하지만 이상의 사례는 자주 일어난다기보다는 특이한 사례로 볼 수 있기 때문에 현재의 지표를 사용해도 분석결과는 크게 달라지지 않을 것이다.

〈표 3.10〉에 중앙정부와의 정치적 관계가 정리되어 있다. 주의할 점은 1998년에 최초로 중앙정치 수준에서 여야 교체가 이루어졌다는 사실이다. 이로 인해 특정 정당 지지와 여당 지지가 더 이상 일치하지 않게 되었다. 그래서 여당 지표를 보면 둘 다 여당 후보가 당선된 지역이

---

56) "야당 지표" = 2 - (여당 지표 + 무소속 지표).

15곳으로 비중이 작은 것이다.[57] 2번의 지방선거 중 여당 후보가 1회만 당선된 지역은 123곳에 이르러 전체의 54.4%를 차지하는데, 이 지역들은 대부분 특정 정당이 지배하는 지역일 가능성이 크다. 다음으로 무소속 지표를 보면, 1998년까지 정당정치가 지방정치에 도입되지 않은 순수 무소속 지역이 16곳이나 된다.[58] 무소속 후보가 1번 당선된 지역은 62곳이다. 정당 간 경쟁은 아니더라도 최소한 정당을 매개로 지방정치가 작동하는 지역은 148곳으로 65.4%에 이른다. 마지막으로 야당지역을 보면, 1기와 2기 모두 야당 후보가 당선된 지역이 29곳이다.[59] 반대로 야당 후보가 한 번도 선출된 적이 없는 지역은 50곳이다.

〈표 3.10〉 중앙정부와의 정치적 관계의 분포

	여당	무소속	야당
2점	15	16	29
1점	123	62	147
0점	88	148	50

[57] 여당 후보만 당선된 지역은 수도권에 많다. 모두 11곳이다. 인천의 중구, 동구, 남구, 연수구, 옹진군 등 5곳, 경기도의 광명시, 과천시, 파주시, 이천시, 여주군, 화성군 등 6곳이다. 지방에서는 제주도의 제주시와 남제주군이 포함된다. 그리고 정선군과 울진군이 포함된다. 영남권에서 울진군이 포함된 것이 특이하다.

[58] 대부분이 영남권에 속한 지역이다. 무려 13곳이다. 부산 남구와 강서구, 대구 남구, 안동시, 영주시, 군위군, 의성군, 영양군, 봉화군, 양산시, 남해군, 함양군, 합천군. 기타 지역으로 수원시, 삼척시, 서귀포시가 있을 뿐이다.

[59] 충청권에 속한 지역이 많다. 이것은 자민련의 영향 때문인 것으로 보인다. 대전 동구, 중구, 서구, 대덕구. 청원군, 괴산군, 천안시, 공주시, 아산시, 서산시, 논산시, 연기군, 부여군, 서천군, 청양군, 예산군, 태안군, 당진군 등 18곳이다. 수도권이 광진구, 노원구, 동작구, 강동구, 남동구, 안양시, 오산시 등 7곳이다. 영남권은 포항시, 대구 동구 등 2곳이며, 강원도는 원주시와 속초시 등 2곳이다.

중앙정부와 지방정부 간 우호적 관계를 측정하는 '여당 지표'와 '무소속 지표'를 이용하여 다음의 두 가지 작업가설을 설정할 수 있고, 이를 통해 가설2-2를 검증할 수 있다.

> 작업가설2-2-1. '여당 지표'가 높은 지역일수록, 지방정부의 경제개발정책의 산출수준은 높아진다.
> 작업가설2-2-2. '무소속 지표'가 높은 지역일수록, 지방정부의 경제개발정책의 산출수준은 높아지지만, '여당 지표'가 높은 지역보다는 영향력의 크기가 작다.

3. 지방정부

(1) 지방정부의 재정력

지방정부의 재정력은 어떻게 측정할 수 있는가? 지역 주민이 보유한 재산의 가치가 높을수록, 재산세를 주세입원으로 하는 지방정부의 자주재원 동원능력은 높아지기 때문에, 부(富)의 수준과 지방정부의 재정력은 긴밀히 관련되어 있다. 따라서 지방의 재정력의 측정은 불가피하게 지역의 부(富)의 수준을 측정하는 작업과 거의 일치하게 된다. 이 점에서 지역 주민의 재산 수준을 알 수 있는 지표가 필요하다.

그러나 지역주민의 재산수준을 측정할 수 있는 만족할 만한 지표는 현재 없는 상태이기 때문에 대리지표가 필요하다. 이 연구에서는 지역주민의 부(富)의 수준을 측정하는 대리지표로 1인당 승용차 등록대수와 지역의 교육수준을 지표로 사용할 것이다. 이 두 지표가 지역 주민

126

의 부(富)를 직접 나타내는 것은 아니지만, 승용차를 많이 가지고 있고 대학 이상의 교육을 받은 주민들이 많이 거주하는 지역[60]에서 평균 재산가치가 더 높을 것이라고 보는 것은 기존 연구들을 볼 때 무리한 가정이 아니다(남궁근 1994).

이상에서 지역의 부(富)의 수준을 대리지표로 측정하였다면, 지방정부의 재정력을 직접 가리키는 지표로는 재정자립도와 재정자주도가 있다. 재정자립도는 일반회계 총 세입 중 자체재원(지방세와 세외수입)이 차지하는 비율로 계산한 것으로 '자주적 재원 동원'의 의미가 강하다. 반면 재정자주도는 지방세와 세외수입에 지방교부세(자치구는 자치구재원조정교부금)[61]를 추가하여 계산하고 이것은 지방정부의 '자주적 재원 사용'의 의미가 강하다. 재정력 지표를 나타내는 최종 지표는 위에서 선정한 네 가지 지표가 상호 높은 상관성을 보이고 있기 때문에,[62] 재정자립도, 재정자주도, 가구당 승용차대수 그리고 지역의 교육수준을 요인분석을 이용하여 '재정력 지표'로 통합할 것이다.

---

60) 대학교육 연수는 지역 주민의 학력별 분포를 가지고 구한다. 공식은 〈대학 교육 연수＝대학 이상의 학력을 가진 주민의 비율*4＋전문대를 졸업한 주민의 비율*2〉이다. 대학교육 연수에 대해서는 평균교육연수가 높은 지역일수록 지역 노동자의 임금이 더 높다는 연구가 있다(장수명, 이번송 2001). 이 연구에 따르면 교육수준이 높은 도시로 이주할 경우 똑같은 특성을 가진 노동자는 더 높은 보수를 즐길 수 있어 소득이 증가할 수 있다.

61) 보통지방교부세의 배분단체는 특별시나 광역시의 자치구를 제외한 전 지방정부 중 지방교부세법에서 정의되는 기준재정수입액이 기준재정수요액에 미달하는 단체에 한한다. 자치구의 경우는 당해 특별시나 광역시의 기준재정수입액 및 기준재정수요액에 합산하여 산정하고 이를 당해 특별시나 광역시에 일괄하여 교부하기 때문에, 자치구는 보통지방교부세를 받지 못하는 대신 특별시나 광역시의 자치구재원조정교부금을 받는다.

62) 가구당 승용차 수와 재정자립도는 r＝0.761, 가구당 승용차 수와 재정자주도는 r＝0.529, 그리고 재정자립도와 재정자주도는 r＝0.705의 상관관계를 나타내고 있다.

〈표 3.11〉 재정력 지표 구성을 위한 요인분석 결과

측정지표	요인점수
가구당 승용차 등록대수	0.90
대학교육 연수	0.86
재정자립도	0.90
재정자주도	0.85

KMO 측도; 0.711. Bartlett의 구형성 검정: 근사 카이제곱:622.07(0.000) 자유도 6.

요인추출방법: 주성분 분석

요인분석결과(표 3.11), 4개의 측정지표는 모두 0.85 이상의 높은 요인점수를 보여 주고 있다. KMO측도와 Bartlett의 구형성 검정결과도 요인분석결과의 타당성을 높여주고 있다. 이상의 결과는 4개의 측정지표가 재정력이라는 요인을 잘 반영하고 있으며, 통합지표로 재정력 지표를 사용해도 무방함으로 말해 주는 것이다.

〈표 3.12〉 지방정부의 재정력 지표의 하위지표

하위 지표	평균 (A)	표준편차 (B)	변이계수 (=B/A)
가구당 승용차수	0.44	0.15	0.34
대학교육 연수	0.45	0.26	0.58
재정자립도	45.49	15.80	0.35
재정자주도	71.93	10.20	0.14
재정력 지표	0.00	1.00	-

재정력 지표를 구성하는 4개 하위 지표의 기술적 통계치를 보면(표 3.12), 한 가구당 평균 0.44대의 승용차를 보유하고 있고, 평균 대학교

128

육 연수는 0.45년이며, 지방정부의 재정자립도는 45.49%이고, 재정자주도는 평균 71.93%이었다. 대학교육 연수의 변이계수가 0.58로 지역 간 편차가 가장 큰 지표였으며, 그다음으로 가구당 승용차 수와 재정자립도 순이다. 이에 비해 재정자주도의 변이계수는 0.14로 지역 간 편차가 크지 않았다. 이처럼 재정자주도의 편차가 크지 않은 것은 중앙정부가 지역 간 재정력 차이를 줄이기 위해 지방교부세를 교부한 결과라 할 수 있다.

〈표 3.13〉 재정력 지표의 지역별 분포

순위 범위	수도권	영남권	호남권	충청권	강원·제주
1-30	23	4	0	3	0
31-60	19	4	2	3	2
61-90	11	13	5	0	1
91-120	5	10	5	6	4
121-150	4	11	1	8	6
151-180	2	7	8	8	5
180-226	2	18	19	3	4
N	66	67	40	31	22

재정력 지표의 분포를 보면(표 3.13), 상위 30위까지 수도권 지역이 압도적으로 많지만, 영남권과 충청권도 각각 4곳, 3곳이 포함되어 있다. 60위까지 넓혀도 수도권 지역이 70%를 차지하고 있다. 지방은 영남권이 8곳, 충청권이 6곳, 호남권과 기타 지역이 각 2곳이다. 재정력 지표의 분포를 통해서 빈곤한 지역들은 영남권과 호남권에 밀집해 있음을 알 수 있다. 또한 강원도 지역도 대체로 빈곤한 편에 속한다.

수도권은 대체로 재정력 지표의 수치가 높지만, 북부와 동부의 일부

지역은 수도권 규제로 지역의 부(富)가 축적되지 못한 상태이다. 영남권은 지역 내 격차가 매우 심각한 상태로, 영남권의 5개 광역정부에게 시급히 해결해야 할 과제로 지역 내 격차 해소의 문제를 던져 준다. 호남권은 극도로 가난한데 경제발달 수준뿐만 아니라 재정력에 있어서도 낙후되어 있는 것으로 나타난다. 반면에 충청권과 강원도는 경제발달 수준은 높다고 할 수 없지만 재정력은 영남과 호남에 비해 상대적으로 양호한 편이다.

그런데 여기에서 한 가지 확인해야 할 문제가 있다. 과연 위의 재정력 지표의 네 가지 하위지표가 "지역 주민의 소득과 재산을 얼마나 반영하고 있는 것일까?", 다시 말해 "대리지표로서 이 네 지표는 얼마나 타당한가?"에 관한 것이다. 다행히 시군구별 월평균 소득을 추론할 수 있는 자료를 공개한 광역단체가 있고,[63] 최근 부동산 가격에 관한 자료를 쉽게 구할 수 있어 이 문제를 간접적으로 검증해 볼 수 있다. 경기도만을 대상으로 한 상관관계 분석(표 3.14)에서 보는 바와 같이 각 지표는 지역 주민의 재산가치와 소득수준을 잘 반영하고 있음을 알 수 있다. 그러나 한 가지 주의할 점은, 지역 내 총생산(GRDP)의 의미에 관한 것이다. 흔히 1인당 지역총생산(GRDP) 통계가 있다면 지역 주민의 소득을 측정할 수 있다고 생각할 수 있지만(남궁근 1994: 이광희a 2003), 기초 지방정부를 분석할 때 1인당 GRDP 통계는 문제가 있다.

〈표 3.14〉에서 볼 수 있는 바와 같이 1인당 GRDP가 지역의 소득이나 재산가치 수준과 관련이 없기 때문이다. 이는 기초 수준의 지방에서 지역 내 산업생산이 지역 주민의 소득으로 전환되지 못하는 상황을

---

63) 경기도, 강원도, 경상남도이다. 각 지역의 홈페이지에서 지역 통계연보를 통해 확인할 수 있다.

보여 준다. 이것을 무언가 잘못된 현상이라기보다는 피터슨의 지적한 바와 같이 기초 지방정부가 경제문제를 통제할 능력이 없다는 점을 보여 주는 하나의 증거로 해석할 수 있다.[64]

〈표 3.14〉 재정력 지표의 외적 타당성 검토: 피어슨 상관관계 분석

	재산 가치 (아파트 평당 매매 단가)	소득 수준 (가구당 월평균 소득)
가구당 승용차 등록대수	0.408**	0.699**
대학교육 연수	0.797**	0.910**
재정자립도	0.576**	0.711**
재정자주도	0.708**	0.626**
1인당 GRDP	-0.140	0.074

사례: 경기도 31개 시군.
자료: 1인당 GRDP는 경기도 홈페이지(http://www.gg.go.kr)의 통계정보에서 구함; 가구당 승용차 수는 『시군구 100대 지표』(통계청 2002)에서 구함; 대학교육 연수는 통계청 홈페이지에서 인구총조사(2000)에서 구함; 아파트 평당 평균 매매가는 국민은행 홈페이지(http://est.kbstar.com)에서 아파트시세 조사 사이트(2004.4.12일 현재)에서 구함; 월평균 소득은 『경기도민 생활수준 및 의식구조 조사』(경기도 1999: 98)에서 구함.
주: **p<0.01. *p<0.05.

---

64) 반면에 광역정부는 지역 경제에 대한 통제의 수준이 더 높다. 이광희a에 따르면(2003: 95), 광역수준의 1인당 GRDP와 1인당 지방세 및 1인당 승용차 등록대수는 0.90 이상의 매우 높은 상관성을 보이고 있기 때문이다. 즉 광역수준에서 지역 내 산업발달을 광역 지역 주민들의 소득으로 상대적으로 원활하게 전환되고 있음을 말해 준다. 그러나 주요 기업 본사와 금융기관의 본사가 수도권에 위치해 있고, 지역금융기관이 발달하지 못한 상태에서, 지방에서 발생한 수익이 서울의 본사나 금융기관으로 유출되는 문제가 심각하다는 점 또한 유념할 필요가 있다. 안동규, 「지방화시대의 금융제도」(제일경제연구소 1995: 220-227); 박원석, 「지역금융의 활성화와 지역경제」(김익수, 오연천 편 1998: 87-89).

지방정부의 재정력을 측정하는 '재정력 지표'를 이용하여, 다음의 작업가설을 통해 설정하였다.

> **작업가설3-1. '재정력 지표'가 높은 지역일수록, 지방정부의 경제개발정책의 산출수준은 높아진다.**

(2) 지방정부의 인력규모

지방정부가 정책 공급능력을 충분히 확보하기 위해서는 적정 수준의 재정력과 인력을 보유해야 한다. 재정력은 이미 다루었기 때문에 여기에서는 인력을 중심으로 검토한다. 지방공무원의 규모가 적정 수준보다 크다면 지방정부의 인건비가 불필요하게 높아진다는 점에서 신공공관리론의 관점에서는 정부규모 축소를 정책대안으로 내세울 것이지만, 한국의 경우에는 다른 OECD 국가에 비해 인구와 대비하였을 때 지방 공무원의 규모가 작은 편에 속하기 때문에 지방정부가 각종 정책사업을 추진하고 공공서비스를 제공할 때 그 효과성을 저해하는 요인이 될 수도 있다. 이 점에서 지방정부의 인력규모의 영향력을 분석하는 것은 의미 있는 시도라 할 수 있다. 그러나 문제는 비교 가능한 인력규모의 측정지표가 있는가 하는 점이다.

우선 단순히 지방공무원의 수로 측정해 볼 수 있다. 공무원의 수가 많다는 것은 지방정부가 개발, 사회복지, 공공서비스 공급 등 다양한 업무를 수행할 때 유리하다. 하나의 기능에 대해 더 많은 공무원이 업무를 처리할 수 있다면 보다 전문화된 정책수행이 가능할 것이다. 그러나 이런 논리에도 불구하고 단순한 공무원의 수는 타당한 지표로 받아들이기 어렵다. 그 이유는 단순한 공무원의 크기는 인구 규모가

132

크고 경제적으로 발달한 지역일수록 많아지는 경향이 있기 때문이다.65) 지방정부의 조직이 지역 사회의 여러 가지 정책수요에 얼마나 대응할 수 있는가에 대한 고려 없이, 단순한 크기로는 지방정부의 인력규모를 측정할 수 없는 것이다. 이 점에서 지방정부의 인력규모의 측정은 지역사회의 다양한 정책수요에 대한 지방정부 공무원 조직의 상대적 대응력에 초점을 맞추는 것이 더 타당하다고 할 수 있다.

이 연구에서는 지역사회의 정책수요에 대한 대응력을 관찰하기 위해 공무원의 업무환경에 주목하였다. 그 결과 공무원 1인당 민원서류 처리 수, 공무원 1인당 주민 수, 공무원 1인당 면적의 세 가지 지표를 선정하였다. 이 세 가지 지표의 값이 클수록 공무원의 단순 행정 업무 부담이 크다는 의미이며, 반대로 값이 작아지면 업무부담이 작다는 의미이다. 업무부담이 큰 경우보다 작은 경우에 정책기획 및 행정서비스 제공에 있어 보다 많은 여력을 갖춘 것으로 볼 수 있다. 다시 말해 공무원의 업무부담이 적은 환경일수록 지방정부가 추가적으로 정책을 산출할 수 있는 능력이 더 크다고 말할 수 있다.

이런 해석에 대해 반론이 가능할 것이다. 업무수행의 효율성 개념을 도입할 경우, 업무부담이 작은 지역일수록 업무수행이 비효율적으로 이루어지고, 과잉인원(overstaff) 문제가 발생한다고 해석할 수 있기 때문이다. 이것은 관료조직의 권력과 합리적 선택 등 정책산출의 공급 측면을 강조하는 이론에서 비롯된 것이다.(Niskanen 1994) 이와 관련하여 이명석은 지방정부의 공무원 크기에 관한 연구(1998)에서 행정수요의 증가에 따른 지방정부의 크기는 증가하지만, 인구가 감소하는

---

65) 1996년 공무원의 수와 1996년의 인구 규모 사이의 피어슨 상관계수는 r=0.77이고, "경제발달 지표"와 1996년 공무원 수 사이의 피어슨 상관계수는 r=0.51이다.

지역에서는 공무원의 수가 행정수요가 줄어드는 만큼 감소하지 않는다는 점을 발견하였다.

그러나 적정 공무원의 규모에 대한 타당한 측정방법이 합의되지 않은 상황에서, 위의 결과를 지방정부의 비효율성 문제로 바로 연결시키는 것은 무리가 있다고 본다. 지방정부 내에서 차지하는 단체장의 권력을 생각할 때, 지방공무원의 업무부담이 상대적으로 낮은 지방정부의 단체장은, 지방공무원의 업무부담이 상대적으로 과중한 지방정부의 단체장보다 더 수월하게 자신이 원하는 정책을 추진할 수 있다고 추론하는 편이 더 타당하다고 본다.

〈표 3.15〉를 보면, 공무원 1인이 처리해야 할 민원서류는 1년에 약 780건이며, 공무원 1인이 상대해야 할 주민 수는 평균 199명이고 공무원 1인이 관할해야 하는 면적은 평균 0.56㎢이다. 변이계수를 보면 민원서류의 처리량, 담당 주민 수 그리고 관할면적 순으로 지방정부간 공무원의 업무의 편차가 심하게 나타나고 있음을 알 수 있다.

〈표 3.15〉 지방정부의 인력규모

	평균 (A)	표준편차 (B)	변이계수 (=B/A)
공무원 1인당 민원서류 (건수/공무원1인)	779.69	427.00	0.55
공무원 1인당 주민(명/공무원1인)	198.60	134.00	0.67
공무원 1인당 면적(㎢/공무원1인)	0.56	0.55	0.98
지방정부의 인력규모 지표	0.00	1.56	-

주: 공무원 수, 민원서류 수, 인구는 1996년 현재. 면적은 2000년 현재.

이 세 지표 사이의 상관관계는 일관되지 않는다. 공무원 1인당 민원서류의 수와 공무원 1인당 주민 수는 밀접한 관련을 가지고 있지만, 공무원 1인당 관할면적과 다른 두 지표는 반대의 관계를 나타내고 있기 때문이다.[66) 이것은 각 지방정부의 조건에 따라 행정수요별 업무환경이 다르게 형성되었음을 의미한다. 이런 점을 고려하면서, 이 연구에서는 위의 세 지표를 표준화하고, 세 지표의 표준점수를 합산한 값에 -1을 곱하여, 지방정부의 '인력규모 지표'를 구성하였다. -1을 곱하는 이유는 값이 커질수록 지방정부의 업무부담이 적어 더 많은 정책을 수행할 수 있다는 의미로 해석하기 위함이다.

〈표 3.16〉 지방정부의 '인력규모 지표'의 지역별 분포

순위 범위	수도권	영남권	호남권	충청권	강원·제주
1-30	13	6	8	0	3
31-60	10	9	8	3	0
61-90	7	12	6	4	1
91-120	7	9	9	5	0
121-150	6	8	2	9	5
151-180	11	6	5	2	6
180-226	12	17	2	8	7
N	66	67	40	31	22

---

66) 지방공무원의 인력규모 지표 간 상관관계는 다음과 같다.

	공무원 1인당 주민 수	공무원 1인당 관할면적
공무원 1인당 민원서류	0.78**	-0.42**
공무원 1인당 주민 수	-	-0.64**

주: **p<0.01에서 유의미함.

지방정부의 인력규모 지표의 지역별 분포를 보면(표 3.16), 광역지역 내 편차가 큼을 알 수 있다. 지방정부의 인력규모 지표의 수치가 큰 상위 60지역에 수도권이 23곳으로 가장 많고, 호남권 16곳과 영남권 15곳이 비슷했으며, 충청권과 기타 지역은 각 3곳으로 상대적으로 낮았다. 반대로 지방정부의 인력규모 지표의 수치가 낮은 하위 60지역을 보면, 수도권과 영남권이 23곳씩으로 가장 많고, 강원도와 제주도가 13곳, 충청권이 10곳 그리고 호남권이 7곳으로 나타났다.

이상에서 지방정부의 인력규모를 지방의 행정수요에 대응하는 지방공무원의 업무부담의 크기를 통해서 측정하였다. 따라서 가설3-2는 다음의 작업가설을 통해 검증할 수 있다.

작업가설3-2. ‘인력규모 지표’가 큰 지역일수록, 즉 지방공무원의 업무부담이 적은 지역일수록, 지방정부의 경제개발정책의 산출수준은 높아진다.

(3) 단체장의 정책성향과 리더십

단체장의 정책성향과 리더십은 한국과 같이 지방정치에서 단체장이 차지하는 권력이 막강한 경우에 가장 중요한 정책결정요인이라고 말할 수 있을 것이다. 그러나 단체장의 정책성향과 리더십의 크기를 측정하는 것은 매우 어려운 작업이다.

선진국가의 경우, 단체장의 소속 정당은 단체장의 정책성향을 판단하는 데 중요한 지표가 된다. 서유럽의 사회민주당, 영국의 노동당 그리고 미국의 민주당은 재분배정책을 강조한다. 따라서 이들 정당이 집권할 경우, 우리는 재분배정책의 산출수준이 높아질 것이라고 예상할 수 있다. 이런 점에서 영국을 사례로 한 연구에서는 정책결정에 있어 정당의 영향력은 가장 중요한 요인으로 분석되고 있다(Boaden 1971; Page, Goldsmith, and Kousgaard 1987). 그러나 한국의 경우에는 이념정당을 표방한 정당이 집권한 적이 없다. 다만 새천년민주당은 서민정당을 추구하고, 한나라당은 보수성향의 정책을 추구한다는 점에서 약간의 경향적 차이만을 보일 뿐이다. 이런 점에서 소속 정당을 통해서 단체장의 정책성향을 유추하는 것은 타당하지 않다.

또한 단체장의 개인적 특성으로 다른 연구들에서 사용되는 경력, 연령, 학력 등의 지표도 마찬가지이다(류지성 외 2001; 강윤호 2002; 이광희a 2003). 단체장의 관료경력, 고연령, 고학력 등의 지표들이 단체장의 정책성향과 연결되어 있다는 설득력 있는 논거를 제시하지 못하고 있다. 류지성은 단체장의 경험, 학력, 연령, 소속정당 등과 같은 특성에 따라 지방정부 개혁의 내용에 차이가 날 것이라는 논거를 펴며(류지성 외 2001: 217), 강윤호도 정치인들의 전문성, 공직경험 등에 따라 정책결정과정이나 정책내용이 달라질 것이라는 논거를 편다(강윤호 2002: 234). 또 이광희a(2003: 105)도 마찬가지로 단체장의 특성에 따라 지방정부의 성과가 달라질 것이라는 논거만을 제시한다.

검증 가능한 논리를 형성하기 위해서는 한국의 단체장에 대한 정책성향과 개인적 특성에 대한 독립된 연구가 먼저 필요하다. 이승종·김흥식의 연구(1998)와 소순창(2001)의 연구에서 설문을 이용한 자료는 이상의 조건을 충족시킬 수 있다는 점에서 희망을 안겨주지만, 그들의 연구에서 단체장의 영향력의 차이에 대해서는 다루지 않았다. 따라서 가설3-3은 현재 검증될 수 없다. 다만 단체장의 정당소속, 경력, 연령 등 개인적 특성에 따라 정책성향이 다르게 나타날 것이라는, 매우 거친 작업가설을 설정할 수 있을 뿐이다. 먼저 유의미한 특성을 찾고,

사후에 그 의미를 추론하는 방식만이 가능한 상황이다.

   작업가설3-3. 단체장의 개인적 특성(소속정당, 경력, 연령 등)이 다
            름에 따라, 지방정부의 경제개발정책의 산출수준이
            달라질 것이다.

   이 연구에서는 단체장의 개인적 특성을 나타내는 지표로 단체장의
경력에서는 관료경력과 기업경력을, 연령은 1기와 2기 단체장의 평균
연령을 그리고 소속정당은 한나라당 소속(1995년 민주자유당, 1998년
신한국당)과 새천년민주당 소속(1995년 민주당, 1998년 새정치국민회
의)을 선정하였다.[67] 경력과 소속정당의 구체적인 점수 부여를 보면,
경력관련 지표에 있어 1기와 2기 모두 관료(기업가)출신의 단체장이
당선된 경우 2점을, 1기와 2기 중 한 번만 관료(기업가)출신 단체장인
경우에는 1점을, 두 번 모두 관료(기업가) 이외의 경력을 가진 단체장
이 선출된 경우에는 0점을 부여한다. 1기와 2기 모두 한나라당(민주
당) 소속의 단체장이 당선된 경우는 2점을, 1기와 2기 중 한 번만 한
나라당(민주당) 소속 단체장이 선출된 경우에는 1점을, 그리고 1기와
2기 모두 한나라당(민주당) 이외의 단체장이 당선된 경우에는 0점을
준다.
   단체장의 리더십도 집합적 통계자료를 가지고는 측정하기 어려운
변수이다. 그러나 적어도 재선에 성공한 단체장들은 그렇지 못한 단체

---

67) 1995년 지방선거는 민주자유당과 민주당, 1998년 지방선거는 신한국당과
   새정치국민회의가, 2002년 지방선거는 한나라당과 새천년민주당으로 각
   기 다른 명칭을 가진 정당들이 활동하였지만, 한국 정당의 합당과 분당
   의 과정을 보면, 민주자유당－신한국당－한나라당이 같은 계열에 속하며,
   민주당－새정치국민회의－새천년민주당이 같은 계열에 속한다.

장들에 비해 주민들로부터 리더십을 검증받았다고 가정할 수 있다. 3
선에 성공한 단체장들의 리더십은 더 많이 인정받을 수 있는 것이
다.[68] 구체적으로 재선여부는 재선된 경우에 1점을, 교체된 경우에는
0점을 부여한다. 가설3-4를 검증하기 위해, 재선 여부를 이용하여 다
음과 같은 작업가설을 설정할 수 있다.

작업가설3-4. 재선에 성공한 단체장은 그렇지 않은 단체장보다 지
방정부의 경제개발정책의 산출수준을 높인다.

〈표 3.17〉 지방정부 단체장의 리더십 관련 지표

	0점	1점	2점
단체장 관료경력	47	87	92
단체장 기업경력	168	39	19
한나라당 집권	125	62	39
민주당 집권	120	47	59
단체장 재선(=1)	74	152	-
단체장 평균 연령	56.15		

〈표 3.17〉은 지방정부 단체장의 리더십과 관련된 변수들의 기술적
통계치를 정리하는 것이다. 관료출신 단체장이 한 번 이상 당선된 곳
이 179곳에 이르러, 관료 출신 자치단체장이 많은 편이다. 이에 비해
기업이나 새마을금고 혹은 농협조합장 등과 같이 사업관련 경력을 가
진 단체장이 한 번 이상 선출된 지방정부는 58곳에 불과했다. 단체장
의 정당 소속에 있어서 한나라당 소속 단체장이 1번 이상 선출된 지

---

68) 2002년 지방선거에서 3선 연임에 성공한 단체장은, 광역단체장 3명과 기
초단체장 41명이다. 기초단체장 41명 중, 14명이 시장이며, 14명은 군수
이고, 13명은 구청장이다.(이광희b 2003: 650)

역은 101곳이며, 민주당 소속 단체장이 한 번 이상 선출된 지역은 106 곳으로 한국 지방정치는 두 정당이 주도하고 있음을 알 수 있다. 단체 장의 평균 연령은 56.15세였다.

226개 지역 중에서 단체장이 재선된 지역이 152곳으로 현직 단체장의 재선율이 매우 높았다. 이를 동일 정당이 집권한 지역이 114곳에 불과 하다는 점과 비교하면 단체장들이 정치적 필요에 따라 정당의 소속에 구애받지 않고 정당을 바꾸고 있다는 것을 보여주는데, 이것은 지방정 치가 반드시 중앙정치의 논리에만 좌우되는 것이 아님을 보여 주는 단적인 증거라 할 수 있다.

4. 지방시민사회

(1) 정치적 경쟁

정치적 경쟁에 대한 측정은 선행 연구들에서도 비교적 풍부한 편이다. 소순창(2001)과 지병문·김용철(2003)은 정치적 경쟁을 1위와 2위 간 득표율 차이로 측정하였고, 이광희a(2003)는 후보자의 수를 세는 방식 과 1위와 2위 간 득표차로 보는 방식을 비교하면서, 후자의 방법을 정 당 간 득표율에 적용하여 정치적 경쟁을 측정하였다.

이 연구에서는 정치적 경쟁도를 세 가지 지표를 통해서 측정한다. 단체장 선거의 유효 후보 수, 단체장 선거에 참여한 정당의 수 그리고 단체장 당선자의 평균 득표율이다. 우선 유효 후보 수는 각 후보들의 득표율의 제곱의 합을 구한 후 그 합으로 1을 나눈 값으로 계산한다.[69] 이 값은 실제 출마한 후보의 수가 아니라 주민들로부터 의미 있는 지지를 획득할 수 있는 후보의 수를 나타낸다. 또 다른 지표는 단체장 선거에 참여한 정당의 수를 세는 것이다. 여러 정당이 경합하는 상황은 패권정당이 지배하는 상황과 다르다. 정당 간 경쟁은 지방정부의 정책산출 수준을 높이는 데 기여하고(Key-Lockard 가설), 또한 지방 사회의 민주적 거버넌스의 구축을 위해서도 필요하다. 마지막으로 당선자의 득표율은 1995년과 1998년 당선자의 평균 득표율을 의미하며, 득표율이 낮을수록 2등을 한 경쟁자와의 차이가 작다는 것을 나타낸다. 다른 두 지표와 같은 방향을 나타내기 위해서 득표율은 (100-당선자의 득표율)로 계산하였다.

〈표 3.18〉 정치적 경쟁 지표 구성을 위한 요인분석 결과

측정지표	요인점수
유효후보 수	0.79
참여정당 수	0.67
당선자득표율[a]	0.83

KMO 측도: 0.612. Bartlett의 구형성 검정: 근사 카이제곱 94.99(0.000) 자유도 3.

요인추출방법: 주성분분석. a) 100-당선자 득표율임.

세 지표 간 유의미한 상관관계가 확인되었기 때문에,[70] 요인점수로 통합한 '정치적 경쟁 지표'를 구성하였다(표 3.18). 정치적 경쟁 지표

---

69) 락쏘-타제페라의 지표(Laakso-Taagepera 지표)는 의회 내 유효정당 수를 계산하기 위한 것이다. 따라서 단체장 선거에서 유효후보 수라는 것은 지표의 본래 의미와 맞지 않을 수 있다. 그러나 이 연구의 지표는 지방 수준의 유효정당의 수를 가리킨다고 말할 수 있다.

70) 유효후보 수와 참여정당 수는 r=0.268, 유효후보 수의 득표율은 r=0.349, 그리고 득표율과 유효후보 수는 r=0.496이었다.

는 세 개의 하위 지표와 피어슨 상관계수가 r＝0.67 이상의 높은 상관관계를 보이고 있다. 세 하위 지표는 정치적 경쟁의 수준을 동일하게 보여 주고 있다.

〈표 3.19〉 정치적 경쟁 지표의 하위 지표

	평균 (A)	표준편차 (B)	변이계수 (＝B/A)
유효후보 수	2.51	0.66	0.26
참여정당 수	1.88	0.66	0.35
득표율[a]	47.78	12.61	0.26

a) 100-당선자 득표율임.

〈표 3.19〉에서 세 지표의 기술적 통계치를 정리하였다. 유효 후보 수는 약 2.5명으로 평균적으로는 지방선거에 2명에서 3명의 후보가 경합하고 있다. 그러나 참여정당 수는 이에 훨씬 못 미치는 1.88개에 그쳐 유력한 무소속 후보[71]가 약 0.63명 정도 존재하고 있다는 것, 즉 약 세 지역당

---

71) 무소속 후보의 특징은 이론적으로 두 종류로 나눌 수 있는데, 하나는 "신 정치문화(new political culture)"론과 관련된 것으로 물질주의적 좌우 이념이 아닌 탈물질주의적 가치관을 가진 정치인들이 출현하여, 무당파의 특징을 보이는 경우이다. 이런 정치인들의 특징은 정당과의 연계가 모호하며, 언론을 잘 이용하고, 납세자로서의 시민들에게 호소하며, 특히 재정의 효율적 사용과 삶의 질 등을 강조한다는 것이다.(Clark and Hoffman-Martinot 1988; 소순창 2001: 161-173) 다른 종류는 정당의 공천과정에 불복하여 출마한 경우로, 이들은 어떤 가치관이 있다기보다는 정치적 합리성에 좌우되어 판단할 가능성이 크다. 특히 하나의 정당이 지배적인 지역에서는 정당공천이 곧 당선이라는 인식이 팽배하기 때문에 정당의 공천에 불복할 가능성도 그만큼 높아진다. 소순창의 연구에 따르면(2001: 161-173), 한국의 단체장들은 신정치문화형보다는 정당을 강조하고, 언론을 경시하며, 확장지향적 재정관을 가지고 있다는 점에서 선거에 참여하는 정당의 수가 작고

두 지역 정도는 유력한 무소속 후보가 활동하고 있다는 점을 알 수 있다. 당선자 이외의 후보들이 얻은 득표율은 평균 47.78%로, 당선자들은 평균적으로 과반수를 약간 넘는 지지를 얻는 것으로 나타났다.

〈표 3.20〉 정치적 경쟁 지표 지역별 분포

순위	수도권	영남권	호남권	충청권	강원·제주
1-30	14	2	0	8	6
31-60	15	6	2	4	3
61-90	9	10	3	6	2
91-120	13	6	3	4	4
121-150	9	6	8	4	3
151-180	0	15	10	3	2
180-226	6	22	14	2	2
N	66	67	40	31	22

정치적 경쟁 지표의 지역별 분포를 보면(표 3.20), 수도권, 충청권, 기타 지역의 정치적 경쟁 수준이 영남권이나 호남권보다 높다는 점을 확인할 수 있다. 한국 선거정치의 지역주의를 대표하는 영남권과 호남권은 하위 76지역(151위-226위) 중 무려 61곳을 차지하여 약 80%를 점유하고 있다.[72] 반대로 정치적 경쟁이 치열한 상위 60곳에는 단 10곳만이 포함되어 있다.[73]

대신 무소속에 의한 경쟁이 치열하다는 것은 바람직하다고 말할 수 없다.

[72] 영호남 지역이 아닌 광역권에서 정치적 경쟁 수준이 낮은 지방은 다음과 같다. 강북구, 인천 동구, 옹진군, 광주군, 인천 중구, 서울 중구 등 수도권 여섯 지역, 연기군, 부여군, 대덕구, 청양군, 영동군 등 충청권 5지역, 인제군, 삼척시, 양구군 등 강원 세 지역과 제주시이다.

[73] 울릉군, 양산시, 기장군, 합천군, 영천시, 영주시, 안동시, 대구 중구 등 영남권 8지역과 익산시, 군산시 등 호남권 2지역이다. 그러나 정치적 경

이런 점에서 가설4-1의 검증을 위해 다음 작업가설을 설정할 수 있다.

작업가설4-1. '정치적 경쟁 지표'가 높을수록, 지방정부의 경제개발
정책의 산출수준은 높아진다.

(2) 성장연합과 반성장연합

가설4-2는 성장연합과 반성장연합이 형성될 수 있는 시민사회의 조
건에 관한 것이다. 그렇다면 이 두 연합이 각각 형성되는 데 유리한
시민사회의 조건을 어떻게 측정할 것인가?

우선 한국의 지역사회에서 성장연합의 형성과 관련하여 자영업 집
단[74]과 자택 소유자에 주목할 필요가 있다. 자영업 집단은 권위주의
정권하에서 통반장제도를 통하여 정부와 집권여당에 적극 편입되었던
집단이며, 대표적 관변단체인 새마을운동중앙회, 바르게살기운동중앙
협의회, 자유총연맹의 주요 구성원이었다(정상호 2001: 154-165). 그
러나 민주화 이후에는 단순히 일방적인 동원 기능에서 벗어나 지방의
회에 적극적으로 침투하고 있다. 〈표 3.21〉를 보면, 수도권(안산), 영
남지역(구미, 창원) 그리고 강원지역(원주)을 가리지 않고 건축 및 부
동산 임대업자와 자영업 집단(상업, 광공업, 운수업, 출판업 등)이 지

쟁이 높은 지역에 어떤 특이한 공통점이 발견되지는 않는다.

74) 인구 총 조사의 10% 표본 조사에서는 종사상의 지위별 취업자를 네 범
주로 구분된다. 임금/봉급근로자, 고용원이 없는 자영자, 고용원을 둔 사
업주, 무급가족 종사자이다.(통계청 홈페이지. http://kosis.nso.go.kr) 통
상 자영자와 고용주를 통칭해 자영업주로 분류하지만, 정상호(2001)는
보다 보편적으로 사용되고 있는 자영업자로, 그것의 조직이나 계층적 의
미를 표현할 때는 자영업 집단 혹은 자영업 부문으로 서술한다.

방의회의 가장 큰 세력임을 알 수 있다. 이 두 집단이 지방의원의 거의 절반을 구성하고 있다. 또한 정부 지원액이 감소하면서 재력을 갖춘 자영업자에 대한 관변단체의 재정의존도는 더욱 증대되고 있는 실정이다(정상호 2001:171).

〈표 3.21〉 한국 중소도시의 기초지방의원의 직업별 구성

	안산	구미	창원	원주
건축 및 부동산 임대	20	8	13	4
기업임원	6	12	9	6
자영업	18	22	26	33
금융업	6	2	1	0
전문직	7	5	0	1
농축산업	5	18	16	19
공무원, 회사원	4	3	8	3
노동운동, 시민운동	2	3	1	0
기타, 무직	5	5	4	2
계[a]	73	81	78	68

출처: 이광희a(2003a: 166, 188, 207)에서 인용.
a) 1991년, 1995년, 1998년 선거결과의 합계임.

이들은 대부분 부동산을 소유하고 있고, 이들 중 상층부에 속한 사람들은 지역사회에서 유지로 불리며, 혈연·지연·학연 등 각종 연고관계에 기초하여 지방 공직자들과 유착관계를 형성하고 있다(이승종 2002: 511-519). 따라서 자영업자는 지역의 성장위주의 개발사업에 가장 많은 관심을 가지고 있으며, 자신이 가지고 있는 자본·연고·관변단체·공직(지방의원) 등의 자원을 이용하여 성장연합을 적극적으로 구성할 의지를 가지고 있다.

자영업자 다음으로 주목할 범주는 자택소유자이다. 이들은 임대소득을 추구하지는 않지만 도시성장의 결과로 부동산 가격이 상승할 경우 재산상의 이득을 얻을 수 있는 사람들이다. 따라서 임대업자들과 마찬가지로 교환가치에 지대한 관심을 갖는다. 동시에 이들은 쾌적한 거주를 위한 부동산의 사용가치의 증대에도 관심을 가지고 있다. 그 결과 혐오시설의 입지나 난개발을 이유로 개발에 반대하기도 한다. 교환가치와 사용가치 모두에 관심을 갖는다는 점에서, 자택소유자들은 임대료의 상승을 경계하는 세입자들과 다른 이해관계를 가지고 있다(박종민, 최승범, 신수경 2001). 그러나 사용가치와 관련된 이해관계는 산발적인 반면, 재산가치 증식에 대한 관심은 개인의 이해관계로 구조화되어 있다고 할 수 있다. 따라서 자택소유자들의 정책선호는 때로 모순적으로 나타날 수 있다. 가령 급격히 성장한 도시들에서 발견할 수 있는 것처럼 추가적인 택지개발에는 반대해도 도로의 확충이나 공공용지의 개발 등 다른 측면의 도시화에는 적극 찬성한다.[75] 사용가치와 교환가치를 동시에 고려한다는 점에서, 자영업자 집단에 비해 자택소유자 집단의 성장에 대한 욕구는 낮다고 할 수 있다.

그렇다면 자영업 집단과 자택소유자의 강도는 어떻게 측정할 것인가? 먼저 자택소유자의 측정은 통계청에서 발간한 『시·군·구 100대 지표』(2002)에서 〈점유유형별 가구수〉 항목(원자료: 『인구추택총조사보고서』)에서 2000년도 자택소유자와 세입자의 자료를 얻을 수 있다. 전체 가구 중에서 자택소유자의 비중으로 측정한다. 자영업 집단의 비중

---

75) 용인시의 경우, 택지개발로 인해 급격히 성장하였지만, 그에 따른 행정관서, 공공시설, 보건시설 도로, 상하수도 등 생활여건 시설이 공급되지 못함으로써 주민들의 불만이 높다. 불만의 표시로 지역주민들이 용인시를 상대로 집단 손해배상 청구소송을 내는 사건도 발생했다. 조선일보 2000년 5월 19일자.

을 측정하는 것은 쉽지 않다. 더구나 1996년부터 2000년 사이에 지역의 자영업 집단의 비중을 측정할 수 있는 적합한 지표가 없다. 따라서 부득이하게 2001년도 자료를 이용하였다. 『시·군·구 100대 지표』(2002)의 〈산업대분류사업체수[76]〉 항목(원자료: 『사업체기초통계조사보고서』)에서 제조업, 건설업, 부동산 및 임대업 사업체 등 3개 산업군에 속하는 사업체의 비중을 지표로 선정하였다.

마지막으로 반성장연합의 형성과 관련하여 가장 주목할 집단은 공익적 시민단체이다.[77] 공익적 시민단체는 지방자치에 많은 관심을 가지고 있으며, 공명선거 운동, 의정감시활동, 참여제도의 확보를 위한 조례제정운동과 주민투표법 제정을 위한 입법청원운동, 시민옴부즈맨 제도 도입 운동 등 지방자치의 발전을 위해 적극적으로 활동하고 있다(이진원 2000). 또한 시민단체가 발달한 곳에서 지방정부의 개발정책에 대해 비판하고, 개발 이외의 다양한 정책이슈를 제기하는 경우가 발견된다. 이와 관련해서는 부산 명지대교 건설(백두주, 2003), 영월 동강댐,[78] 고양시의 러브호텔(Bae 2003) 그리고 전북 부안의 핵 폐기

---

76) 이 조사에서 "사업체"란 "영리·비영리를 불문하고 개개의 상점, 사무소, 영업소, 은행, 학교, 병원, 여관, 식당, 각종 교습소, 교회, 사찰, 공공기관, 사회복지시설 등과 같이 일정한 장소에서 재화의 판매, 서비스 제공 등의 경제활동을 영위하고 있는 모든 사업장단위를 말한다." 따라서 일정한 장소에서 재화의 생산, 판매, 서비스 제공 등 유·무형의 산업활동을 영위하고 있는 모든 사업장(예: 공장, 상점, 작업장, 광업소, 농장, 출장소, 영업소, 본사·본점, 연락사업소도 별개의 조사단위)을 조사단위로 하고 있다. 이들 사업체의 소유자는 "자영업주"로 불린다.

77) 공익적 시민사회 단체들의 정책과정에 미치는 영향력에 관해서는 이미 많은 연구가 축적되어 왔다. 특히 환경정책 등과 같은 일부 정책 분야에서는 상당한 정도의 세밀하고 체계적인 실증 연구가 축적되어 있는 상태이다(김선혁 2003: 45).

78) 1997년 10월 20일 건설교통부가 영월 동강댐 건설을 발표하자, 1997년 말부터 환경운동연합 등 환경, 시민단체의 반발 확산되고 1999년에는

장[79] 등의 사례가 대표적이다. 토지의 교환가치만을 강조하는 정치에 대항해서 사용가치를 옹호할 수 있는 반성장연합의 핵심에는 공익적 시민단체가 있다고 말할 수 있다.

구체적인 지표로 『민간단체지원법』[80]에 의거해 광역지방정부에 등록한 민간단체의 수(2001년 현재)를 사용할 수 있다. 이 자료는 행정자치부 홈페이지에서 얻을 수 있으며, 매분기 자료가 추가되고 있다. 그러나 민간단체의 수의 타당성에 대해 문제를 제기할 수 있다. 왜냐하면, 지역사회에 시민조직이 얼마나 많이 결성되어 있는가를 비교할 수 있는 지표일 뿐, 반성장연합의 구성원이 될 수 있는 시민단체의 수

영월 주민들의 대규모 시위가 이어지자, 강원도지사와 지역 정치인들도 댐건설 반대를 표명하기에 이른다. 결국 동강댐 건설은 백지화되었다. 한국일보 1999년 8월 7일자. 조선일보 2000년 6월 3일자.

79) 부안사태는 원전수거물 관리시설 부지에 대한 유치신청에서, 2003년 7월 15일 부안군청이 주민들의 의사는 묻지 않고 독단적으로 신청한 것으로 부터 시작된다. 그러나 환경단체와 위도를 제외한 부안주민들의 강력한 반대가 표출되었고, 결국 2003년 12월 10일 정부는 핵 폐기장 부지선정 문제를 원점에서 재검토한다는 발표를 하였다. 한편으로 핵 폐기장과 같은 위험시설의 입지 선정에 있어 절차상의 정당성과 사회적 합의의 중요성을 일깨워 준 사례이지만, 다른 한편으로 지방정부와 중앙정부의 독단적인 결정으로 주민들에게 얻은 것 없이 상처만 남겨준 사건이다. 서울신문 2003년 12월 11일자. 세계일보 2003년 12월 11일자.

80) 비영리민간단체지원법(법률 제6118호)은 2000년 1월 12일 공포되었다. 이 법은 비영리민간단체의 자발적 활동을 보장하고 건전한 민간단체로의 성장을 지원함으로써 비영리민간단체의 공익활동증진과 민주사회발전에 기여함을 목적으로 한다. 이 법에서 규정하는 민간단체의 요건은 다음과 같다. 사업의 직접 수혜자가 불특정 다수일 것. 구성원 상호간에 이익분배를 하지 아니할 것. 정치적 목적이나 종교적 목적이 없을 것. 상시 구성원 수가 100인 이상일 것. 최근 1년 이상 공익활동실적이 있을 것. 법인이 아닌 단체일 경우에 대표자 또는 관리인이 있을 것이다. 이 법에 따라 공익사업에 소요되는 경비를 지원할 수 있고, 조세감면과 우편요금의 감면 등 혜택을 받는다.

를 의미하는 것은 아니기 때문이다. 등록한 단체의 면면을 보아도 보수적 조직부터 진보적 시민단체에 이르기까지 매우 다양한 스펙트럼을 보여 준다.[81] 환경운동단체에서부터 소비자단체, 새마을 운동 관련 단체 등 하나의 기준으로 포괄할 수 없다. 이런 다양성 자체는 지역사회의 다원성을 보여 주는 중요한 지표가 될 수 있지만, 반성장연합의 결성 가능성을 보고자 하는 목적과는 배치될 수 있는 것이다.

〈표 3.22〉 성장연합과 반성장연합

변 수	측정 지표	평 균	표준편차
성장연합	자영업 집단 비율(%)	15.64	5.69
	자택 소유자 비율(%)	62.41	14.77
반성장연합	NGO 지부 수	2.00	1.75

출처: 자영업 집단과 자택 소유 자료는 통계청, 『시군구 100대지표』(2002).; 민간단체 등록현황은 행정자치부 홈페이지(http://www.mogaha.go.kr, 시민협력과 사이트); 주요 NGO의 지부는 각 시민단체의 홈페이지. YMCA 홈페이지(http://www.ymca.or.kr), YWCA(http://www.ywca.or.kr), 경실련 홈페이지(http://www.ccej.or.kr), 환경운동연합 홈페이지(http://www.kfem.or.kr) (검색: 2003/06)

반성장연합의 출현 조건을 의미하는 보다 타당한 측정은 전국적인 시민단체의 지부의 존재 여부나 지역별 NGO의 수를 조사하는 것이다. 이 연구에서는 이광희a(2003)의 방식대로,[82] 전국적인 조직을 갖

---

81) 고양시를 예로 들면, 향토문화보존회, 바른선거시민모임, 종합지원봉사센터, 새마을운동 지회, 새마을지도자 협의회, 새마을부녀회, 장애인정보화협회지회, 새마음운동본부, 바르게살기협의회, 자연보호협의회, YWCA, 해병전우회, 환경보호국민운동본부, 환경보호감시국민운동본부, 사회교육협의회, 교통봉사대, 승용차함께타기운동본부, YMCA, 여성정치세력민주연대지부, 녹색소비자연대, 청룡환경북부연합, 연승환경포럼, 노인회지회, 열두광주리 등 다양한 스펙트럼을 가지고 있다.

춘 시민단체 중 YWCA, YMCA, 경제정의실천연합 그리고 환경운동연합을 선정하여, 이들의 지부의 수를 조사하였다. 이 4개 단체는 지역조직을 가장 많이 두고 있으며, 지역사회의 현안을 둘러싸고 지방정치를 주도하고 있는 단체들로 평가되고 있다. 점수는 4개 지방정부의 지부가 모두 있는 경우에는 4점 그리고 하나도 없는 경우에는 0점을 부여하였다. 다만 대도시의 NGO는 자치구별로 조직되기보다는 대도시별로 활성화된 경우가 많은 관계로, 대도시에 소속된 지방정부는 모두 4점을 부여하였다.

〈표 3.22〉에는 성장연합과 반성장연합의 측정 지표가 정리되어 있다. 그러나 성장연합과 반성장연합의 출현 가능성을 의미하는 지표이지 그 존재를 확인하는 지표는 아니기 때문에 '성장연합 지표'나 '반성장연합 지표'와 같은 통합지표를 구성하지 못하였다. 각 지표의 분포를 보면, 제조업, 건설업, 부동산 및 임대업 사업체의 수의 비중은 지역의 전체 사업체의 15.64%에 이르고, 자택소유자의 비율은 62.41%로 주민의 약 2/3가 자택을 소유한 주민이었다. NGO 지부 수는 평균 2개이다.

이상 3가지 하위 지표는 지방정부의 경제개발정책에 영향을 미칠 수 있는 지역 시민사회의 정치적 조건을 의미한다. 성장연합의 하위 지표는 교환가치와 개발과 관련될 것으로 예상되며, 반성장연합의 하위 지표는 사용가치와 환경보존과 관련될 것으로 예상된다. 따라서 가설4-2를 검증하기 위해, 다음과 같은 세 가지 작업가설을 설정할 수 있다.

---

82) 이광희a의 조사는 시민사회의 활성화 정도를 측정하기 위한 것이었기 때문에, 설립연도와 회원 수 등 더 많은 정보를 이용하여 지표를 구성하였다(이광희a 2003: 101-103).

작업가설4-2-1. 자영업 집단의 비율이 높을수록, 지방정부의 경제 개발정책의 산출수준은 높아진다.

작업가설4-2-2. 자택소유자의 비율이 높을수록, 지방정부의 경제개 발정책의 산출수준은 높아진다.

작업가설4-2-3. NGO의 지부 수가 많을수록, 지방정부의 경제개발 정책의 산출수준에 부정적인 영향을 미친다.

제4절 소 결

이 장에서는 종속변수인 경제개발정책의 산출수준과 이에 영향을 미칠 수 있는 여러 독립변수를 구체적으로 측정하는 문제를 다루었다. 우선 종속변수의 측정기준과 정책수단별 측정지표를 선정하였고, 독립 변수의 네 가지 요인별 측정지표를 선정하였으며, 제2장에서 설정한 가설을 통계적으로 검증하기 위한 작업가설을 설정하였다.

경험적 측정을 위해 준수해야 할 세 가지 기준은 타당성, 포괄성 그 리고 신뢰성이다. 타당성을 위해 측정방식을 총량으로 할 것인가, 비 율로 할 것인가 아니면 1인당 산출수준으로 할 것인가의 선택을 보다 신중하게 고민하였고, 포괄성을 높이기 위해 다면적인 접근을 시도하 였으며, 신뢰성을 높이기 위해 시간의 변화를 통제할 수 있는 방법을 강구하기 위해 노력하였다.

종속변수인 경제개발정책의 산출수준을 구체적으로 측정하기 위해, 세 가지 정책수단을 선택하였다. 재정, 토지 그리고 입법조례이다. 이 세 가지는 지방정부가 경제개발정책을 수행할 때 이용할 수 있는 정책수단으로 이들을 어떻게 사용하는가에 따라 다양한 정책조합이 나타날 수 있다. 종속변수인 지방정부의 경제개발정책의 산출수준을 측정하기 위해 세 가지 정책수단으로부터 선정한 측정지표는 〈표 3.23〉에 정리되어 있다.

이 연구에서 사용할 종속변수의 측정지표는 평균 경제개발정책 지출, 토지의 도시적 용도 변화량 그리고 경제개발정책 관련 조례 제정 등 3개이다. 각 정책수단별로 3개에서 5개의 하위지표를 이용하였다.

〈표 3.23〉 종속변수 정리

정책수단	측정지표	측정방법
재정	평균 경제개발정책 지출	1996년, 1998년, 2000년의 경제개발정책 지출을 평균한 값(단위: 백만 원)
	지역사회개발비 지역경제개발비 국토자원보존개발비	1996년, 1998년, 2000년의 3개년 평균
토지	도시적 용도 증가량	1996년과 2000년 사이에 변화된 도시적 용도(=대지+공장+도로)의 크기(㎢)
	대지용도 공장용도 도로용도	1996년과 2000년 사이에 증가된 각 용도별 크기(㎢)
조례	조례 제정	다섯 범주 중 조례를 제정한 범주의 수(0점에서 5점까지 부여)
	관내 기업지원 토지 공급 신규 창업지원 외부 투자유치 노사 관계지원	2003년까지 제정된 하나 이상의 관련 조례(=1)

〈표 3.24〉 독립변수 정리

요인	독립변수	측정지표	측정방식
정책 수요	정책수요	경제발달 지표	도시화 지표(1996년 인구밀도와 토지의 도시적 이용 등 2개 지표의 표준점수의 합)와 경제적 지위 지표(1996년 광공업생산액 및 인구규모와 2000년 현재 거래소와 코스닥 기업 본사 수 등 4개 지표의 요인분석)의 합
정부 간 관계	정부 간 재정적 관계	국고보조금	1996년과 2000년의 국고보조금 평균 비율
		지방양여금	1996년과 2000년의 지방양여금 평균 비율
		시도보조금	1996년과 2000년의 시도보조금 평균 비율
	정부 간 정치적 관계	여당 지표	1기와 2기 모두 여당이면 2점, 한번만 여당이면 1점, 한번도 없으면 0점.
		무소속 지표	1기와 2기 모두 무소속이면 2점, 한번만 무소속이면 1점, 한번도 없으면 0점.
지방 정부	재정력	재정력 지표	2000년의 가구당 승용차수 및 대학교육 연수와 1996년과 2000년의 평균 재정자립도 및 재정자주도 등 4개 지표의 요인분석 값.
	인력규모	인력규모 지표	1996년의 공무원 1인당 민원서류, 주민 수, 면적 등 3개 지표의 표준점수의 합
	정책성향	단체장의 인적 특성	경력(관료, 기업출신), 소속정당(한나라당, 민주당), 평균 연령
	리더십	재선 여부	재선했으면 1점, 교체되었으면 0점
지방 시민 사회	정치적 경쟁	정치적 경쟁 지표	1기와 2기의 평균 유효 후보수, 참여정당 수, 그리고 타 후보 득표율 등 3개 하위지표의 요인분석 값
	성장연합	자영업 비율	2001년의 지역 사업체 중 제조업, 건설업, 부동산 및 임대업 사업체의 비율의 합
		자택 소유자 비율	2000년의 자택 소유자 비율
	반성장 연합	주요 NGO 지부 수	YMCA, YWCA, 경실련, 환경운동연합 등 4개 NGO의 지역 지부의 수

독립변수의 측정은 〈표 3.24〉에 정리되어 있다. 4개 요인에 대해 선정한 측정지표를 보면, 정책수요 변수는 지역의 경제발달 수준으로 측정하였다. 이 과정은 두 단계를 거쳤다. 우선, 인구밀도와 토지의 도시적 이용비율을 이용하여 도시화 지표를 구하고, 광공업생산액, 인구규모, 지역에 위치한 코스닥 및 거래소 상장 기업 본사의 수를 이용한 경제적 지위 지표를 구하였다. 다음 단계로 두 지표를 합하여 경제발달 지표를 구성하였다.

정부 간 관계는 재정적 관계와 정치적 관계로 나뉘는데, 정부 간 재정적 관계는 국고보조금, 지방양여금, 시도보조금의 비율로 측정하였고, 정부 간 정치적 관계는 정부 간 여야관계를 중심으로, 여당 후보의 당선 횟수와 무소속 후보의 당선 횟수로 조작화하였다.

지방정부 요인 중에서, 재정력 지표는 지역의 부(富)의 수준의 대리지표인 가구당 승용차 수와 대학교육 연수 및 지방정부의 자주적 재정동원의 의미를 가지고 있는 재정자립도와 자주적 재정사용의 의미를 가진 재정자주도 등 4개 하위지표를 요인분석하여 구하였다. 또 지방정부의 인력규모 지표는 공무원의 업무부담을 의미하는 세 가지 지표인 공무원 1인당 민원서류, 공무원 1인당 주민 수, 공무원 1인당 면적 등 3개 지표를 표준화한 값의 합으로 구하였다. 단체장의 정책성향은 단체장의 과거 경력(관료출신, 기업출신), 소속정당(한나라당, 민주당) 그리고 평균 연령으로 측정하였고, 단체장의 리더십은 재선여부로 구하였다.

지방시민사회 중에서 정치적 경쟁지표는 의미 있는 지지를 받은 유효후보의 수, 선거에 참여한 정당의 수 그리고 당선자 이외의 후보들이 획득한 득표율 등 3개 지표를 요인분석하여 구하였다. 성장연합의 형성 가능성에 대한 지표로는 지역 사업체 중 제조업자, 건설업자 그리고 부동산 및 임대업자의 비율과 자택 소유자의 비율로 측정하였다. 마지막으로 반성장연합의 형성 가능성을 측정하기 위해 YMCA, YWCA, 경실련, 환경운동연합 등 4개 주요 NGO의 지부가 지역에 있는가의 여부를 조사하였다.

다음으로 제2장에서 설정한 연구가설을 통계적 방법으로 검증하기 위해, 제3장의 측정지표들을 이용하여 작업가설을 제시하였다. 한 가지 지적할 점은 지방정부 단체장의 정책성향과 관련된 가설을 검증할 수 있는 작업가설은 설정하지 못하였다. 그 이유는 단체장의 정책성향을 확인할 수 있는 타당하고 신뢰할 만한 지표를 현재 구할 수 없기 때문이다. 이 연구의 작업가설은 아래에 정리되어 있다.

작업가설1. '경제발전 지표'가 낮은 지역일수록, 지방정부의 경제개발정책의 산출수준은 높아질 것이다.

작업가설2-1-1. 국고보조금의 비중이 높은 지역일수록, 지방정부의 경제개발정책의 산출수준은 높아진다.

작업가설2-1-2. 지방양여금의 비중이 높은 지역일수록, 지방정부의 경제개발정책의 산출수준은 높아진다.

작업가설2-1-3. 시도보조금의 비중이 높은 지역일수록, 지방정부의 경제개발정책의 산출수준은 높아진다.

작업가설2-2-1. '여당 지표'가 높은 지역일수록, 지방정부의 경제개발정책의 산출수준은 높아진다.

작업가설2-2-2. '무소속 지표'가 높은 지역일수록, 지방정부의 경제개발정책의 산출수준은 높아지지지만, '여당 지표'가 높은 지역보다는 영향력의 크기가 작다.

작업가설3-1. '재정력 지표'가 높은 지역일수록, 지방정부의 경제개발정책의 산출수준은 높아진다.

작업가설3-2. '인력규모 지표'가 큰 지역일수록, 즉 지방공무원의 업무부담이 적은 지역일수록, 지방정부의 경제개발정책의 산출수준은 높아진다.

작업가설3-3. 단체장의 개인적 특성(소속정당, 경력, 연령 등)이 다름에 따라, 지방정부의 경제개발정책의 산출수준이 달라진다.

작업가설3-4. 재선에 성공한 단체장은 그렇지 않은 단체장보다 지방정부의 경제개발정책의 산출수준을 높인다.

작업가설4-1. '정치적 경쟁 지표'가 높을수록, 지방정부의 경제개발정책의 산출수준은 높아진다.

작업가설4-2-1. 자영업 집단의 비율이 높을수록, 지방정부의 경제개발정책의 산출수준은 높아진다.

작업가설4-2-2. 자택소유자의 비율이 높을수록, 지방정부의 경제개발정책의 산출수준은 높아진다.

작업가설4-2-3. NGO의 지부 수가 많을수록, 지방정부의 경제개발정책의 산출수준에 부정적인 영향을 미친다.

제4장

지방정부의 경제개발정책: 현황과 분포

제1절 한국 지방정부의 경제개발정책: 전체 현황

1. 정책목표

한국 지방정부는 지역 경제발전을 추진하면서 어떤 목표를 강조하는가? 〈표 4.1〉에 정리된 81개 기초지방정부의 지역경제정책 담당자들을 대상으로 한 조사결과에 따르면(강인원, 홍기용 2000: 56), 한국 지방정부는 주민의 소득증대, 생산기반시설의 확충, 기존 지역산업의 활성화, 지역 주민의 고용증대, 지역자원의 활용 등의 정책에 우선순위를 두고 있다. 이들 정책은 경제개발 초기 단계에 적합한 공급지향적 목표라 할 수 있으나 지방정부의 자체적인 노력으로 달성하기 어려운 정책과제라는 점에서 정책성공을 위해서는 중앙정부의 협조를 어떻게 얻느냐가 필수적이다(강인원, 홍기용 2000: 56).

반면에 우선순위가 낮은 목표는 창업진흥, 지역기업인 육성, 기업 및 산업유치, 기능인력 양성, 첨단산업 육성 등이다. 이 항목들은 기업의 유치에 적합한 제도정비와 환경조성을 강조하는 수요지향적 목표들로, 경제적 세계화와 첨단산업화의 추세에서 향후 이들 목표의 중요성이 커질 것이다.

요약하면 전통적인 공급측 경제정책을 강조하고 있는 상황이며, 기업의 수요에 반응하는 경제정책에 대한 관심은 낮은 편이라고 평가할 수 있다(홍기용 외 1999:6). 이것은 한국 지방정부의 경제개발정책이 갖는 특성이면서 동시에 지방정부의 낮은 정책역량이 반영된 결과라고 할 수 있다.

〈표 4.1〉 지역 경제개발정책의 목표

항목	정책적용빈도					
	++	+	0	−	− −	평균1
소득증대	37	25	15	1	0	4.26
생산기반시설 확충	37	28	9	4	0	4.26
기존 지역산업의 활성화	27	31	17	4	0	4.03
고용증대	25	36	12	6	0	4.01
지역자원의 활용	16	28	24	9	0	3.66
창업진흥	5	30	33	9	2	3.34
지역기업인 육성	9	23	30	14	1	3.32
기업 및 산업유치	9	29	18	18	4	3.27
기능인력양성	6	22	34	11	2	3.25
첨단산업 육성	11	21	23	22	2	3.22

출처: 강인원 외(2000: 57).

참고: (+)수가 늘어날수록 더 선호하고 있다는 의미이며, (−)의 수가 늘어날수록 덜 선호하고 있다는 의미이다.

주1: (++)에 5점, (+)에 4점, (0)에 3점, (−)에 2점, (− −)에 1점을 부여한 후, 계산한 평균값.

2. 정책추진 역량

지방정부의 정책추진 역량은 구조적 측면에서 분석할 수도 있고, 기능적 측면에서 분석할 수도 있다.[83] 여기에서는 경제개발정책의 원활

---

[83] 지방정부의 정책역량을 분석할 때, 최봉기(1996: 20-22)는 지방정부의 자치역량을 구조적 측면과 기능적 측면으로 나눈다. 구조적 측면은 지방정부의 자치권 범위, 지방정부의 조직, 인력구조 그리고 재정구조로 구성되며, 기능적 측면은 여론수렴 및 사회문제파악능력, 정책개발 및 기획능력, 행정관리능력, 서비스제공능력, 정보관리 및 활용능력, 사회변화

한 수행에 필요한 정책역량을 분석한 선행 연구결과를 토대로(정세욱 1994: 136-139; 강인원, 홍기용 2000: 50-56), 지역경제개발을 위한 정책추진 역량의 구조적 측면에 대해 논의한다.

첫째, 지역경제개발을 위한 정책자율성이 낮은 상태라는 점이 지적되는데, 지역경제 활성화를 위한 정책을 자체적으로 기획하지 못하고 주로 중앙정부가 수립한 정책에 의존하는 행태를 보이고 있다. 지방자치는 실시되었으나 아직도 지방정부 스스로 정책을 개발하고 추진할 수 있는 역량이 부족한 것이 현실이며, 이로 인해 지역사회에 적합한 경제정책을 기대하기 어려운 실정이다.

둘째, 지역경제개발을 뒷받침할 수 있는 지방정부의 재정자립 수준이 낮은 것도 문제로 지적된다. 한국의 지방경제는 지역금융이 발달하지 못한 상태로 지역경제 활성화를 위한 각종 시책은 주로 지방정부의 재정에 의존하고 있다. 그러나 지역 간 재정력 격차가 커서 낙후된 지역일수록 중앙정부에 대한 재정의존도가 더 높은 상태에 있어 독자적인 정책을 수립·추진하는 데 한계가 있다.

셋째, 지역경제개발정책을 담당하고 있는 공무원들의 전문성이 낮은 것도 문제이다. 지역경제과 소속직원들을 대상으로 한 조사결과를 보면(강인원, 홍기용 2000), 전문적인 기술을 보유한 직원의 비율이 35.4%에 불과하고, 대학졸업 이상의 학력을 가진 직원의 비율도 39.5%에 불과하다. 경제정책과 같이 전문지식이 필요한 정책 분야를 담당하는

능력으로 구성된다. 그러나 엄밀히 말하면, 구조적 측면과 기능적 측면은 밀접히 연관되어 있다. 구조적으로 낮은 역량을 가진 정부는 기능적인 역량 수준도 낮을 것이기 때문이다. 이외에 최영출(2003: 32-35)은 정책역량의 구성 요소를 지방정부가 가용한 인력의 규모를 의미하는 볼륨(volume), 공무원들의 업무관련, 법적, 전문적 지식(knowledge), 협상, 중재, 자원관리, 정치적 문제인식, 성과관리 등의 기술(skills), 행정문화나 관행을 의미하는 행태(behavior) 등 4가지로 구분한다.

공무원들의 역량이 부족한 상태에서는 지방정부의 정책개발 능력은 낮을 수밖에 없으며 그 결과 중앙정부가 수립한 정책을 단순히 집행하는 수준에 머물기 쉽다.

마지막으로 민간부문과의 연계수준이 낮은 것도 문제이다. 현재 지역경제개발정책의 수립 및 집행과정에서 지방정부는 지방의회(지역주민), 지역정치인이나 중앙정부 그리고 광역정부 등 제도적 경로에 대해서는 밀접한 관계를 형성하고 있다. 이에 비해 지역의 민간부문이나 인근 지방정부와의 협력 및 연계수준은 낮은 상태이다. 그 결과 지방정부의 정책이 정책수요자의 관점이 아니라 정책공급자(정부영역)나 정치인들의 관점에서 결정된다는 인식이 팽배한 것이 사실이다.

이처럼 낮은 정책자율성, 낮은 재정력, 낮은 전문성 그리고 민간부문과의 낮은 연계가 의미하는 바는 무엇인가? 한국의 기초지방정부는 독자적인 경제발전 정책을 추진할 역량과 의지가 부족하다는 것이다. 이로 인해 지방분권이 되면, 지역사회의 민의와 구체적인 정책수요를 파악할 수 있어 지역별로 다양한 정책실험이 가능하기 때문에 정책의 민주성뿐만 아니라 효율성도 증가된다는 지방분권의 장점이 한국 사회에서 아직 발견되지 않는 것을 이해할 수 있다. 다른 어떤 정책영역보다 전문성과 협력이 요구되는 경제개발정책을 독자적으로 추진할 수 있는 인력과 재정이 절대적으로 부족하고, 상위정부로부터 받는 통제와 간섭의 수준이 높을 뿐만 아니라, 낮은 정책역량을 보충해 줄 수 있는 민간부문과의 협력이 이루어지지 못하는 현실에서, 지방정부의 경제개발정책이 긍정적인 성과를 보여 주기란 어려울 것으로 사료된다.

3. 정책수단별 지방정부의 경제개발정책: 현황

(1) 재정을 이용한 경제개발정책

지방정부의 재정지출의 패턴은 지방정부의 정책 노력을 파악할 수 있는 중요한 자료이다. 제2장에서 지역의 경제발전과 관련된 주요 지출 항목으로 「주택 및 지역사회개발비」, 「지역경제개발비」 그리고 「국토자원보존개발비」를 선정하였다.

「주택 및 지역사회개발비」는 주택사업, 도시개발 및 지역사회개발과 관련된 사업에 사용됨으로써 도시의 경쟁력을 확보하고자 하는 세출과목이다. 주택사업의 경우 대부분 민간부문에서 담당하고 있고, 기타 구획정리, 재개발, 공공임대주택 등의 개발사업은 특별회계로 처리되고 있다. 따라서 실제 이 항목의 용도는 도시계획, 공업단지조성, 오지종합개발, 재해취약지개선 등에 집중되어 있다(김태영, 김선기 2000: 16).

다음으로 「지역경제개발비」는 공업단지 조성을 비롯한 중소기업지원, 광산진흥, 종합유통단지, 새마을소득 사업 등 주로 지역의 제조업 및 광업과 관련된 분야에 사용된다. 지역산업을 촉진시켜 고용을 확대하고 소득을 증대시켜 지역의 경쟁력을 확보하고자 하는 것이 목적이다(김태영, 김선기 2000: 16).

「국토자원보존개발비」는 산림자원개발, 치수 및 재해대책, 건설관리를 포괄하는 것으로 「주택 및 지역사회개발비」와 함께 광의의 사회간접자본에 대한 투자라고 할 수 있다(안종석 2001: 101).

〈표 4.2〉 지방정부의 일반회계 세출의 구성 변화

(단위: %)

	1994	1996	1999	2002	2005
1000일반행정비	29.1	26.6	22.4	22.5	22.2
1100입법및선거관리	0.9	0.9	0.5	0.9	0.6
1200일반행정	28.2	25.7	21.7	21.6	21.6
2000사회개발비	25.6	31.5	34.1	41.1	42.0
2100교육및문화	6.6	6.7	7.1	13.8	12.7
2200보건및생활환경개선	8.8	11.6	11.0	10.3	10.2
2300사회보장	6.3	6.5	9.7	10.3	12.4
2400주택및지역사회개발	3.8	6.7	6.4	6.7	6.8
3000경제개발비	40.6	37.4	38.4	31.7	31.2
3100농수산개발	10.7	12.9	9.3	8.5	7.4
3200지역경제개발	1.9	2.4	5.5	3.3	4.2
3300국토자원보존개발	26.8	20.6	20.8	17.4	16.5
3400교통관리	1.1	1.4	2.8	2.6	3.1
4000민방위비	2.1	2.7	2.6	2.6	2.7
4100민방위	0.2	0.3	0.4	0.2	0.2
4200소방관리	1.9	2.4	2.1	2.4	2.4
5000지원및기타경비	2.6	1.7	2.5	2.0	1.9
5100지방채상환	2.4	1.6	2.1	1.6	1.6
5200재지출금	0.2	0.1	0.3	0.4	0.3
5300교부금	0.0	0.0	0.1	0.0	0.0
5400예비비	0.0	0.0	0.0	0.0	0.0
경제개발 관련 지출 2400+3200+3300	32.5	29.7	32.7	27.4	27.5
사회개발 관련 지출 2100+2200+2300+3400	22.8	26.2	30.6	37.0	38.4

출처: 행정자치부, 『지방재정연감』, 각 연도; 안종석(2001: 103)
주: 2002년과 2005년은 추가

이 세 항목의 변화를 추적함으로써, 지방정부의 경제개발정책과 관련된 세출의 전체적인 변화를 파악할 수 있다.(표 4.2) 우선 눈에 띄는 것은 사회개발 관련 지출의 비중이 2005년 38.4%로 1994년의 22.8%보다 15.6%p나 높아졌다는 점이다. 이처럼 사회복지 관련 지출이 급격히 증가한 것은 저출산 고령화 사회의 도래와 관련되어 있는 것으로 해석될 수 있는데, 「교육 및 문화비」와 「사회보장비」가 각각 6.1%p씩 높아져 공공서비스 지출 증가의 대부분을 설명하고 있다.

사회개발 관련 지출의 급격한 상승에 비해 2005년의 지방정부의 지역경제 발전을 위한 재정적 노력은 27.5%로 지방자치가 실시되기 전인 1994년의 32.5%보다 5.0%p 낮아졌다. 「국토자원보존개발비」가 26.8%에서 16.5%로 10.3%p 줄어든 반면, 「주택 및 지역사회개발비」는 3.8%에서 6.8%로, 「지역경제개발비」는 1.9%에서 4.2%로 급격히 증가하였다.

이상의 결과를 가지고 민선 지방자치제 실시 이후 한국의 지방정부가 복지지향적인 정책정향으로 변화하고 있다고 할 수 있을까? 반드시 그렇다고 할 수는 없는 것 같다. 우선 사회복지 분야의 지출이 늘어난 것은 국가재정에서 사회복지 지출의 비중이 커져 그만큼 보조금이 늘어났기 때문으로, 지방정부가 스스로 노력하여 비중이 증가했다고 보기는 어렵다.

또한 지역경제개발을 위한 지출비중이 줄어들고는 있으나 세부내용을 보면 다른 해석이 가능하다. 산림자원개발·치수 및 재해대책·건설관리 등 투자금의 회수기간이 길고 가시적인 성과가 나타나기 어려운 부문에 대한 투자를 크게 줄인 반면, 주택사업과 도시개발 등 상대적으로 적은 비용으로 가시적 성과를 낼 수 있고 주민들의 재산가치 상승에 직접 기여할 수 있는 부문에 대한 투자와 지역의 제조업 및 광업을 지원하기 위한 부문에 대한 지출을 크게 늘렸는데, 이는 지방정부의 지역경제개발의 초점이 점차 단기적이고 가시적인 성과창출을 강조하는 방향으로 전환되었다는 것을 말해 주고 있는 것이다.

일반 행정비의 비중은 1994년의 29.1%에서 1999년에는 22.2%로 낮아졌다. 일반 행정비의 비중이 낮아졌다는 것은 그만큼 사업관련 지출 비중이 늘어났다는 것을 말해 준다는 점에서 민선 지방자치 실시 이후 나타난 긍정적인 변화로 평가할 수 있다. 그러나 1999년 이후에 일반 행정비의 비중이 22%대로 유지되고 있다는 점을 고려하여 향후 변화추이에 대한 추가적인 검토가 필요하다고 사료된다.

(2) 토지를 이용한 경제개발정책

지목별 토지이용의 변화를 보면(표 4.3), 주택용지, 공장용지, 공공용지 등 도시적 용도의 토지이용은 서서히 증가하고 있는 반면, 농지와 산림의 면적은 점차 줄어들고 있다. 민선 단체장 선출 직전인 1994년과 비교하여 대지는 2,075㎢에서 2,349㎢로 274㎢가 증가하였고, 공장용지는 345㎢에서 513㎢로 168㎢가 증가하였으며, 공공용지는 2,279㎢에서 2,636㎢로 357㎢가 증가하였다. 전체적으로 도시적 용도의 비중이 4.7%에서 5.6%로 증가하였다. 그러나 도시적 용도로의 개발에 따라 농경지 429㎢와 삼림지 527㎢가 감소하였는데, 기술적으로 새로운 토지를 생산하기 어려운 상황에서 농경지와 삼림지의 훼손과 지역개발이 맞물려 있다는 것은, 도시 용도로의 개발과정에서 환경 문제가 대두되어 정치적 갈등으로 심화될 수 있는 가능성이 있음을 보여 준다.[84]

---

84) 지방정부의 개발정책에 대한 가장 강력한 반대자는 환경운동가들이다. 환경단체들은 각종 댐건설 사업, 난개발과 골프장 건설, 핵 폐기장 건설 사업 그리고 새만금 간척사업 등을 이슈화하여 적극적으로 활동하고 있다.

〈표 4.3〉 지목별 토지현황의 변화

(단위 : ㎢, %)

지 목 \ 연도별	1994	1996	1998	2000
전 국	99,202 (100)	99,313 (100)	99,407 (100)	99,460 (100)
1. 농 경 지	22,024 (22.2)	21,924 (22.1)	21,748 (21.9)	21,595 (21.7)
농 지	21,547 (21.7)	21,413 (21.6)	21,209 (21.3)	21,043 (21.2)
목장용지	476 (0.5)	511 (0.5)	539 (0.5)	551 (0.6)
2. 산 림 지	65,665 (66.2)	65,395 (65.8)	65,274 (65.7)	65,138 (65.5)
3. 대 지	2,075 (2.1)	2,177 (2.2)	2,265 (2.3)	2,349 (2.4)
4. 공장용지	345 (0.3)	412 (0.4)	467 (0.5)	513 (0.5)
5. 공공용지	2,279 (2.3)	2,398 (2.4)	2,525 (2.5)	2,636 (2.7)
학교용지	206 (0.2)	218 (0.2)	229 (0.2)	239 (0.2)
도 로	1,959 (2.0)	2,063 (2.1)	2,178 (2.2)	2,278 (2.3)
철도용지	113 (0.1)	115 (0.1)	116 (0.1)	118 (0.1)
6. 하 천	2,860 (2.9)	2,822 (2.8)	2,810 (2.8)	2,804 (2.8)
7. 기 타	3,837 (3.9)	4,066 (4.1)	4,200 (4.2)	4,304 (4.3)

출처: 『국토이용에관한연차보고서』(2002: 66)

이들의 입장은 환경운동연합 홈페이지(http://cice.kfem.or.kr)에서 확인
할 수 있다.

토지개발과 관련하여 또 하나의 갈등 가능성이 존재한다. 그것은 부족한 토지공급이 토지수요에 미치지 못함으로써 부동산의 가격이 높아진다는 논리에서 출발한다. 토지 수요에 비해 공급가능한 가용토지가 충분하지 않음으로써, 고밀도 개발이 불가피하며 부동산 가격이 높아질 수밖에 없다는 것이다. 이 주장의 근거로 『국토이용에관한연차보고서』(건설교통부 2002: 75)를 보면, 한국의 도시적 이용 수준은 5.4%로, 일본 7.1%, 대만 5.9% 그리고 영국 13.0%보다 낮은 수준으로 국토의 개발수준은 높은 편이 아니라고 할 수 있다. 더군다나 도시적 이용 수요를 맞추기 위해서는 2020년까지 전 국토 면적의 3.8%에 해당하는 3,848㎢가 추가적으로 필요한 것으로 예측되고 있다. 따라서 향후 토지이용을 둘러싼 갈등(예, 용적률, 토지용도기준, 토지이용규제방법 등을 둘러싼 갈등)은 앞서 지적한 환경 이슈와 함께 한국 지방정치에서 주요 쟁점이 될 것이다(건설교통부 2002: 43).

도시적 용도로의 토지개발의 하위 분야를 비교하면, 민선 단체장이 선출된 1996년 이후 2000년까지 대지는 2,177㎢에서 2,349㎢로 연평균 약 43㎢ 증가하였고, 공공용지는 2,398㎢에서 2,636㎢로 연평균 약 59㎢ 증가하였으며, 공장용지는 412㎢에서 513㎢로 연평균 약 25㎢ 증가했다. 공장용지의 증가면적은 대지나 공공용지에 미치지 못하지만, 비율로 보면 대지가 약 7.9%, 공공용지가 약 9.9% 증가한 반면 공장용지는 약 24.5%가 증가하여 가장 급격히 증가하고 있다. 민선 단체장 선출 직전인 1994년과 비교하면 대지는 13.2%, 공공용지는 15.6%가 증가한 것에 비해, 공장용지는 48.7%나 증가한 것이다.

〈표 4.4〉는 전국 산업단지 지정현황을 지정권한을 기준으로 분류한 것이다. 산업단지는 지정 권한에 따라 세 가지 종류로 구분된다. 첫째, 국가산업단지로, 국가기간산업 및 첨단과학기술 산업을 육성하거나 개

발촉진이 필요한 낙후지역에 건설교통부장관이 지정·개발하는 산업
단지이다. 둘째, 지방산업단지로, 시도지사가 지정·개발하는 산업단지
이다. 지방산업단지는 다시 두 가지로 나뉘는데, 하나는 산업의 적정
한 지방 분산을 촉진하고 지역경제 활성화를 위해 시도지사가 지정·
개발하는 일반지방산업단지이고, 다른 하나는 지식·문화·정보통신산
업 등 첨단산업 육성을 위하여 시장·군수의 지정 요청에 의해 시·
도지사가 지정·개발하는 도시첨단산업단지이다. 마지막으로 농공단지
로, 농어민의 소득증대를 위한 산업을 농어촌지역에 유치하고자 시
장·군수가 지정·개발하는 산업단지이다.

2004년까지의 지정면적을 보면, 전국 산업단지 중 국가산업단지의
비중이 약 78%를 차지하고 있고 지방산업단지와 농공단지의 비중은
약 22%를 차지한다. 그러나 이를 지방자치제 실시 전후로 나누어 보
면, 1991년 이후 신규로 지정된 산업단지 중 지방산업단지와 농공단지
비율의 합이 총 신규 지정면적의 80%를 넘고 있다. 이것은 지방자치
제가 실시된 이후 지방정부에 의한 지역 경제발전 노력이 활발히 전
개되고 있음을 보여 준다.

〈표 4.4〉 전국산업단지 지정 현황

(단위: 천㎡, %)

	국가산업단지	지방산업단지	농공단지	합계
총 지정면적	907,043 (78.2)	203,389 (17.5)	49,456 (4.2)	1,159,887
1991년 이후 지정면적	32,914 (17.4)	140,299 (74.2)	15,761 (8.3)	188,974
1995년 이후 지정면적	14,796 (18.5)	57,160 (71.3)	8,233 (10.3)	80,189

출처: 산업입지정보센터(http://industryland.or.kr). 2004. 12. 31까지 지정면적

지방정부의 경제개발 노력을 엿볼 수 있는 또 다른 지표는 도로의 현황이다. 도로는 고속도로, 일반국도, 특별·광역시도, 지방도, 시도, 군도로 나뉜다. 한국의 경우 그동안 사회간접자본 확충의 일환으로 도로에 대한 투자를 계속 확대하여 왔다. 그러나 아직도 늘어나는 교통수요에 따르지 못하고 있으며 최소 100년 이상 도로시설을 축적한 선진국에 비하여 아직 1/3에서 1/5 수준으로 매우 부족한 실정이다.(건설교통부, 『국토이용에관한연차보고서』, 2002: 136) 따라서 도로의 확충을 위한 노력도 향후 지속적으로 전개될 것이다.

〈표 4.5〉 도로 현황

(단위 : km, %)

구 분	1990	1992	1994	1996	1998	2000	2001
합 계 (비 율)	56,715 (100.0)	58,846 (100.0)	73,833 (100.0)	82,342 (100.0)	86,989 (100.0)	88,775 (100.0)	91,396 (100.0)
고속국도	1,551 (2.7)	1,600 (2.7)	1,650 (2.2)	1,885 (2.3)	1,996 (2.3)	2,131 (2.4)	2,637 (2.9)
일반국도	12,161 (21.5)	12,079 (21.0)	12,046 (16.3)	12,464 (15.1)	12,447 (14.3)	12,413 (14.0)	14,254 (15.6)
특별·광역 시도	12,298 (21.7)	13,082 (22.0)	13,701 (18.6)	14,857 (18.0)	17,670 (20.3)	17,839 (20.1)	17,810 (19.5)
지방도	10,672 (18.8)	10,689 (18.2)	10,655 (14.4)	17,147 (20.8)	17,155 (19.7)	17,151 (19.3)	15,704 (17.1)
시 도	6,686 (11.8)	7,829 (13.0)	16,995 (23.0)	14,245 (17.3)	15,145 (17.4)	16,554 (18.6)	17,533 (19.1)
군 도	13,347 (23.5)	13,568 (23.1)	18,786 (25.5)	21,744 (26.4)	22,576 (26.0)	22,687 (25.6)	23,458 (25.8)

출처: 건설교통부, 『국토이용에관한연차보고서』(2002: 136)

〈표 4.5〉를 보면, 중앙정부가 담당하는 고속도로의 연장은 1990년에 1,551km에서 2001년 2,637km로 약 70% 증가하였고, 일반국도는 1990년 12,161km에서 2001년 14,254km로 약 17% 증가하였다. 이에 비해 광역정부가 담당하는 특별·광역시도는 1990년 12,298km에서 2001년 17,810km로 약 45% 증가하였고, 기초지방정부가 담당하는 시도와 군도의 1990년 20,033km에서 2001년 40,991km로 약 105% 증가하였다. 민선 지방자치가 실시된 이후 전체 도로에서 지방도로가 차지하는 비율이 1990년 75.8%에서 2001년 81.5%로 5.7%p 증가한 것은 도로확충에 있어서도 지방정부가 적극적으로 노력해 왔음을 보여 준다.

〈표 4.6〉 지방정부의 경제개발정책: 토지이용

(단위: ㎢)

	평　균	변이계수	비율(%)
대지용지	0.75	1.19	35.6
공장용지	0.42	2.24	19.9
도로용지	0.93	0.93	44.5
합　　계	2.10	1.00	100

민선단체장 선출 이후 지방정부의 토지이용 패턴의 변화를 파악하기 위해서는 1994년 자료를 구하는 것이 필요하지만, 1994년은 도농통합시가 출범하는 등 행정구역상 많은 변화를 가져온 시기이기 때문에 자료를 구하기가 쉽지 않았다. 따라서 부득이하게 1996년과 2000년의 자료를 이용하게 되었다. 1996년과 2000년 사이의 토지이용 패턴의 변화를 조사한 〈표 4.6〉을 보면 대지용도, 공장용도 그리고 도로용도로 변경한 면적을 의미하는 도시적 용도로의 변화는 평균 2.42㎢ 증가하였다. 구체적으로 대지가 0.74㎢ 증가하여 31%를 차지하였고, 공장용도는 0.42㎢가 증가하여 17%를 차지하였으며, 도로 용도는 0.93㎢ 증

가하여 38%를 차지했다. 변이계수를 비교하면, 공장용도의 변화가 가장 큰 수치를 보이고 있고, 반면에 도로용도의 변이계수는 상대적으로 작은 편이다. 이것은 도로 확충은 모든 지방정부에서 추진하지만 공장용지의 개발은 지방정부에 따라 차이가 크다는 사실을 말해 준다.

(3) 조례를 이용한 경제개발정책

이 연구에서는 지방정부의 정책 프로그램을 분석하기 위해 관내 기업지원 관련 조례, 신규 창업지원 관련 조례, 외부 투자유치 관련 조례, 노사관계 지원 관련 조례, 그리고 토지공급 조례 등 5가지 범주의 조례를 조사하였다.[85]

조례를 이용한 정책목표가 기업지원인가 아니면 환경조성인가, 정책수혜집단이 관내기업인가 관외기업인가에 따라 4범주로 나눌 수 있다. 수요정책관련 조례에는 노사관계 지원, 창업지원, 투자유치가 포함되며, 공급정책관련 조례에는 기업지원과 공단조성 공급이 포함된다.

이들 조례의 분포를 정리한 〈표 4.7〉을 보면, 수요정책관련 조례를 하나도 제정하지 않은 지방정부는 107개이며, 공급정책관련 조례를 하나도 제정하지 않은 지방정부는 54개로 한국 지방정부가 공급정책 관련 조례를 더 많이 제정해서 운영하고 있음을 알 수 있다.

---

85) 주의할 점은 정책 프로그램에 대한 분석과 조례에 대한 분석은 다르다는 사실이다. 조례는 지방의회의 심의와 의결을 반드시 거쳐야 하기 때문에, 집행부와 지방의회의 협조가 필요하다. 따라서 조례에 대한 분석은 집행부와 지방의회의 협조를 통해 산출된 정책을 보여 준다. 그러나 정책 프로그램에 대한 분석은 지방의회의 역할이 중요한 것이 아니다. 단체장은 규칙을 통해서 얼마든지 지방의회의 심의를 거치지 않고도 자신의 정책의지를 관철시킬 수 있기 때문이다.

〈표 4.7〉 조례를 이용한 경제개발정책: 수요정책과 공급정책

		공급 조례			전　　체
		0	1	2	
수요 조례	0	40	38	29	107
	1	13	45	26	84
	2	1	17	13	31
	3	0	0	4	4
전　　체		54	100	72	226

이처럼 공급정책을 더 중시하는 경향은 조례 채택의 강도에 있어서도 확인할 수 있다. 공급정책관련 조례는 32%에 해당하는 72개 지방정부가 두 범주 모두 채택한 것에 비해, 수요정책관련 조례는 약 15%인 35개 지방정부만이 두 범주 이상의 조례를 채택하고 있다. 이것은 공급관련 정책이 갖는 가시성(visibility)과 지방정부의 역량 부족이 합쳐진 결과이다. 주민들에게 무언가 성과를 내고 있다는 증거를 보여 주는 데 있어 관내 기업지원이나 토지공급은 가장 쉽게 사용할 수 있는 수단이기 때문이다. 이에 비해 외부 자본이나 기업의 창업 혹은 유치를 지원하거나 관내 노사관계의 평화를 위해 노력하는 등의 수요정책은 주민들에게 성과를 보여 주기 어려울 뿐만 아니라, 지방정부의 역량과 노력이 더 많이 필요한 분야로 현재와 같이 재정적으로 취약한 상황에서는 지방정부가 적극적으로 활용하기 어려운 정책들이다.

다음으로 〈표 4.8〉에는 수혜 대상에 관한 조례 채택의 분포를 정리하였다. 관내기업을 위한 조례를 하나도 채택하지 않은 지방정부가 78개이고, 관외기업을 위한 조례를 하나도 채택하지 않은 지방정부는 76개로 정책의 수혜대상과 관련하여 특별한 차이가 나타나지는 않았다.

그러나 조례 채택의 강도를 비교하면 약간의 차이를 확인할 수 있는데, 관내기업을 위한 조례는 43개 지방정부가 두 범주를 모두 채택하였고, 관외기업에 대한 조례는 57개 지방정부에서 두 범주 이상의 조례를 채택하였다. 따라서 한국 지방정부는 정책의 수혜자와 관련하여 외부자본의 유치를 상대적으로 더 중시하고 있다고 할 수 있다. 그러나 전체적으로 경제개발정책의 수혜자와 관련해서는 외부자본 유치와 역내자본 육성의 논리가 공존하고 있다고 말할 수 있다.

〈표 4.8〉 조례를 이용한 경제개발정책: 관내기업과 관외기업

		관외기업				전　체
		0	1	2	3	
관내기업	0	40	22	16	0	78
	1	29	52	24	0	105
	2	7	19	13	4	43
전　체		76	93	53	4	226

제2절 기초 지방정부의 경제개발정책: 분포

1. 경제개발정책 산출

(1) 재정을 이용한 경제개발정책

지역경제개발을 위한 지방정부 재정지출의 평균과 표준편차는 〈표 4.9〉에 정리되어 있다. 한국의 지방정부는 1996년부터 2000년까지 평균적으로 약 341억 원을 지역개발을 위해 사용했다. 이 중 「국토자원보존개발비」에 약 64%인 218억 원, 「주택 및 지역사회개발비」에 약 28%인 97억 원 그리고 「지역경제개발비」에 약 8%인 26억 원을 투입하였다.

〈표 4.9〉 지방정부의 개발관련 지출과 다른 정책과의 비교

구　　분	평　　균 (단위: 백만 원)	표준편차 (단위: 백만 원)	변이계수
주택및지역사회개발비	9,694.49	9,297.12	0.96
지역경제개발비	2,637.13	3,121.90	1.18
국토자원보존개발비	21,817.11	16,431.28	0.75
경제개발정책	34,148.72	23,904.85	0.70
일반행정비	33,517.31	16,248.95	0.48
사회보장비	11,887.58	7,059.39	0.59
공공서비스	23,470.48	18,338.55	0.78

사회간접자본의 건설과 관련된 「주택 및 지역사회개발비」나 「국토자원보존개발비」는 비중은 높지만 변이계수의 값이 작은 반면, 경제지원 프로그램이며 배분적 성격을 갖는 지역경제개발비는 비중은 낮지만 변이계수의 값이 크다. 이것은 지역경제개발비의 지출에 있어서 지방정부 간 경제개발 노력의 차이가 더 크게 나타남을 말해 준다. 사회간접자본의 경우 변이계수가 낮은 것은 형평성이 강조되는 상위정부 지원금에 기인한 바가 큰 것으로 사료된다.

다른 정책의 경우, 일반 행정비에 평균 335억 원, 사회보장비에 평균 119억 원, 공공서비스 공급에 평균 235억 원을 지출하였다. 이 세 정책영역의 변이계수를 보면, 일반 행정비는 0.48, 사회보장비는 0.59, 공공서비스 공급은 0.78이다. 이들 정책과 비교하여 경제개발정책의 변이계수인 0.70은 공공서비스 공급보다는 낮지만 일반 행정비나 사회보장비보다는 높은 수준이다. 이것은 다른 정책에 비해 공공서비스 공급과 경제개발정책을 수행할 때, 지방정부 간 차이가 더 두드러지게 나타난다는 것을 의미한다. 이에 비해 일반 행정비나 재분배정책에 있어서는 지방정부 간 차이가 상대적으로 작고 비교적 유사한 정책패턴을 가지고 있음을 말해 준다.

경제개발비 지출이 많은 상위 지역을 보면, 1위는 고양시로 평균 1,477억 원을 지출하고 있다. 그 다음이 수원시, 성남시, 청주시, 포항시, 용인시, 김해시, 평택시, 천안시, 전주시 등이 10위 안에 포함된다. 한눈에 보아도 알 수 있듯이 수도권의 경우 최근 급격하게 성장한 지역이 포함되어 있고, 지방의 경우에는 지역의 주요 도시들이 포함되어 있다. 이들 10개 지역의 경제개발정책 규모는 조사대상 226개 지역의 총 경제개발규모인 7조 7,176억 원 중에서 약 14%를 점유하고 있다. 이에 비해 하위 지방을 보면, 부산 중구가 73억 원을 투입하여 가장 낮았고, 인천 연수구, 부산 강서구, 서울 관악구, 서울 광진구, 부산 동구, 부산 북구, 부산 영도구, 서울 동작구, 서울 도봉구 등 주로 대도시의 자치구들이 대부분이다. 가장 높은 지역(고양시)과 낮은 지역(부산 중구)은 약 20배의 투자 규모의 차이를 보이고 있다.

(2) 토지를 이용한 경제개발정책

토지를 이용한 경제개발정책의 산출수준은 택지개발, 공장용지 공급, 도로건설을 지표로 선정하였다. 토지의 도시적 개발은 지역사회의 성장연합론과 개발레짐의 분석에 있어서도 의미가 있는데, 이들 지표의 기술적 통계치는 〈표 4.10〉에 정리되어 있다.

〈표 4.10〉 토지를 이용한 경제개발정책: 기술적 통계

	평　균	표준편차	변이계수
대지용도 증가(㎢)	0.70	1.12	1.60
공장용도 증가(㎢)	0.42	0.93	2.21
도로용도 증가(㎢)	0.93	0.87	0.94
도시용도 증가(㎢)	2.38	2.57	1.08

한국 지방정부가 관할하는 면적은 평균 434㎢이고, 1996년 도시적 용도로의 개발비율은 평균 17.5%이며, 도시적 용도의 증가율은 평균 10.6%였다.[86] 〈표 4.10〉을 보면, 1996년과 2000년 사이에 토지의 도시

---

86) 이 수치들은 226개 지방정부의 평균치이기 때문에, 전체 집계자료를 가지고 나온 통계치와는 다른 결과를 가진다는 점에 유의해야 한다. 실제 한국의 도시적 개발 수준은 5-6%에 그친다. 이는 이 논문의 자료가 도시화된 지역(자치구, 일반시)이 저개발된 농촌 지역에 비해 고평가된다

적 이용면적은 평균 2.38㎢가 증가되었는데, 이 중 도로용도의 증가가 0.93㎢로 가장 많았고, 그다음이 대지용도의 증가(0.70㎢)였으며, 공장용도의 증가(0.42㎢)는 상대적으로 작았다. 변이계수를 비교하면, 대지용도 증가가 1.60, 공장용도 증가는 2.21 그리고 도로용도 증가는 0.94이다. 도로용도 증가의 변이계수가 낮은 것은 도로는 지방양여금 등 중앙정부의 재정적 지원을 받아 건설되는 경우가 많고 모든 기초지방정부가 도로 확충에 적극적이었기 때문인 것으로 사료된다. 대지용도와 공장용도의 변이계수는 재정적 수단을 이용한 경제개발정책의 값에 비해 매우 크기 때문에, 토지의 이용패턴을 관찰하는 것이 지방정부의 정책의 차이를 이해하는 데 유용하다고 말할 수 있다.

토지의 도시용도의 증가폭이 가장 컸던 지역을 보면, 전남 영암군으로 12.19㎢가 증가했다. 다음이 경기 화성군, 경남 김해시, 경기 시흥시, 충남 천안시, 경기 평택시, 부산 강서구, 충남 아산시, 경기 용인시, 충남 당진군이 포함된다. 이들 지역은 특정 지역에 몰려 있다고 말할 수 없을 정도로 전국적인 분포를 보이고 있다. 반대로 도시용도의 증가폭이 작은 곳은 주로 대도시의 자치구들이다.

이를 하위지표로 나누어 보면 우선 대지용도의 증가에서, 용인시가 5.37㎢로 가장 많은 증가를 보였다. 다음이 인천 연수구, 경기 시흥시, 경남 사천시, 전북 전주시, 경남 김해시, 경기 수원시, 광주 서구, 충남 천안시, 경남 창원시, 광주 광산구 등이다. 이것을 보면 대도시 자치구 지역이라고 해서 반드시 토지정책에 있어 소극적인 것이 아님을 알 수 있다. 유휴 토지가 있다면 적극적으로 개발하려고 하는 것이다. 수도권(시흥, 용인) 및 부산 주변의 도시(김해, 사천)들과 지역의 주요 도시들(전주, 천안, 창원)이 적극적으로 택지개발을 하여 인구유입을

는 것을 의미한다.

추진하였다.

다음으로 공장용도의 증가를 보면, 전남 영암군, 부산 강서구, 경기 화성군, 경기 평택시, 충남 아산시, 경남 김해시, 충남 당진군, 충남 천안시, 경기 포천군, 충남 태안군 등이 포함된다. 경남 김해시와 충남 천안시는 택지개발과 함께 지역의 공업화도 동시에 적극적으로 추진하는 지역으로 나타났다.

마지막으로 도로건설은 전남 영암군이 4.54㎢로 가장 활발했다. 다음으로 전북 남원시, 경기 화성군, 경기 시흥시, 전북 고창군, 경남 김해시, 경남 산청군, 경남 진주시, 충남 서산시, 경기 이천시 등이다. 대체로 공업단지를 조성했던 지역(영암군, 화성군, 시흥시, 김해시 등)은 도로확충에도 적극적이었으나, 택지개발에 적극적이었던 지역들 중에는 김해시만이 포함되어 있다. 이것은 일부 지방정부에서 아파트 단지의 건설에만 관심을 두고 그에 따른 사회간접자본을 건설하는 데에는 상대적으로 소극적이었음을 말해 준다. 최근 경기 용인시와 경기 고양시 등 신도시 지역에서 교통난이 가장 중요한 지방정책으로 부상하는 이유도 단지 건설허가만 내줄 뿐 그에 맞는 공공 서비스의 공급에 적극적이지 못한 한국 지방정부의 행태와 무관하지 않은 결과라 할 수 있다.

(3) 조례를 이용한 경제개발 정책

조례를 이용한 경제개발정책의 5개 범주별 빈도는 〈표 4.11〉에 정리되어 있다. 〈표 4.11〉을 보면 지방정부가 가장 많이 채택한 조례범주는 관내 중소기업을 지원하는 것으로 226개 지방정부 중 61.5%인 139개 지방정부가 관련 조례를 채택하고 있었다. 다음은 전체 46%에 해당하는 105개 지방정부가 채택한 공장용지 공급 관련 조례였으며, 그

다음이 64개 지방정부가 도입한 외부 투자유치 관련 조례, 51개 지방정부가 채택한 노사관계 지원 관련 조례 그리고 신규 창업지원 관련 조례순이다.

〈표 4.11〉 지방정부의 경제관련 조례 제정 현황

범주	조례 제정 정부의 수	조례의 예
관내 기업지원	139	중소기업육성기금, 경제안정기금, 중소기업육성자금이자보조금 등
토지 공급	105	산업단지 조성, 공업단지 조성, 농공단지 조성
외부 투자유치	64	기업 및 투자유치, 외국인 투자유치
노사 관계지원	51	노사정 위원회 설치, 근로복지회관 운영
신규 창업지원	42	창업지원센터, 벤처기업육성, 창업보육센터 등

〈표 4.12〉를 보면, 다섯 범주를 모두 채택한 지방정부는 4곳에 불과하고, 네 범주를 채택한 지방정부의 수도 13곳에 지나지 않는다. 그런데 네 범주 이상 조례를 채택하고 있는 지역들에 수도권 지역은 한 군데도 포함되어 있지 않았다. 세 범주를 채택한 지방정부의 수는 43곳인데 여기에도 수도권의 8지역이 포함되어 있을 뿐 대부분 지방에 위치한 지역들이다. 전체의 73.4%인 166개 지방정부가 2개 이하의 조례 범주를 채택하고 있었는데, 이는 한국 지방정부가 지역의 경제개발을 위한 정책수단으로 조례 제정을 적극적으로 활용하고 있지 않다는 것을 의미한다. 또한 세 범주 이상을 채택한 60개 지방정부 중 수도권에 소재한 지방정부가 8개에 불과하여, 수도권보다는 지방에서 조례를 더 적극적으로 이용하고 있는 것으로 나타났다.

〈표 4.12〉 조례 제정 범주의 수

채택한 범주의 수	빈 도	비율(%)
0	40	18.1
1	51	23.0
2	75	33.2
3	43	18.1
4	13	5.8
5	4	1.8
합 계	226	100.0

2. 경제개발정책의 분포: 시군구별, 시도별, 광역지역별

(1) 시군구

지방정부의 경제개발정책 산출의 시군구별 분포는 〈표 4.13〉에 정리되어 있다. 일반시는 경제개발비, 토지의 도시적 용도 증가량, 대지용도 증가량, 공장용도 증가량, 도로 증가량 및 경제관련 조례 입법 등 전 분야에서 가장 적극적이었다. 반대로 자치구는 모든 정책산출에 있어 가장 낮은 산출 수준을 보이고 있다. 이 세 지역을 비교한 결과는 일반시가 가장 개발지향적이며, 자치구는 가장 소극적이다. 군은 중간적이지만 산출패턴은 일반시에 보다 가깝다고 말할 수 있다.

대도시의 자치구들은 생활기반시설을 확충하기 위한 투자의 부담이 군이나 일반시보다 적은 편이어서 지역기업에 대한 지원 등 경제정책을 추진하는 것에 있어서 반드시 나쁜 조건만을 가진 것은 아니다. 그러나 자치구들은 기존 생활기반시설의 유지·보수비용이 크고 대부분의 토지가 이미 개발된 상태이기 때문에 재개발이 가능할 뿐 새로운 개발에는 제약이 있다. 또한 지역경제 문제에 대한 대부분의 권한을 특별시나 광역시 정부가 가지고 있기 때문에 독자적인 경제발전 정책을 효과적으로 추진하기는 어려운 상태이다. 이런 점이 반영되어 자치구의 경제관련 정책산출 수준이 낮게 나타난 것으로 추론할 수 있다.

〈표 4.13〉 경제개발정책의 분포: 시군구별

정책산출	자치구	일반시	군	전체	분산분석 F값
경제개발비(백만 원)	16,199	58,271	28,082	34,149	116.0***
도시적 용도 증가(㎢)	0.87	3.09	2.19	2.09	23.1***
대지(㎢)	0.43	1.26	0.56	0.74	21.2***
공장(㎢)	0.14	0.61	0.46	0.41	4.7***
도로(㎢)	0.30	1.21	1.17	0.93	31.0***
조례채택	0.82	2.55	1.81	1.76	49.9***
N	65	71	90	226	

주: ***$p<0.01$, **$p<0.05$, *$p<0.1$.

군은 개발 가능한 유휴 토지가 많다는 점이 장점이 될 수 있으나, 열악한 재정상황과 부족한 인력으로 인해 경제정책을 효과적으로 추진할 수 있는지는 의문인 상황에서 재정의 상당부분을 경제개발 분야에 많이 투입하고 있다. 경제개발과 함께 지역 주민의 삶의 질 향상과 관련된 분야에 적절한 재원을 투입하지 않는다면 도시와 농촌 간 생활여건의 격차가 더욱 벌어져 농촌은 젊은 사람들을 흡수할 수 있는 매력을 잃어버릴 수도 있기 때문에 정책의 우선순위를 잘 조절할 필요가 있다.

182

일반시는 충분한 규모의 인구가 모여 살고 있기 때문에 시장(market)의 규모가 커서 군보다는 경제발전에 유리한 조건을 가지고 있다. 또한 군보다 상대적으로 튼튼한 재정기반은 모든 정책수단을 적극적으로 활용할 수 있는 여건을 조성한다. 이런 점이 반영되어 한국 지방정부 중에서 일반시 지역의 지방정부가 가장 개발지향적인 성향을 보이게 된 것이다. 또한 도시지역은 농촌지역보다 생활기반 시설이 잘 갖추어져 있어 생활기반시설 확충을 위한 대규모 추가 비용이 상대적으로 들지 않기 때문에 보다 적극적으로 지역개발 사업에 매진할 수 있는 것으로 사료된다.

이 세 지역의 차이가 통계적으로 유의미한지를 검증하기 위해 분산분석(ANOVA)을 실시하였다. 그 결과 모든 정책산출에서 시군구별 평균의 차이를 확인할 수 있었다. 공장용도 증가와 도로용도 증가에서 일반시와 군의 차이는 없지만, 이 둘과 자치구는 명확한 차이가 있었다. 대지용도 증가에 있어서는 군과 자치구의 차이는 없지만, 이 둘과 일반시와 명확한 차이가 났다. 나머지 네 가지 정책산출에 있어서는 시군구 간 통계적으로 유의미한 평균의 차이를 보이고 있다.

(2) 광역지역

〈표 4.14〉는 광역지역별로 경제발전 정책의 산출을 비교한 것이다. 경제개발비 지출에 있어서 강원도와 제주도가 가장 높은 산출을 보였다. 토지의 도시적 용도 증가량은 충청지역과 호남지역이 많았으며, 대지용도 증가량은 제주지역, 수도권, 충청지역이 많았다. 공장용도 증가량은 충청지역이 가장 많았고, 도로용도 증가량은 호남지역과 충청지역에서 많았다. 경제관련 조례의 제정은 충청지역에서 가장 활발하였다.

〈표 4.14〉 경제개발정책의 분포: 광역지역별

	수도권	충청권	호남권	영남권	강원	제주	합계	분산분석
경제개발비	35,271	35,791	29,581	32,516	41,055	44,844	34,149	0.87
토지이용 증가량	1.86	2.91	2.68	1.73	1.67	1.96	2.09	2.38**
대지	0.84	0.80	0.73	0.67	0.64	0.83	0.75	0.33
공장	0.38	0.86	0.40	0.35	0.11	0.12	0.42	2.01*
도로	0.64	1.25	1.55	0.71	0.91	1.01	0.93	8.49***
조례(5범주)	1.41	2.23	1.95	1.72	1.94	1.75	1.76	2.38**
N	66	31	40	67	18	4	226	

주1: ***p<0.01, **p<0.05, *p<0.1.
주2: 사후분석은 Duncan의 방법을 사용함.

반대로 가장 낮은 산출 지역을 보면, 경제개발비 지출은 호남지역이 가장 낮았고, 도시적 용도 증가량·대지용도 증가량·공장용도 증가량은 강원지역이 가장 낮았으며, 도로 용도 증가량은 영남지역이 낮았다. 조례 입법 활용정도는 수도권에서 가장 낮았다.

전체적으로 강원도와 제주도에서는 재정수단을 가장 적극적으로 활용하고 있었고, 충청지역은 토지수단과 입법수단을 가장 활발히 사용했다. 반면 호남지역은 재정수단을 적극적으로 활용하지 못하고 있었으며, 강원지역과 영남지역은 토지수단의 산출수준이 낮았다. 수도권은 토지수단과 입법수단을 적극적으로 활용하지 않고 있었다.

이러한 정책산출 패턴의 차이는 무엇을 반영하고 있는가? 수도권의 경우 각종 규제로 인해 지방정부의 경제관련 노력을 원활히 추진할 수 있는 것은 아니지만 광역지역 중에서 경제적으로 가장 발달한 곳이고 시장규모가 가장 크기 때문에 지역 간 경쟁에서는 가장 유리한 입장에 있다. 이런 점이 반영되어 수도권 지방정부의 정책산출에서 발견되는 특징은 수도권의 인구집중으로 인해 발생하는 주택문제를 해결하기 위해 대지용도의 증가량이 전국에서 최고 수준을 보이고 있다는 점이다. 반면 다른 정책수단의 산출수준은 높은 편이 아닌데 그것은 가장 부유하고 개발수준이 높은 지역이기 때문에 중앙정부의 보조금 배분에 있어서 상대적으로 불리한 입장에 있고 문화·복지 등 다양한 행정수요에 대응해야 할 필요성이 높기 때문에 나타난 결과라 할 수 있다.

충청지역과 호남지역은 민선 단체장 선출 이후 지역의 토지가 가장 활발히 개발되고 있는 지역이다. 특히 충청지역은 행정수도 이전지로 결정될 정도로 개발이 활발히 진행되고 있다. 또한 공장용도의 증가와 조례 입법의 적극적인 활용이 눈에 띈다. 반면 호남지역은 충청지역보다 강도가 강하지 않았지만 토지수단과 입법수단을 적극적으로 활용하는 것은 맥을 같이한다. 이런 결과가 나타난 것은 이 두 지역이 경제개발 시기에 영남지역의 해안지역들에 비해 개발의 혜택을 보지 못한 곳들이었고 1998년 정권교체라는 중앙정치의 변화도 작용한 때문인 것으로 보인다. 그럼에도 이 지역의 열악한 재정은 근본적인 문제인데 특히 호남지역의 경우 전국에서 가장 낮은 재정산출을 보이고 있다.

영남지역은 경제개발 시기에 가장 혜택을 본 지역이다. 그러나 경북 북부지역과 경남 서부지역은 강원지역 및 호남지역 못지않게 낙후된 지역으로 알려져 있어.[87] 지역 내 격차가 큰 것이 특징이다. 영남지역

---

87) 개발촉진지구는 1994년 『지역균형개발법』을 제정하면서 개발수준이 현저히 뒤떨어진 낙후지역의 소득기반과 생활환경 개선을 위하여 정부가 지정하고 지원한다. 개발촉진지구 지정을 위한 지표로는 인구증가율, 재정자립도, 제조업인구비율, 도로율, 평균지가 등 5가지 지표 중 2개 이상이 전국 하위 20%에 속하는 시군을 대상으로 지정하고 있다. 1996년부터 2000년까지 총 22개 낙후지역에 대한 개발촉진지구개발계획이 확정되어 사업이 추진되고 있다. 2002년 시군별 지정현황(건교부 2002: 108-111)을 보면 다음과 같다. 강원(탄광지역, 영월, 화천, 평창, 인제, 정선, 양구, 양양), 충북(보은, 영동), 충남(청양, 홍성, 태안, 보령), 전북(진안, 임실, 장수, 순창, 고창), 전남(신안, 완도, 구례, 곡성, 장흥, 진도, 보성,

은 모든 정책수단의 산출에 있어 낮은 수준을 보이고 있는데 이는 낙후되었거나 쇠퇴하는 지역경제에 대해 지방정부가 효과적으로 대처하지 못하고 있음을 말해 준다. 이에 대한 대안적 설명으로 정권교체로 인해 여당 지역에서 야당 지역으로 바뀌게 된 중앙정치의 변화를 들 수도 있겠지만, 그와 함께 특정 정당이 지배하는 정치구도에 안주한 지방 정치인들의 무능도 중요한 요인으로 제기할 수 있다.

강원지역은 재정수단을 가장 적극적으로 활용하고 있다. 다른 공공서비스를 포기하고 경제개발에만 매달리는 모습을 보이고 있다는 인상을 줄 정도로 재정자립도가 높지 않은 조건에서도 상당히 많은 재정을 투입하고 있다. 이것은 이 지역의 지방정부가 얼마나 경제개발에 적극적인지를 잘 보여 주지만, 현실적으로 산림지역이 많고 군사시설이 많은 지역적 특성 때문에 토지이용에 제약이 많은 점은 지방정부의 노력을 반감시키는 결과를 낳을 가능성이 크다.

제주도는 감귤농업 및 관광산업 위주의 특수한 지역여건을 가지고 있는데, 최근 국제자유도시를 지향하면서 지방정부가 개발정책에 적극적으로 임하고 있다. 이 지역은 섬이라는 특수성 때문에 개발정책의 외부효과가 없으므로 효율적으로 정책을 수립·집행한다면 의미 있는 결과를 산출할 수 있을 것으로 보인다.

광역지역별 차이는 유의미한가? 분산분석의 결과는 경제개발지출, 도로용도 증가 그리고 경제관련 조례 제정에 대해서 평균의 차이가 나타나는 지역이 있음을 보여 주고 있다. 그러나 사후 분석결과를 보면, 1인당 경제개발비에서 강원도, 공장용도 증가에서 충청권 그리고 도로용도 증가에서 호남권만이 높다고 말할 수 있을 뿐, 전체적으로

영광), 경북(문경, 봉화, 예천, 영주, 영양, 상주, 의성, 안동, 청송), 경남(하동, 산청, 함양, 의령, 합천, 남해)

광역지역별로 차이가 난다고 말하기는 어려웠다. 결론적으로 시군구별 차이에 비해 광역지역별 차이는 두드러지지 않았다.

3. 경제개발 정책수단 간 관계

기존 연구에서 정책의 재정적 산출의 측정단위는 1인당 산출수준과 전체에서 차지하는 비중(%)이었으나, 이 연구에서는 경제개발정책의 산출수준을 총량 개념으로 측정하였다. 〈표 4.15〉에는 위의 세 가지 재정산출의 측정방법 간 상관관계가 정리되어 있다.

〈표 4.15〉 재정을 이용한 경제개발정책 산출의 측정방식 간 상관관계
(피어슨 상관계수)

	경제개발비	경제개발비율	1인당경제개발
경제개발비	1.000	0.575***	0.110*
경제개발비율		1.000	0.613***
1인당경제개발			1.000

주: ***p〈0.01, **p〈0.05, *p〈0.1.

우선 경제개발비가 높은 지역에서 경제개발비의 비율이 높고, 1인당 경지개발비가 높은 지역도 마찬가지로 경제개발비의 비율이 높다. 그러나 평균개발비가 높은 지역에서 1인당 경제개발비가 높아지지만 상관계수가 r=0.110으로 높은 수준은 아니다. 분석결과는 세 가지 측정방법이 서로 호환이 가능할 정도로 밀접한 상관관계를 가진 것은 아니었지만, 음의 상관관계를 나타낸 것이 없는 것으로 보아 세 가지 측정방식

은 대체로 경제개발정책의 산출수준을 부분적으로 반영하고 있다고 할 수 있으며, 연구의 목적에 맞는 측정방법을 채택하는 것이 옳다고 본다.

토지를 이용한 경제개발정책은 대지용도, 공장용도 그리고 도로용도를 합친 것이다. 〈표 4.16〉을 보면, 도시적 용도의 증가량은 대지용도, 공장용도 그리고 도로용도의 증가량과 $r=0.750$ 이상의 높은 상관성을 보이고 있다. 그러나 세 가지 하위 정책 간 상관관계는 높은 편이 아니다. 대지용도 증가와 공장용도 증가의 상관관계는 $r=0.367$에 불과하며, 도로용도와 다른 두 용도와의 상관관계도 $r=0.423$ 수준이다. 이 것은 세 가지 용도변화가 토지이용의 다른 측면을 반영하고 있다는 뜻이다. 대지용도는 주택단지 개발을 통한 인구유입 전략과 밀접한 관련이 있으며, 공장용도는 제조업 유치를 통한 지역경제 성장전략과 밀접한 관련을 갖는다. 이 연구에서는 전체 증가량은 세 가지 하위 지표와 $r=0.700$ 이상 높은 상관관계를 보이고 있기 때문에 전체 증가량만을 회귀분석에 투입할 것이다.

〈표 4.16〉 **토지를 이용한 경제개발정책 간 상관관계(피어슨 상관계수)**

	증가량	대지	공장	도로
증가량	1.000	0.763***	0.783***	0.789***
대지		1.000	0.367***	0.423***
공장			1.000	0.438***
도로				1.000

주: ***p<0.01, **p<0.05, *p<0.1.

이제 재정, 토지, 입법 등 세 가지 정책수단 사이의 관계를 분석할 차례이다. 〈표 4.17〉을 보면, 세 가지 정책수단 간 양의 상관관계가 발견된다. 또한 통계적으로도 유의미한 관계를 보여 주고 있다. 이것은 경제개발을 위해 많은 재정지출을 하는 지방정부는, 토지의 도시적 이용에 있어서도 적극적이며, 지역경제개발을 위한 조례제정에 있어서도 활발히 노력하고 있다는 것을 의미한다. 다만 상관계수가 높은 수준은 아니었다는 점에서 재정·토지·입법의 세 가지 정책수단은 지방정부의 경제개발 노력의 부분적인 일면을 각각 반영하고 있다고 할 수 있다. 따라서 이 연구에서 세 가지 정책수단을 포괄적으로 파악하고자 한 것은 타당한 시도였다고 할 수 있다.

〈표 4.17〉 세 가지 정책수단 간 상관관계(피어슨 상관계수)

	재정	토지	조례
재정	1.000	0.435***	0.406***
토지		1.000	0.328***
조례			1.000

주: ***p<0.01, **p<0.05, *p<0.1.

4. 다른 정책들과의 관계

이제 이 연구에서 사용하는 경제개발정책 산출지표들의 의미를 유사한 수단이면서 정책내용이 다른 정책들과의 관계를 통해서 분석하고자 한다. 재정정책은 재정지출의 세 가지 다른 범주, 즉 일반행정, 사회복지 그리고 공공서비스 공급과의 관계를 통해서 분석한다. 토지정책은 유사한 도로연장 및 산림의 축소정도와 비교하며, 경제관련 조례와 관련해서는 참여제도, 환경정책 그리고 다른 연구자의 지표와 비교한다.

(1) 재정을 이용한 경제개발정책

경제개발 관련 지출은 일반행정비 지출 및 공공서비스 지출과는 이론적으로 어떤 관계가 성립되지 않는다. 이 두 정책영역은 피터슨이 할당정책(allocational policies)으로 분류한 범주에 포함될 수 있다. 할당정책은 지역의 성장에 중립적인 영향을 미칠 것으로 예견되는 정책이기 때문에, 경제개발정책과 관련을 맺지 않는다. 반면 이론적으로 경제개발 관련 지출은 사회복지 지출과 명백히 음의 관계가 성립된다. 이는 사회복지 등 재분배정책은 지역경제에 부정적 영향을 미치기 때문이다.

〈표 4.18〉 경제발전정책과 다른 정책과의 관계: 재정(피어슨 상관계수)

	행정비율	1인당사회복지	1인당공공서비스
경제개발비	-0.53***	0.48***	0.07
경제개발비율	-0.72***	-0.24***	0.38***
1인당경제개발	-0.52***	-0.51***	0.72***

주: ***p⟨0.01, **p⟨0.05, *p⟨0.1.

재정을 이용한 경제개발정책의 세 가지 측정방식과 세 가지 정책영역 간 상관관계 분석결과는 〈표 4.18〉에 정리되어 있다. 한국의 지방정부의 경우에 경제개발 지출은 일반 행정비의 비중과 일관되게 음의 상관관계를 보이고 있다. 즉 경제개발 지출수준이 높은 지역은 일반 행정비의 비중이 낮다. 반면에 1인당 공공서비스 지출과는 양의 상관관계를 갖는다. 경제발전지출 수준이 높은 지역에서 1인당 공공서비스의 지출 수준도 높게 나타나는 것이다. 다만 경제개발비 지출과 1인당 공공서비스 지출은 서로 상관성이 나타나지 않고 있다.

경제정책 산출 수준은 1인당 사회복지 산출 수준과는 이론적으로 역의 관계에 있다. 전자는 지역의 경제성장을 촉진하기 위한 지출이지만, 후자는 지역의 경제에 부담을 주는 정책이기 때문이다(Peterson 1981; Hibbs 1987). 하지만 상관관계 분석 결과는 일관된 것이 아니었다. 경제개발비율과 1인당 경제개발비는 1인당 사회복지비 지출과 예상대로 음의 관계를 나타냈지만, 경제개발비는 1인당 사회복지 지출 수준과 양의 관계를 보여 주고 있기 때문이다. 이것은 정치적 관점에서 경제발전에 치중하면서 동시에 사회복지에도 관심을 기울임으로써 시민과 빈곤층 모두에게 지지를 획득하려는 정치적 합리성이 동시에 작동하고 있다는 해석과 관련된 결과이다(Fry and Winters 1970; Wildavsky 1974; Rouke 1984; Wong 1988). 한국 지방정부는 경제개발정책과 사회복지 정책을 반드시 반대의 정책영역으로 인식하고 있는 것이 아님을 확인할 수 있는 증거이다. 이런 사실은 한국 지방 정치인들의 정책선호에 대한 기존의 연구에서도 확인할 수 있다.[88]

---

[88] 한국의 지방정부의 단체장들은 "사회간접자본"에 대한 지출선호도(2위)가 높지만 동시에 "사회복지"에 대한 선호도(3위)도 높다. 또한 이것은 주민의 선호와 일치하는 것으로 보고 있다. 이런 결과는 미국과 캐나다의 정책선호와 매우 상반된 것이다(사회간접자본 1위, 사회복지 12위). 정책반영도에 있어서도 사회복지 분야(1위)와 사회간접자본 분야(2위)에서 단체장의 정책선호가 가장 잘 반영된 것으로 보고 있다(이승종, 김홍식 1998: 53-59; 김홍식 1999). 소순창(2001: 173)은 재정지출에 대한 단체장의 선호도를 비교하면서, 한국의 경우 52.7%의 단체장이 재정지출을 증액하려는 의사를 보였는데, 미국의 29.8%, 일본의 34.3%와 비교하면 재정지출을 높이려는 경향이 강함을 알 수 있다.

(2) 토지와 조례

도시적 용도의 토지개발은 〈표 4.19〉에서 확인할 수 있는 바와 같이 도로연장의 증가와 밀접한 관련을 맺고 있으며, 반대로 산림면적과 음의 상관관계를 보이고 있다. 도로용도의 증가와 도로연장의 증가는 서로 밀접한 상관관계를 가질 것으로 예상되지만, 이보다는 도로연장의 증가는 대지용도 증가와의 상관관계가 더 컸다. 이것은 도로연장의 증가가 공장보다는 택지조성과 더 밀접히 관련되어 있다는 의미이다. 이 결과는 지방정부의 택지개발과 사회간접자본 시설의 확충 간의 관계를 구체적으로 검토해야 할 문제를 제기하고 있지만, 도로용지의 면적이 작은 시군도는 택지개발과 관련되고, 반면에 도로용지의 면적이 넓은 고속도로 및 국도는 공업단지 조성과 관련되어 있기 때문에 나타난 차이라고 할 수 있다.

〈표 4.19〉 토지개발과 도로연장 · 산림면적과의 관계(피어슨 상관계수)

	도로연장증가(96-01)	산림면적변화
증가량	0.48***	-0.40***
대지	0.49***	-0.30***
공장	0.26***	-0.23***
도로	0.27***	-0.39***

주: ***p〈0.01, **p〈0.05, *p〈0.1.

도시적 용도의 증가는 필연적으로 농지의 감소뿐만 아니라 산림자원의 훼손을 수반하고 있는데, 개발과 함께 환경의 가치가 강조되고 있는 현 상황에서 지방정부가 이 두 가치를 어떤 방식으로 조화시킬 것인가에 대해 적극적으로 고민할 필요가 있다.

　조례의 제정은 비단 경제개발정책에만 한정된 것은 아니다. 참여정책, 사회복지정책, 환경정책 등 모든 정책영역에서 조례는 제정되고 있기 때문이다. 이 중에서 환경정책과 관련된 지방의제21수립 현황을 조사하였다.[89] 지방의제21은 1992년 6월 브라질의 리우데자네이로에서 열린 환경과 개발에 관한 유엔회의에서 채택된 의제21의 제28장(의제21 실천을 위한 지방자치단체의 주도적 역할)에 따라, 지방정부별로 수립한 지속가능한 지역공동체의 발전을 위한 행동계획이다. 〈표 4.20〉에는 경제관련 조례 제정과 지방정부의 환경정책 산출의 상관관계가 분석되어 있는데, 둘은 양의 상관관계를 보여 주고 있다. 이것은 한국의 지방정부가 환경과 개발의 가치를 모두 중요하게 여기고 있다는 의미일까? 그와 같은 해석은 타당하지 않다고 본다.

〈표 4.20〉 입법 수단과 환경정책과의 관계(피어슨 상관관계)

	환경관련노력(7점 만점)
경제개발 관련 조례(5범주)	0.37***

주: ***p〈0.01, **p〈0.05, *p〈0.1.

　한국의 경우 1994년 이후 2001년 현재 79%의 지방정부가 지방의제21의 추진에 참여하고 있을 정도로, 단기간에 양적인 성과를 거두었다는 평가를 받지만, 실천계획이 아닌 선언적 행동지침이나 방향제시 등으로

---

[89] 이 지표는 환경부에서 간행한 『2001년 지방의제21 전국편람』(2001; http://www.la21.or.kr)에 수록된 지방정부별 자료를 정리한 것이다. 자료의 내용 중에서 지방의제 21 작성완료 여부, 지방의제 21 추진협의회 존재 여부, 환경선언 채택 여부, 환경기본조례 제정 여부, 실제 예산 투입 여부, 사무국 설치 여부, 환경보전중장기 계획 수립 여부 등 7개 범주를 선택하여, 각 범주에 해당되는 활동이 존재했는가에 따라 있으면 1점을, 없으면 0점을 부여하여 총 7점 만점의 지수를 구성한 것이다. 2001년 6월 현재의 추진상황을 기준으로 삼았다.

보는 인식이 팽배하고, 대부분 환경전문가나 공무원 등이 주도하는 등의 문제점이 나타나고 있어, 아직 실효를 거두고 있다는 평가할 수는 없는 상황이다(정응호 2003). 이 점에서 두 정책 간 양의 상관관계는 지방의제21 사업이 지역사회의 경제개발정책을 제약하지 못하면서 단지 상징정치 수준에서만 작동하고 있는 현실을 반영한 결과라 할 수 있다.

제3절　지방정부의 경제개발 전략

　피터슨은 도시의 전체 이익으로 간주될 수 있는 도시발전전략을 두 가지로 제시하였다. 하나는 지역의 경제적 지위의 향상이며, 다른 하나는 지역의 사회적 지위의 향상이다. 자본주의 사회에서 경제적 지위가 높은 지역은 다른 지역에 비해 상품의 생산과 소비에 있어 유리한 위치를 점할 수 있다. 도시의 경제적 생산력이 향상될 뿐만 아니라, 인구의 증가로 인해 시장이 확대되어 추가적인 성장이 가능하고, 부동산 가격의 상승으로 주민이 소유한 재산의 가치가 늘어나며, 잘 갖추어진 사회기반시설로 주민의 삶의 질이 향상되는 여러 측면의 승수효과(multiplier effects)를 기대할 수 있다는 점에서 경제적 지위의 향상은 중요하다(Peterson 1981: 22-24).

　지역의 사회적 지위의 향상의 예로는 미국의 교외지역(suburbs) 지방정부를 들 수 있는데, 상업과 공업의 발달로 인해 발생하는 혼잡비용이나 환경오염 등의 부정적 외부효과를 다른 지역에 전가하여 외부화하려는 시도와 밀접히 관련되어 있다. 이들 지역에서는 생활하기 좋

194

은 곳, 어메너티(amenity)와 삶의 질의 수준이 높은 곳으로 발전하기
위해 노력한다. 따라서 지역의 치안 수준, 교육 수준 그리고 여가 및
문화 시설 등 생활여건의 향상을 위한 효율적인 행정을 강조하게 된
다(Peterson 1981 : 30).

이상 두 가지 목표의 구체적인 정책사례는 두 가지인데, 하나는 자
본유입을 위해 국가공단 유치 혹은 산업단지 개발을 추진하는 방식이고,
다른 하나는 중산층 인구유입을 위해 중대단위 택지개발을 추진하는
방식이다[90](박종민 외 2001). 이 두 정책 중 어떤 것에 초점을 맞추
는가에 따라 지역주민의 구성이 변화하고 지역의 도시화에 따른 문제
가 달라질 수 있다. 지역주민의 구성에 있어서는 산업단지를 조성한
경우 주로 노동자들이 거주하게 되고, 택지개발의 경우에는 중산층이
거주하게 된다. 따라서 공업도시의 경우 지방정부는 고용과 소득 안
정, 임대주택 공급, 사회복지 혜택 등 사회적 소비(social consumption)[91]

---

90) 이 외에 지역개발전략을 산업유치 전략과 어메너티 전략으로 나눌 수 있
다(Clark 2000). 지방정부의 경제개발 전략을 좀 더 세분화한 시도로 Miranda
and Rosdil(1995)은 어메너티 전략(qualitative growth or amenity rich
strategy), 기업가주의(classic boosterism; entrepreneurialism), 문화관광산
업(historic-preservation strategy), 환경파괴적 성장전략(environmentally
harmful growth-promotion strategy), 그리고 재분배 전략(redistributive
growth, including linkage and minority equity)으로 나눈다. 또 Clark,
Green and Grenell(2001)은 경제개발의 전략을 공업화(standardized man-
ufacturing), 상업화(commercial and land appreciation), 그리고 첨단산업
(high tech)으로 나누었다. 그리고 고병호(1994; 1995)는 지역개발의 전략
을 성장모형, 재분배모형, 유연체제모형, 그리고 환경모형으로 나누었다.

91) Saunders와 Cawson 등의 이원국가론에 따르면, 국가기능을 사회적 투자
와 사회적 소비로 이분한다. 이것은 오코너의 국가기능의 삼분류인 사회
적 비용, 사회적 투자, 사회적 소비를 기초로 하고 있다(이종수 2002:
47). 사회적 비용(social expenses)은 경제활동에 필요하나, 직접적으로 이
윤촉진에 기여하지는 않는 기능을 위한 국가지출이다. 경찰, 군대, 정당

의 공급의 책임을 지게 된다. 반면 중산층이 거주하는 지역은 쾌적한 환경과 삶의 질을 강조하는 도시의 어메너티를 중시한다.

한국 사회에서도 이상 두 가지 도시화 및 경제개발 전략이 모두 발견된다. 우선 산업단지를 통해 성장한 대표적인 예로, 대기업의 입지로부터 발달한 포항시와 울산광역시 그리고 중소기업 위주의 공업단지로 시작한 창원시, 구미시 그리고 안산시 등이 있다. 울산광역시는 1962년 정부의 경제개발 의지가 강하게 반영되어 공업도시로 변모하기 시작했는데 10만 명이 채 되지 않던 도시에서 2000년에 인구 106만 명에 이르고, 2001년에는 전국 제조업 생산액의 12.7%인 74조 7,400억 원을 생산하는 광역시로 급성장하였다. 창원시는 1973년 9월 기계공업 기지로 지정되고 1974년 4월에 산업기지 개발구역으로 지정되면서 발전하기 시작하여, 1980년 당시 12만 명이었던 도시의 인구가 2000년에는 43만 명에 이르고 있으며 제조업 생산액은 2001년에 22조 2,930억 원으로 전체의 3.8%를 차지하고 있다. 포항시는 1949년 8월 15일 대통령령으로 포항읍이 시로 승격되고 1968년 포항철강공단이 입지한 이후 급격히 성장하였는데, 당시 5만에 불과하던 인구는 2000년 51만 7천 명으로 10배 이상 늘었으며 제조업 생산액은 전국의 2.4%에 해당하는 14조 2,400억 원에 이른다. 구미시는 2000년에 인구가 35만 명이며 제조업 생산액은 30조 6,000억 원으로 전국 생산액의 5.2%에 이르고 있으며, 기초 지역 중에서는 공업이 가장 발달한 지역이다. 구미시 역시 1969년 산업단지 계획이 수립되고 1977년에 산업기

화 기능이 여기에 해당된다. 사회적 투자(social investment)는 직접적으로 자본을 위해 생산수단을 제공하는 기능을 위한 지출이다. 사회간접자본 확충이나 자본 제공 등이 해당된다. 사회적 소비(social consumption)는 노동비용을 감축시키기 위한 기능으로 집합적 소비와 연금 등 사회보험이 여기에 해당된다(정용덕 외 2001: 48-49).

지 개발구역 고시를 통해 성장해 왔다(이만형 외 1998). 안산시는 1977년 반월신공업도시계획 발표를 계기로 발전하기 시작하여 1980년에 3만 명도 되지 않던 것이 2000년에 인구가 60만 명으로 늘어났고 제조업 생산액은 20조 1,320억 원(3.4%)에 이를 정도로 성장하였다(권용우 1997).

다음으로 택지개발을 통해 중산층 중심으로 성장한 대표적인 예로 과천시, 성남시(분당) 그리고 고양시(일산) 등을 들 수 있다. 이 세 도시는 다른 도시에 비해 쾌적한 생활환경(공원, 교육, 교통 등)을 보유하고 있으며, 고가의 부동산을 소유한 중산층이 거주하고 있다. 우선 과천시는 서울에 집중된 행정기능의 일부를 분산시킬 목적으로 1978년에 수립된 행정신도시건설계획에 따라 건설되기 시작했고, 1986년에 시로 승격하면서 시흥군에서 떨어져 나왔다. 인구는 7만 명 정도로 작은 편이지만, 재정자립도가 높고 쾌적한 도시로 알려져 있다. 다음으로 성남시는 두 차례의 대단위 택지개발을 통하여 급성장한 도시이다. 첫째는 1968년 서울특별시 철거민 집단의 이주지로 본격적으로 개발되었고, 두 번째는 1989년 "분당 신도시" 계획을 통해서이다. 1969년에 3만 5천 명에 불과했던 인구는 2000년에 94만 명에 육박하여 1969년에 비해 약 27배가 증가하였다(성남시 2000). 마지막으로 고양시는 1989년 수도권 지역의 주택부족을 해소하기 위하여 건설된 5개 신도시의 하나로 본격적으로 개발되었다. 1989년에 23만 명이던 고양군의 인구는 2000년에 81만 명으로 급격히 증가하였다.

그러나 아쉽게도 지금까지 살펴본 사례들은 모두 중앙정부가 주도하여 성장한 사례들이다. 따라서 이상의 사례들로는 지방자치제가 실시되고 있는 현 상황에서 지방정부의 경제개발 노력에 대한 함의를 얻기에는 부족하다.

이런 점을 고려하여, 한국 기초 지방정부의 도시화 및 경제개발 전략을 분석하기 위해서, 이 연구에서는 지방정부의 토지이용 방식에 주목해 보았다. 토지의 이용패턴을 통해서 지방정부의 경제개발 전략을 보다 직접적으로 확인할 수 있는데, 대지, 공장용지 그리고 도로용지 등 각 지목의 명칭을 통해서 토지의 이용 목적을 정확히 알 수 있기 때문이다. 대지는 인구의 유입을 위한 것이며, 공장용지는 산업유치를 위한 것이고, 도로용지는 사회간접자본의 확충을 위한 것이다. 이 중에서 대지용도의 증가량과 공업용지의 증가량을 각각 지방정부의 인구유입 전략과 공업화 전략의 지표로 해서, 한국 기초 지방정부의 지역개발 전략을 요약한 것이 〈표 4.21〉이다.

〈표 4.21〉 도시화 및 경제개발 전략

		공업화 전략(공장용도 증가)	
		평균 이상	평균 미만
인구유입 전략	평균 이상	39(17.3%)	33(14.6%)
(대지 증가)	평균 미만	14(6.2%)	140(61.9%)

〈표 4.21〉을 보면 약 17.3%에 해당하는 39개 지역은 인구 유입과 공업화 전략을 동시에 추구하고 있다. 두 가지 전략을 모두 사용하는 지역은 1996년 이후 급격히 성장한 도시들이 다수 포함되어 있다. 용인시, 평택시, 김해시, 시흥시 등이다. 인구유입 전략만을 추구한 지역은 전체의 14.6%인 33개 지역이고 공업화 전략만을 추구한 지역은 14개 지역이다. 그러나 전체 226개 지방정부 중에서 약 62%에 해당하는 140개 지방정부는 특성을 가진 개발전략을 추진하지 못하고 있다. 인구 유입을 위해서 택지를 개발하거나 공업화를 위해서 산업단지를 조

성하는 등에 있어 적극적이지 못한 것으로 나타났다. 이상에서 추론할 수 있는 것은, 한국 지방정부의 도시화 및 경제개발의 목표가 불분명하다는 것이다. 2/3에 육박하는 지방정부가 지역개발을 위한 전략을 수립하지 못하고 있는 것은, 지방정부의 경제개발정책이 지역사회의 실정에 맞추기보다는 '단지 무언가 하고 있는' 상태에 머물러 있는 현실을 반영한 결과라 할 수 있다.

이런 상황은 지난 10년간 여러 지방정부에서 공업화, 첨단산업화, 지역문화산업 그리고 관광 및 이벤트 산업 등 다양한 경제개발 노력을 시도하고도 의도한 효과가 나타나지 못한 이유를 설명해 준다. 우선 공업화를 위해서 지방정부가 사용하는 방법은 산업단지의 조성[92]이다. 지방산업단지는 지방의 제조업들을 일정장소에 집적시키고 제조업 생산에 필요한 물리적 기반을 우선 갖춤으로써 공업용지의 난개발을 방지함과 아울러 생산기반을 전국으로 확산시키는 데 결정적 기여를 한 것으로 평가받는다(김선기, 권오혁 1999: 제4장). 그러나 산업단지의 조성이 경제적 효율성에 입각해 있다기보다는 지역 간 형평의 제고라는 국가정책 목표에 치중한 개발이었고, 대규모 단지 위주의 개발로 기업의 다양한 수요에 탄력적이고 신속하게 대처하지 못했을 뿐만 아니라, 획일적 개발로 인해 산업구조의 변화에 대처하지 못했다는 비판과 함께 지방정부의 사후 관리능력에 대해서도 회의적인 평가가 지

---

92) 지방산업단지가 본격적으로 조성되기 시작한 것은 1970년대로 지방공업개발법의 제정과 함께 각 권역별 지방거점도시에 지방공업개발장려지구를 조성함으로써 지방도시에 산업기반을 구축하였다. 1980년대에는 수도권을 제외한 지방에 농공단지를 개발함과 동시에 낙후지역으로 인식되어 온 서남권에 집중적으로 조성되었다. 지방자치제가 실시된 1990년대에는 산업단지 관련법을 산업입지법과 공업배치법으로 통합하면서 산업단지개발에 관한 규제완화와 절차간소화를 통해 지방산업단지개발이 매우 활발히 추진되었다(김선기, 권오혁 1999).

배적이다(김선기, 권오혁 1999).

일반 산업단지에 대한 비판과 함께 업종의 전문화를 강조하는 전문기업지구(김선기, 권오혁 1999)와 혁신 클러스터를 강조하는 첨단산업단지[93](권영섭 2002) 등이 대안으로 제기되고 있다. 이 중에서 첨단산업단지의 경우, 1990년대 초부터 광주, 오창, 전주에 단지가 준공되어 기업들이 입주하거나 분양 중에 있고, 부산과 강릉은 2005년, 오송은 2006년 그리고 대전은 2007년에 준공하는 것으로 계획되어 있다. 1990년대 조성된 첨단산업단지는 특정지역을 혁신하는 데 용이한 연구개발, 교육, 생산, 생산지원서비스 및 주거 기능 등 각종 기능이 복합적으로 연계되어 있고, 규모의 경제를 꾀할 수 있을 수 있다는 계획상의 특징을 갖는다(권영섭 2002). 그러나 그 효과에 대해서는 아직 회의적이다. 이것은 1990년대 첨단산업단지가 개발기간이 최저 10년에서 15년이 소요되는 대규모 사업으로 지방정부의 재원 조달이 용이하지 않은 것, 대도시 주변지역의 입지가 벤처기업과 신생 중소기업들이 정착하고 성공하는 데 있어서는 불리하다는 점, 물리적 인프라 위주의 개발로 사회적 하부구조에 대한 고려가 부족했으며, 제도적 기반도 취약했다는 점 등에서 이유를 찾을 수 있다(권영섭 2002). 이로 인해 첨단산업단지가 주민들에게 주는 지역개발에 대한 상징성에도 불구하고

---

93) 현재 국내에서 개발되고 있는 첨단산업단지들은 법적 성격에 따라 국가산업단지의 경우에는 첨단산업단지라는 용어를 사용하는 반면, 지방산업단지는 과학산업단지라는 용어를 사용하고 있다. 그러나 실제 이 둘의 차이는 없다(권영섭 2002: 84, 각주1). 첨단산업단지란 첨단기술산업을 전략산업으로 육성하면서 동시에 교육, 문화 및 어메니티가 뛰어난 생활환경을 조성하려는 노력의 일환이다. 대표적인 예로 대만의 신죽 첨단산업단지, 프랑스의 소피아 앙티폴리스, 미국의 실리콘밸리 등이 있다. 여기에서 첨단산업이란 기술 집약도가 높고 기술혁신이 빠르며, 부가가치가 높고 산업에 파급효과가 커 시장 잠재력이 무한한 산업으로 크게 신소재 산업, 전자정보산업, 생물산업, 우주항공산업, 정밀화학산업 등을 들 수 있다.

실제 효과는 미미했던 것이다.

제조업 유치 전략에 대한 또 다른 대안으로 문화지향적 개발[94]이 거론된다(임경수 2002). 문화지향적 개발은 전통과 관습, 유·무형의 문화 예술이 살아 숨쉬는 지역공간을 창출하고 자연과 인간, 현대와 과거가 함께 공존하는 개발전략을 추구한다. 이러한 문화지향적 개발 전략의 대표적 형태가 문화산업육성이다. 국내 문화산업정책은 1990년 대 초까지만 해도 도시정책의 일환으로 문화시설의 공급에 초점이 맞추어져 있었으나, IMF 금융위기 이후에는 산업정책의 하나로 국가나 도시의 경제활성화와 경쟁력 제고에 적극 활용되고 있다(구문모 2001). 문화산업단지로 지정된 지역은 대전(영상, 게임), 춘천(애니메이션), 부천(출판문화), 청주(교육용 게임), 광주(디자인, 캐릭터, 공예), 경주 (VR기반사업), 전주(디지털 영상) 등이다. 그러나 문화산업정책에 대한 비판을 보면, 문화산업의 발전을 위해서 필요한 고도의 전문 인력과 기술력이 대부분의 지역에서 부족하다는 것, 그리고 지나친 정부주도로 지역 수요자의 정서와 욕구를 충분히 반영하지 못하고 있다는 비판이 제기되고 있다(구문모 2001).

마지막으로 지역의 발전전략으로 제기되고 있는 것은 지역이 가진 자연자원과 문화자원을 이용한 관광과 이벤트로 대표되는 장소 마케팅(place marketing)[95]이다. 지역이벤트의 개최 현황을 보면, 2001년

---

94) 특히 전통적 산업화로 인한 공해유발, 과밀 도시집적, 도시혼잡비용의 증대 등의 부작용을 해소하기 위하여 대안으로 환경친화적 개발전략, 미래의 지식기반사회에 적합한 첨단과학도시개발전략, 문화지향적 개발전략이 새로운 개발패러다임으로 대두하고 있다(임경수 2002: 73). 문화산업은 소비자 서비스업에 속하며, 출판업, 음반산업, 게임산업, 영화산업, 방송산업, 광고산업 등이 포함된다.

95) 장소 마케팅은 그 지역의 공공과 민간이 협력하여 상품 수요자인 기업과 주민 그리고 관광객이 선호할 제도, 시설과 이미지를 개발하려는 전

현재 전체 408개 지역 이벤트 중, 영남권이 130개, 호남권이 97개, 충청권이 72개, 수도권이 63개, 강원도가 33개 그리고 제주도가 13개 등으로 분포되어 있다. 또한 대도시보다는 중소도시와 군 지역에서 활발히 개최되고 있다. 장소 마케팅은 지역의 사회 경제적 발전뿐만 아니라, 주민의 자발적 참여와 정체성이 바탕을 이루어 추진될 때 성공적이다. 그러나 대부분의 지역 이벤트의 추진주체는 지방정부이기 때문에, 선거와 관련된 정치적 행사로 전락되는 경향이 강하며 지역적 특성을 반영하지 못하고 천편일률적인 모습을 보이고 있어, 다른 지역에서 개최하니까 우리 지역에서도 개최한다는 식의 하나의 정책유행(policy fashion)에 불과한 경우가 많다는 비판이 있다(김재철 1999; 신윤창 2001; 구문모 2001).

이상에서 한국 지방정부의 지역발전 전략인 택지개발 사업, 제조업 유치, 첨단산업 유치, 문화산업 육성 그리고 장소 마케팅이 지역성장과 주민의 삶의 질 향상이라는 본래의 목적을 달성하지 못하고 있다는 비판적 연구들을 살펴보았다. 비록 엄밀한 검토는 아니었지만, 이 논문과 관련하여 주장할 수 있는 바는 한국 지방정부의 경제개발정책이 경제적 논리보다는 정치적 논리에 의해 좌우되고 있다는 추론이 가능하다는 것이다. 모든 지역발전 전략에 있어 민간부문보다는 정부부문이 주도하고 있다. 그러나 사업의 시작 단계에서 제시한 청사진과 적극적인 태도와는 달리, 사후 관리나 운영 과정에서 효과적이지 못한 것으로 나타났다. 이것은 지방정부의 정책역량과 지역의 특성을 충분히 고려하지 않은 상태에서 추진되었기 때문인데, 그 결과 획일적이고 천편일률적인 정책이 산출되어 지방분권의 이점을 살리지 못하고 단

략이다. 영국의 경우, 런던 도클랜드, 쉐필드, 브리스톨, 글래스고, 그리고 버밍엄 등이 장소 마케팅에 성공한 사례로 거론된다(하혜형 1998).

지 중앙정부의 정책에 반응하는 수준에 머물러 있는 상태라 할 수 있다. 즉 경제적 효율성의 논리에 따른 것이 아니라, 중앙정부와 광역정부의 정책에 반응하거나, 지역 주민에게 가시적 성과를 보이기 위한 정치적 논리에 기반하여 추진된 것이라 할 수 있다.

제4절 소 결

이 장에서는 한국 지방정부의 경제개발정책의 현황을 전체적 시각에서 파악하고, 시군구별 그리고 광역지역별 분포를 기술하였고, 경제개발전략에 대해 검토하였다.

한국 지방정부가 지난 10년간 지역개발을 위해 부단히 노력했다는 것은 부인할 수 없는 사실이지만, 낮은 자율성, 낮은 재정력 그리고 낮은 전문성으로 인해 효과적인 개발정책의 계획 및 추진에 한계를 느끼고 있다. 지방정부의 일반회계 세출구조를 관찰한 결과 일반 행정비의 비중은 줄어들고 있는 반면, 경제개발 관련 지출 중 기업지원 관련 지출이 증가하고 있고 사회복지지출도 급증하는 등 사업지출이 늘고 있어 긍정적인 변화를 보여 주고 있다. 또한 지방정부는 산업단지 지정과 도로 확충에 있어 적극적인 것으로 나타났다. 그러나 정책 프로그램에 있어서는 아직 단조롭고, 조례 제정을 이용한 경제개발정책의 산출은 높은 수준은 아니었다는 점에서 개선이 요구된다.

시군구별 분포를 보면, 대도시 자치구는 개발수준이 가장 높아서 추가로 개발에 투입할 토지는 부족한 상황이고 독자적인 경제개발정책을 추진할 수 있는 도시계획의 권한이 제약되어 있기 때문에, 경제개발을 위한 정책산출수준이 가장 낮았다. 군은 유휴 토지가 가장 많지만 열악한 재정과 부족한 인력으로 인해 필요한 경제개발정책을 효과적으로 추진하지 못하고 있었다. 반면 일반시는 경제발전에 유리한 조건을 가지고 있고 자원도 상대적으로 풍부하기 때문에 가장 적극적으로 경제개발정책을 추진하고 있었다.

광역지역별로 경제발전의 가장 유리한 조건을 가진 수도권은 각종 규제에 묶여 있으나, 인구 집중에 따른 주택문제 해소 차원에서 대지 용도의 개발이 활발했다. 재정 수단을 가장 적극적으로 활용한 지역은 강원지역이며, 호남지역과 충청지역은 토지 수단을 가장 적극적으로 활용하였다. 반면에 영남지역은 모든 지표에서 가장 낮은 산출을 보여 쇠퇴하는 지역경제 문제에 적극적으로 대처하지 못하고 있는 것으로 나타났다.

재정 산출의 총량·비율·1인당 금액 등 세 가지 측정방식을 비교하면, 세 가지 측정방식은 경제개발정책의 전반적으로 같은 측면을 반영하고 있지만 부분적으로는 상이한 측면을 반영하고 있다고 말할 수 있다. 재정, 토지, 조례의 세 가지 정책 수단을 비교한 결과는 전체적으로 경제개발정책의 산출수준을 부분적이지만 잘 반영하고 있다고 말할 수 있다.

다른 정책영역과의 관계를 보면, 한국의 지방정부는 경제개발정책과 사회복지정책을 반대의 정책영역으로 간주하지 않고 있기 때문에, 정치적 합리성이 경제개발정책에도 작동할 수 있음을 보여 주었다. 또 토지의 도시적 용도의 증가는 농지 감소 및 산림파괴와 음의 상관관계를 가지고 있어, 개발과 환경의 가치를 어떻게 조화시킬 것인가에 대한 적극적인 노력의 필요성을 보여 주었다. 그리고 경제관련 조례의 채택과 환경관련 조례의 채택은 서로 양의 관계를 보여 주었으나 이것을 지방정부가 환경과 개발 가치를 조화롭게 추구하고 있다고 해석하기에는 무리가 있었다. 그 이유는 경제관련 조례의 채택에 전반적으로 소극적일 뿐만 아니라 환경정책의 활동이 상징정치 수준에서 작동하고 있기 때문이다.

지방정부의 경제개발 전략은 이론적으로 지역의 경제적 지위를 향상시키기 위한 노력과 사회적 지위를 향상시키기 위한 노력으로 나눌 수 있지만, 한국의 경우 사회적 지위 향상을 위한 지방정부의 자체적인 노력은 거의 발견되지 않는다. 따라서 경제적 지위 향상을 위한 노력이 주를 이룬다고 말할 수 있다. 그러나 전체적으로 독자적인 경제개발전략이 있다고 논하기에는 무리가 있다. 지역발전 전략으로 주로 거론되는 택지개발, 제조업 유치, 문화산업 육성, 장소 마케팅 등에 대한 기존 연구들을 보면, 지역사회의 수요에 대응하고 있다기보다는 이웃 지방정부의 정책을 모방하는 성격이 강하고, 개발노력에 대한 상징적이고 정치적인 효과에 치중하는 경향에 대한 비판이 많았다. 결국 현재의 상황은 지역의 특성을 살리지 못하고, 전국적으로 획일적이고 천편일률적인 정책이 산출되어 지방분권의 이점을 발견할 수 없고, 단지 중앙정부의 정책을 추종하는 수준에 머물러 있는 것으로 평가할 수 있다.

제5장

경제개발정책 결정요인 분석

제1절 경제개발정책에 관한 상관관계 분석

1. 정책수요: 경제발달 수준

경제적 발달수준과 정책수단별 경제개발정책의 산출수준과의 상관관계는 〈표 5.1〉에 정리되어 있다. 지역의 도시화 정도와 경제적 지위를 통합한 경제발달 지표는 경제개발비를 제외한 토지이용과 조례제정의 2개 정책산출과 통계적으로 유의미한 음(−)의 상관관계를 보여주고 있어, 토지수단과 입법수단에 있어서 경제적으로 발달한 지역일수록 경제개발 정책의 산출 수준이 낮아질 것이라는 정책수요 가설이 작동하고 있다. 반면 경제개발비의 경우에는 상관관계의 방향은 작업가설1의 예측과 같았지만 상관계수의 크기는 통계적으로 유의미한 수준이 아니었다.

이처럼 정책수단에 따라 다른 결과를 보여 주고 있으나, 경제발달 수준과 경제개발정책의 산출수준과 관련된 3개의 종속변수와 모두 같은 방향(음의 방향)의 상관관계를 나타내고 있기 때문에, 한국 지방정부의 경제개발정책에 대해서 정책수요 가설의 논리가 강하지는 않지만 작동하고 있다고 말할 수 있다.

〈표 5.1〉 경제발달수준과 경제개발정책 산출과의 상관관계(피어슨 상관계수)

	경제개발비	토 지	조 례
경제발달 지표	-0.026	-0.227**	-0.183**

주: **p〈0.01, *p〈0.05

2. 정부 간 관계

정부 간 관계는 재정적 관계와 정치적 관계의 두 종류로 나뉜다. 아래의 〈표 5.2〉에 정부 간 관계와 경제개발정책 산출과의 상관관계가 정리되어 있다.

〈표 5.2〉 정부 간 관계와 경제개발정책 산출과의 상관관계(피어슨 상관계수)

변 수	지 표	경제개발비	토 지	조 례
재정적 관계	국고보조금 비율	-0.028	0.191**	0.065
	지방양여금 비율	0.120	0.208**	0.378**
	시도보조금 비율	-0.294**	-0.051	-0.370**
정치적 관계	여당 지표	0.031	-0.026	-0.140*
	무소속 지표	0.033	0.006	0.005

주: **p<0.01, *p<0.05

국고보조금, 지방양여금, 시도보조금은 지방정부의 재정적 영향력을 측정하는 지표이며, 각 지표의 값이 커질수록 지방정부의 재정력이 보강되기 때문에 지방정부의 경제개발정책의 산출수준은 높아지는 것으로 예상된다(작업가설 2-1).

분석결과 지방양여금의 영향력은 3개의 경제개발정책 산출지표와 양의 상관관계를 가지고 있다. 이것은 가설의 예측과 일치하는 결과이다. 또한 국고보조금의 영향력은 경제개발비 지출과 조례를 이용한 경제개발정책의 산출에 대해서는 중립적이나 토지수단에 있어서는 가설의 예측과 일치한다. 따라서 중앙정부의 지원금은 지방정부의 경제개발정책의 산출수준을 높이는 데 기여하고 있다고 말할 수 있다.

그러나 광역정부의 보조금은 세 가지 정책수단에 대해 모두 음의 상관관계를 나타내고 있다. 따라서 예측과 달리, 광역정부의 보조금은 기초지방정부의 경제개발노력을 촉진하는 성과를 보여 주지 못하고 있다.

지방양여금의 영향력은 국고보조금의 영향력보다 더 강하게 나타나고 있는데, 이는 지방양여금의 용도가 경제개발 관련 사업들과 관련되어 있는 반면 국고보조금의 경우에는 사회복지 등 타 정책영역의 사업도 포함되어 있기 때문에 나타난 결과로 설명할 수 있다.

중앙정부와 지방정부 간의 정치적 관계를 측정하기 위해, 여당 소속 후보가 당선된 횟수와 무소속 후보가 당선된 횟수를 조사하였다. 이 점수가 높을수록, 지방정부의 경제개발정책 산출수준은 높아질 것으로 예상하였다(작업가설 2-2). 이것은 야당 지역에 비해 여당 지역과 무소속 지역은 정부 간 정치적 관계가 우호적이기 때문에 중앙정부의 지원을 더 많이 받을 수 있을 것이라는 논리에 기반한 것이다.

그러나 분석 결과는 정부 간 정치적 관계는 지방정부의 경제개발정책 산출수준에 영향을 미치지 않는 것으로 나타났다. 다만 여당의 당선빈도가 높은 지역에서 조례를 이용한 정책산출에 대해서는 음의 상관관계가 발견되었을 뿐이다.

또 작업가설 2-2-2에서 정부 간 정치적 관계의 영향력은 여당 후보 당선빈도가 높은 지역〉 무소속 당선빈도가 높은 지역〉 야당 후보 당선빈도가 높은 지역순으로 나타날 것으로 예상했다. 이와 관련하여 〈표 5.3〉을 보면, 중앙정부의 재정지원에 대해, 상관계수의 크기는 무소속 후보의 당선빈도가 높은 지역, 야당 후보의 당선빈도가 높은 지역 그리고 여당 후보의 당선빈도가 높은 지역순으로 나타난다. 이는 무소속 지역에 대해서는 적극적으로 포섭전략을 취하고, 야당지역에 대해서는 선택적인 포섭전략을 취하며, 여당지역에 대해서는 지지에 대한 혜택을 주지 못하고 있다는 의미이며, 여당 후보들이 선거 시에 펼치는 여당의 공천을 받은 후보이기 때문에 지역의 발전을 위해 더 기여할 수 있을 것이라는 주장이 사실이 아님을 보여 주고 있다. 이 결과는 중앙정치를 장악한 집권당의 입장에서 자신을 지지하는 지역(여당지역)에 더 많은 배분을 하기보다는 무소속 지역에 더 많은 지원을 함으로써 정치적 지지 기반을 더 확대하려는 정치적 판단 때문인 것으로 사료된다.

〈표 5.3〉 정부 간 재정적 관계와 정치적 관계 간의 상관관계(피어슨 상관계수)

	여당 지표	무소속 지표	야당 지표
국고보조금 비율	-0.100	0.164*	-0.072
지방양여금 비율	-0.237**	0.308**	-0.086

주: **p<0.01, *p<0.05

이상의 결과만 보면, 중앙정부의 지원금을 많이 획득하려면 지방주민들은 정당 소속의 후보가 아니라 무소속 후보를 지지해야 할 것이다. 이처럼 정치적 반대 지역에 대한 정치적 배려에 대한 설명은 민주화 이후 노태우 정권하에서 국고보조금이 대구경북 지역에 유리하게 배분되었다는 전상경(2002)의 연구와는 배치되지만, 지방자치가 실시된 1992년과 1993년에 당시 여당지역이었던 대구경북 지역에 국고보조금이 불리하게 배분되었다는 강문희(2002)의 분석결과와는 일치한다.[96]

---

96) 강문희는 이것을 지속적인 현상으로 해석하지 않고, 중요한 선거 국면마다 중앙정부가 지방지원금을 정치적으로 이용하는 것으로 보았다. 정치적 위기 상황에서 국고보조금에 지역변수의 영향력이 강해지고, 선거가 없었던 시기에는 지역의 영향력이 사라졌기 때문이다(강문희 2002: 176).

3. 지방정부

지방정부 요인은 지방정부의 재정력, 지방정부의 인력규모, 단체장의 정책성향 및 리더십 변수로 구성되어 있다. 측정지표로 지방정부의 재정력 지표와 인력규모 지표를 구성하였고, 리더십의 지표로 단체장의 재선을 선택하였다. 단체장의 정책성향에 대한 어느 정도 합의된 지표가 없는 관계로, 단체장의 개인적 특징을 대리지표로 선정하였다. 따라서 단체장의 개인적 특성과 관련된 지표는 상관관계 분석에서 일관된 패턴을 보인 지표들만 회귀분석에 투입할 것이다. 이것은 단체장의 개인적 특성과 정책산출 수준과의 이론적 근거가 명확하지 않기 때문에, 지표를 조심스럽게 해석하기 위한 조치이다.

(1) 지방정부의 재정력

재정력 지표와 경제개발정책 산출수준과의 상관관계는 〈표 5.4〉에 정리되어 있다. 일반적으로 재정력이 높을수록 지방정부가 활용할 수 있는 가용재원도 많아지게 되어 지방정부의 정책자율성은 높아지게 되므로, 경제개발정책에 있어서도 더 많은 산출을 예상할 수 있다(작업가설 3-1).

〈표 5.4〉 지방정부의 재정력과 경제개발정책 산출과의 상관관계(피어슨 상관계수)

	경제개발비	토 지	조 례	N
재정력 지표(전체)	0.219**	-0.031	-0.088	226

주: **p<0.01, *p<0.05

이 점에서 재정력 지표와 경제개발비 지출 사이에 유의미한 상관관계가 나타난 것은 위의 재정력 가설이 사실임을 보여 준다. 그러나 〈표 5.4〉는 재정력 가설의 한계 또한 보여 주고 있다. 토지와 입법 등 다른 두 종속변수에 대해 재정력은 영향을 미치지 못하는 것으로 나타나기 때문이다. 이는 지방정부의 재정력 수준이 높다고 하더라도, 지방정부가 활용할 수 있는 정책수단 중 재정수단에 대해서만 의미 있는 결과가 도출될 뿐이며 다른 정책수단에 파급효과는 적다는 의미이다.

(2) 지방정부의 인력규모

지방정부의 인력규모와 경제개발정책의 산출수준과의 상관관계는 〈표 5.5〉에 정리되어 있다. 지방정부의 인력규모는 매우 중요하다. 상대적으로 업무부담이 적은 조직환경하에서 지방정부는 모든 정책영역에서 보다 많은 정책을 산출할 수 있을 것이기 때문이다(작업가설 3-2).

〈표 5.5〉 지방정부의 인력규모와 경제개발정책 산출과의 상관관계 (피어슨 상관계수)

	경제개발비	토 지	조 례
지방정부의 인력규모	0.093	0.051	0.177**

주: **p〈0.01, *p〈0.05

공무원 1인당 민원서류·인구·면적으로 측정한 지방정부의 인력규모(공무원의 업무부담수준)는 경제개발정책의 산출수준에 모두 긍정적인 영향을 미치고 있어, 작업가설3-2의 예측과 일치한다. 그러나 그 강도는 약했는데 입법수단에 대해서만 유의미한 상관관계가 나타난다.

이 결과는 지방공무원의 업무부담은 적은 지방정부일수록 입법수단을 활용한 경제개발 노력에 더 적극적이며, 재정수단이나 토지수단에 대해서는 영향력이 없다는 것을 의미한다.

(3) 단체장의 개인적 특성

단체장의 개인적 특성의 영향력을 분석하기 위해 단체장의 경력, 연령 그리고 소속정당을 조사하였다. 〈표 5.6〉을 보면, 3개의 정책산출 지표에 대해 단체장의 개인적 특성을 나타내는 변수들의 영향력은 거의 없는 것으로 나타난다. 따라서 단체장의 개인적 특성과 관련된 작업가설 3-3은 기각되었다고 말할 수 있을 정도이다.

관료출신 단체장의 선출빈도가 높을수록 경제개발비의 산출수준이 높아진다는 단 하나의 관계만이 유의미한 것으로 나타난다.

관료출신 단체장이 경제개발정책에 더 적극적이어야 할 근거는 무엇인가? 관료출신 단체장들은 주로 경제개발 시기에 공직에 몸담았던 사람들이기 때문에 자연스럽게 성장위주의 논리에 익숙해져 있을 수 있다. 또한 관료출신 단체장 후보들은 지방공무원 조직과 각종 연줄을 활용하여 중앙정부로부터 더 많은 지원을 얻어낼 수 있다는 자신감을 가지고 있는데, 이를 근거로 지방선거에서 자신은 행정의 전문가이기 때문에 지방행정을 잘 다룰 수 있으며 중앙정부와 연줄이 있어 지역의 개발사업을 다른 후보보다 더 잘 수행할 수 있다는 논리를 펼치기도 한다. 반면 경제개발정책에 적극적일 것으로 예상할 수 있는 기업 출신 단체장들이 당선된 곳에서 경제개발정책 산출이 특별히 높게 나타나지 않은 것은 관료조직에 대한 이해와 중앙정부와의 인맥의 중요성을 반증하고 있다고 말할 수 있다.

〈표 5.6〉 단체장의 개인적 특성과 경제개발정책 산출과의 상관관계
(피어슨 상관계수)

	경제개발비	토 지	조 례
관료경력	0.142*	0.064	0.019
기업출신	-0.025	0.008	-0.106
평균 연령	0.007	0.068	0.114
한나라집권	0.082	-0.083	-0.100
민주당집권	-0.112	-0.064	-0.029

주: **p<0.01, *p<0.05

(4) 단체장 재선

작업가설3-4에서 단체장이 재선되었다면 초선 단체장보다 강한 리더십을 발휘할 수 있어 지방정부의 경제개발정책의 산출수준이 높아질 것이라는 예측을 하였다. 〈표 5.7〉은 재선여부에 따라 경제개발정책 산출의 평균에 차이가 나타나는가를 검증하기 위한 독립표본 T-검정 결과를 요약하고 있다.

〈표 5.7〉 재선여부와 경제개발정책 산출에 관한 독립표본 T-검정

	평균의 동일성에 대한 t-검정			평균차
	t	자유도	유의확률(양쪽)	(재선-교체)
경제개발비	1.222	224	0.223	4,135.92
토 지	1.918	224	0.056	0.57
조 례	1.285	224	0.200	0.22

주: 재선=1, 교체=0.

평균의 차이를 보면, 단체장이 재선된 지방정부의 경제개발정책 산출수준이 단체장이 바뀐 지방정부의 산출수준보다 높다. 경제개발비는 평균 41억 원이 더 많고, 토지의 도시적 이용의 증가는 평균 $0.57km^2$ 많으며, 조례의 제정도 평균 0.22개 정도 많다. 그러나 $p < 0.05$의 수준에서 통계적으로 유의미한 차이를 나타낸 것이 하나도 없으므로, 단체장의 재선은 지방정부의 정책산출 수준에 어떤 영향을 미치고 있지 않으며 작업가설 3-4는 입증되지 않았다고 할 수 있다.

4. 지방시민사회

지방시민사회의 영향력과 관련하여, 이 연구에서는 정치적 경쟁 지표와 자영업 집단 비율, 자택소유자 비율 그리고 주요 NGO의 지부의 수를 측정하였다. 정치적 경쟁을 통해 일반 주민의 선거정치에서의 의사표현의 영향력이 어느 정도인지 가늠해 볼 수 있으며, 자영업 집단 비율과 자택소유자의 비율은 성장연합의 형성가능성을 나타내며, 주요 NGO의 지부의 수는 반성장연합의 형성가능성을 나타낸다.

(1) 정치적 경쟁

정치적 경쟁이 치열한 경우 일반적으로 지역주민이 원하는 정책의 산출수준은 높아지게 된다(작업가설 4-1). 이와 관련하여 정치적 경쟁과 경제개발정책 산출과의 상관관계는 〈표 5.8〉에 정리되어 있는데, 정치적 경쟁이 치열한 지역일수록 대체로 경제개발정책의 산출수준은 높아지는 것으로 나타난다. 특히 경제개발비와 조례제정에 있어서는 통계적으로도 유의미한 결과를 나타내고 있다.

〈표 5.8〉 정치적 경쟁과 경제개발정책 산출과의 상관관계(피어슨 상관계수)

	경제개발비	토 지	조 례	N
정치적 경쟁	0.167*	0.091	0.170*	226

주: **p<0.01, *p<0.05

(2) 성장연합

성장연합의 형성가능성을 파악하기 위해 자영업 집단과 자택 소유자의 비율을 조사하였다. 〈표 5.9〉에 성장연합의 형성가능성과 경제개발정책의 산출수준과의 상관관계가 정리되어 있다.

〈표 5.9〉 성장연합과 경제개발정책 산출과의 상관관계(피어슨 상관계수)

	경제개발비	토 지	조 례
자영업 집단 비율	0.021	0.281**	-0.092
자택 소유자 비율	-0.036	0.171*	0.206**

주: **p<0.01, *p<0.05

자영업 집단의 발달은 토지의 도시적 이용과 관련해서 양의 상관관계를 나타내고 있어 성장연합론이 한국 사회에 적용될 수 있는 여지를 남겨두고 있다. 다른 두 정책수단에 대해서는 중립적인 영향을 미친다.
자택 소유자의 비율이 높을수록, 토지수단과 입법수단을 활용한 경제개발정책의 산출수준이 높아진다. 이는 지역사회에 자택 소유자의 비중이 높을수록, 지방정부는 지역개발을 통해 교환가치를 극대화하는 것이 지역 주민들에게 더 이익이 된다고 여기고 있고 자택을 소유한 주민들은 성장연합을 암묵적으로 지지하는 세력이라는 추론과 밀접히 관련되어 있다.

(3) 반성장연합

반성장연합의 형성가능성을 측정하기 위해서, 4개 주요 NGO의 지부가 존재하는지 조사하였다. 이 지표와 경제개발정책 산출수준 간의 상관관계 분석결과는 〈표 5.10〉에 요약되어 있다.

첫 번째 줄의 분석결과 공익적 시민단체가 발달할수록 지방정부의 토지수단과 입법수단을 활용한 경제개발정책의 산출수준은 낮아진다는 작업가설 4-2-3의 예측을 입증해 주고 있다. 다만 경제개발비의 경우 주요 NGO의 지부의 존재는 정책산출 수준에 영향을 미치지 않고 있다. 그러나 두 번째 줄을 보면, 위의 해석이 너무 성급한 것임을 알 수 있다. 이 연구에서 주요 NGO 지부의 수에 있어 대도시의 자치구는 무조건 4점을 부여하였기 때문에, 자칫하면 경제개발이 권한이 작은 대도시의 자치구의 영향력이 과도하게 미칠 수 있다. 대도시 자치구를 제외한 지역만을 보면, 반성장연합의 영향력에 대한 가설은 기각되었다고 말할 수 있다. 즉 NGO의 영향력이 나타나지 않았다.

사안이 있을 때마다 공익적 시민단체의 저항은 강력하며, 때로는 지방정부의 경제개발정책을 무력화시키기도 한다. 또한 지역 시민단체의 영향력에 대해 지방정부는 인식하고 있다. 그럼에도 왜 이런 결과가 나타난 것일까? 그것은 주요 NGO의 지부가 많은 지역에 보수적 시민단체도 많기 때문인 것으로 사료된다.[97] 따라서 위의 상관관계의 결과는 보수적 시민단체와 지방정부가 결합하여 친성장정책을 추진하는 것이 보다 일상적인 지방정치의 모습이며, 공익적 시민단체를 중심으로 한 반성장연합의 구성은 특별한 사건과 국면에서 발견되는 비일상적인 정치현상임을 말해 준다.

〈표 5.10〉 반성장연합과 경제개발정책 산출과의 상관관계(피어슨 상관계수)

	경제개발비	토 지	조 례
주요 NGO 지부 수	0.006	-0.172*	-0.195**
주요 NGO 지부 수 (자치구 제외) N=161	0.596**	0.174*	0.303**

주: **p<0.01, *p<0.05

5. 요 약

이 절에서 경제개발정책의 산출수준과 4개 설명요인 간의 상관관계를 분석하였다. 분석 결과는 세 가지 정책수단에 대해 가설의 예측을 입증하는 결과를 보여 준 설명변수는 없어 한국 지방정부의 경제개발정책의 결정은 매우 복잡한 인과관계를 갖고 있다고 할 수 있다.

경제발달 수준과 지방 양여금 비율은 토지수단과 입법수단에 대해 유의미한 영향력을 보여 주었을 뿐만 아니라 재정수단에 대해서도 비록 유의미한 것은 아니지만 방향은 일치하여, 강력한 설명변수의 후보가 되었다.

---

97) 주요 시민단체의 지부 수와 광역단체에 등록한 민간단체 수와의 피어슨 상관계수는 r=0.61로 높다. 이미 제3장에서 광역단체에 등록한 민간단체의 구성상의 다양성을 보여 주었다.

또한 정치적 경쟁도 재정수단과 입법수단에 대해 유의미한 영향력을 보여 주었을 뿐만 아니라 토지수단에 대해서도 비록 유의미한 것은 아니지만 방향은 일치하여 역시 강력한 설명변수 후보가 되었다.

이 외에도 국고보조금 비율, 재정력 지표, 지방정부의 인력규모, 자영업 집단 비율, 자택소유자 비율도 일부 정책수단에 대해 가설의 예측과 일치하면서 유의미한 상관관계를 나타내고 있다.

이에 비해 무소속 지표(무소속 후보의 당선빈도)는 정책산출 수준에 미치는 영향력이 없는 것으로 나타나고, 단체장의 개인적 특성 중에서는 관료경력을 제외하고는 지방정부의 경제개발정책의 산출수준에 미치는 영향이 없는 것으로 나타나며, 단체장의 리더십을 의미하는 재선 여부의 효과도 없는 것으로 확인되고 있다.

더욱이 광역정부의 보조금, 여당 지표(여당후보 당선빈도) 그리고 NGO 지부의 수는 오히려 작업가설의 예측과 반대의 결과가 나타나고 있어 현실은 훨씬 복잡한 관계임을 알려 주고 있다.

이상의 결과를 토대로 보면, 우선 정책수요를 나타내는 경제발전 지표의 영향력이 발견되어 경제적 제약 모형이 한국 사회에도 작동하고 있는 것으로 나타나 "순수" 정치적 선택 모형의 적용은 어렵다고 할 수 있다. 그러나 중앙정부의 영향력(양여금 비율)과 지방선거의 영향력(정치적 경쟁)이 나타나고 있으며, 여기에 부분적으로 지방정부 요인(재정력, 인력규모)과 시민사회 요인(자영업자, 자택소유자) 등 다양한 정치적 선택이 동시에 작동하는 것으로 나타난다. 즉 이 연구의 분석모형에 설정된 정치적 선택과 관련된 모든 요인들이 지방정부의 경제개발정책의 산출수준에 기여하고 있다는 것이다.

하지만 어떤 행위자의 정치적 선택의 영향력이 가장 큰가에 대해서는 아직 논하기 어렵다. 지금까지의 결과는 다른 변수들을 통제하지 않은 상태에서의 해석이기 때문이다. 또한 상관관계 분석에서 나타난 관계는 허위적인 관계일 수도 있다. 따라서 다른 변수들을 통제한 상태에서 나타나는 영향력을 확인하기 위해서 각 정책산출 지표를 종속변수로 하는 회귀분석의 결과를 기다려야 한다.

제2절 경제개발정책에 관한 다중회귀분석

제3장에서 설정한 작업가설을 정리한 것이 〈표 5.11〉이다. 회귀분석에 투입된 각 지표들의 설정방향과 가설적 관계가 요약되어 있다.

정책수요 요인인 경제발달 지표는 값이 높아질수록 지방정부의 경제개발정책 산출수준을 낮추는 것으로 설정되어 있다.

정부 간 관계 요인은 모두 지방정부의 정책산출 수준을 높이는 것으로 설정되어 있다. 지방정부 요인도 지방정부의 정책산출 수준을 높이는 것으로 설정되어 있다. 다만 민주당 소속 단체장 선출빈도는 정책산출 수준을 낮추는 변수로 되어 있다. 지방시민사회 요인 중 정치적 경쟁과 성장연합과 관련된 지표는 정책산출 수준에 기여하는 변수로, NGO 지부 수는 정책산출을 낮추는 변수로 설정되어 있다.

〈표 5.11〉 독립변수별 경제개발정책에 대한 작업가설의 예측

요 인	독립변수	측정지표	지표 설정 방향	가설적 관계
정책수요	정책수요	경제발달 지표	높은 경제발달 수준	-
정부 간 관계	정부 간 재정적 관계	국고보조금	높은 비율	+
		지방양여금	높은 비율	+
		시도보조금	높은 비율	+
	정부 간 정치적 관계	여당 지표	여당 당선(0-2점)	+
		무소속 지표	무소속 당선(0-2점)	+
지방정부	재정력	재정력 지표	양호한 재정력	+
	지방정부의 인력규모	인력규모 지표	정책공급 역량이 큼	+
	정책성향[a]	관료경력	있음(0-2점)	+
		연령	많음	+
		민주당 소속	있음(0-2점)	-
	리더십	재선 여부	재선(0-1점)	+
지방 시민사회	정치적 경쟁	정치적 경쟁 지표	치열한 경쟁	+
	성장연합	자영업 비율	높은 비율	+
		자택 소유자 비율	높은 비율	+
	반성장연합	주요 NGO 지부 수	많음(0-4점)	-

a) 단체장의 개인적 특성의 가설적 관계는 상관관계 분석 결과를 표시한 것임.

1. 재정을 이용한 경제개발정책에 관한 회귀분석 결과

총량 개념으로 측정한 경제개발비를 종속변수로 한 회귀분석결과는 〈표 5.12〉에 정리되어 있다. 참고로 경제적 발달지표가 평균 이상인 발전지역과 평균 이하인 낙후지역을 구분해 분석하였다. 재정수단의 산출수준 결정요인에 관한 전체 모형의 F값을 보면 전체 모형은 타당하며 설명력은 42.8%이다. 발전지역 모형의 설명력은 49.6%이며, 낙후지역은 55.5%로 전체 모형보다 약간 높아졌다.

〈표 5.12〉 재정을 이용한 경제개발정책에 관한 다중회귀분석

독립변수	측정지표	전체모형	발전지역[a]	낙후지역[b]
정책수요	경제발달 지표	-0.034	-0.027	0.505***
정부 간 관계	지방양여금	0.226*	0.222	0.198**
	국고보조금	0.387***	0.075	0.324***
	시도보조금	-0.102	-0.252	-0.095
	여당 지표	0.096	0.055	0.244***
	무소속 지표	0.038	0.215*	-0.001
지방정부	재정력 지표[c]	0.873***	0.251*	0.274
	인력규모 지표	0.373***	0.292**	0.303***
	관료경력	0.090	0.059	0.122*
	연령	0.007	0.066	-0.042
	민주당 소속	-0.138**	-0.051	-0.227***
	재선 여부	-0.002	-0.039	0.078
지방시민사회	정치적 경쟁 지표	0.070	-0.022	0.139**
	자영업 비율	0.134**	0.035	0.142**
	자택 소유자 비율	0.124	0.222	-0.038
	주요 NGO 지부 수	0.439***	0.226	0.234***
통제	면적	0.540***	0.319**	0.643***
사례 수		226	78	148
수정된 R^2		0.428	0.496	0.555
F값		10.914***	5.461***	11.763***

주: ***$p<0.01$, **$p<0.05$, *$p<0.1$. 회귀계수는 베타 값임.
a) 경제적 발달 지표가 평균(0) 초과인 지역.
b) 경제적 발달 지표가 평균(0) 이하인 지역.
c) 발전지역과 낙후지역의 분석에서는 다중공선성 문제로 인해, 재정자립도를 지표로 사용함.

(1) 전체 모형

　중앙정부의 지방양여금 비율과 국고보조금 비율, 지방정부의 재정력·인력규모·민주당 소속 단체장 선출빈도, 지방시민사회의 자영업 집단 비율·주요 NGO 지부 수는, 다른 모든 조건을 통제한 상태에서 지방정부의 경제개발정책 산출에 통계적으로 유의미한 영향을 미치고 있다.

　이에 비해 경제발달 수준의 영향력은 음의 방향으로 가설의 예측과 일치하였지만, 통계적 유의미성을 갖추지 못하였다. 또한 정부 간 정치적 관계인 여당 지역과 무소속 지역 그리고 지방시민사회의 자택소유자 비율은 가설에서 예측한 대로의 방향을 나타냈으나 영향력의 정도가 통계적으로 유의미한 수준은 아니었다.

　통계적으로 유의미한 지표들을 영향력의 크기순으로 나열하면, 지방정부의 재정력, 주요 NGO 지부 수, 중앙정부의 국고보조금, 지방정부의 인력규모, 중앙정부의 지방양여금, 자영업 집단 비율, 민주당 소속 단체장 순이었다. 다른 조건이 동일할 때, 지방정부의 재정력이 양호하고 지방정부 공무원의 업무부담이 적은 지역일수록 경제개발정책의 산출수준이 높았다. 또한 지방재정에서 국고보조금과 지방양여금이 차지하는 비율이 높은 지방정부일수록 더 많은 정책을 산출한 것은 중앙정부의 영향력을 보여 주는 결과이다. 시민사회의 영향력을 보면, 성장연합의 형성가능성과 관련되어 있는 자영업 집단과 자택 소유자 비율이 높은 지역의 지방정부의 경제개발정책의 산출수준이 높았다. 그러나 예상과 달리 주요 시민단체의 지부의 수가 많을수록 경제개발정책의 산출수준이 높아지는 것은 제4장에서 밝힌 바와 같이 지역 시민사회의 보수적 특성을 보여 주는 결과라 할 수 있다.

전체 모형에 대한 분석결과는 세 가지로 정리할 수 있다. 우선 미국의 지방정부를 사례로 한 분석결과와 달리, 한국 지방정부의 평균 경제개발지출 수준의 결정은 객관적인 정책수요에 의해 영향을 받지 않는다. 둘째, 지방정부의 경제개발정책 결정은 "지방정부, 중앙정부, 보수적 시민사회의 정치적 선택"의 결과다. 마지막으로 이상의 정치적 과정에서 광역정부, 진보적 시민사회 그리고 일반주민의 정치적 영향력은 발견되지 않는다.

(2) 발전지역과 낙후지역을 구분한 모형

경제적으로 발전된 지역의 경제개발정책의 결정요인은 "중앙정부와 지방정부의 정치적 선택"으로 정리할 수 있으며, 구체적으로 재정력과 인력규모 등 지방정부 요인의 영향력이 가장 크게 나타난다. 정부 간 관계 요인 중에서는 재정적 관계의 영향력은 나타나지 않는 반면 정치적 관계의 영향력이 나타나며 특히 무소속 단체장이 당선된 횟수가 많을수록 지방정부의 평균 경제개발지출이 높아지고 있는데, 이는 발전지역에 속해 있는 무소속 단체장의 선출빈도가 높은 지역에 대해 중앙정부에서 포섭전략을 취하고 있다는 의미로 해석할 수 있다. 재정력과 인력규모의 회귀계수 값이 전체모형에 비해 크게 줄어든 반면 무소속 지표의 회귀계수 값이 크게 증가한 것은 중앙정부의 포섭전략에 대한 해석을 뒷받침해 주는 결과라 할 수 있다. 이에 비해 경제발달 수준이나 시민사회 요인의 영향력은 전혀 나타나지 않고 있다.

낙후지역의 경우 지방정부의 경제개발정책은 "중앙정부, 지방정부 그리고 보수적 지방시민사회의 정치적 선택"에 의해 좌우되고 있다고 말할 수 있다. 낙후지역의 경제개발정책의 차이에 대해서는 발전지역의 경우보다는 더 많은 변수가 동시에 영향을 미치고 있다.

우선 경제발달 수준의 영향력이 양의 방향을 나타낸 것은 정책수요 가설을 강하게 부정하는 결과로, 낙후지역 중에서도 상대적으로 경제 발전 수준이 높을수록 경제개발정책의 산출수준이 높은 반면 낙후지 역 중에서도 상대적으로 더 낙후된 지역은 경제개발정책을 추진하지 못할 정도로 무력하다는 것을 의미한다. 즉 중앙정부와 지방정부가 지 역개발 필요성이라는 낙후지역의 정책수요에 올바로 대응하지 못하고 있다는 의미이다.

지방정부의 재정력의 영향력은 나타나지 않은 반면, 지방양여금·국 고보조금 등 중앙정부의 재정지원의 영향력은 나타나고 있는데, 이는 낙후지역은 재정력이 취약하고 지역경쟁력도 낮아 중앙정부의 지원만 이 경제개발정책 추진의 유일한 원천이기 때문에 나타난 결과로 해석 할 수 있다.

또한 낙후지역에서는 시민사회의 영향력도 나타나는데, 정치적 경쟁 이 치열할 경우 지방정부의 단체장은 경제개발정책의 산출수준을 높 이고 있어, 선거정치가 지방정치인에게 압박 요인으로 작용할 수 있음 을 보여 주고 있다. 자영업의 비율이 긍정적인 영향을 미치고 공익적 시민단체의 영향력이 가설과 반대로 긍정적인 영향을 미치고 있어, 보 수적 지방시민사회의 성장친화적 특성을 보여 주고 있다.

2. 토지를 이용한 경제개발정책에 관한 회귀분석 결과

토지는 재정과 함께 지방정부가 경제발전을 위해 이용할 수 있는 중요한 정책수단 중 하나이다. 그 이유는 생산요소로서 자본이나 노동이 자유롭게 이동할 수 있는 것과는 달리, 토지의 경우에는 이동이 불가능하므로 지방정부가 토지의 이용방식에 대해 어느 정도 영향을 미칠 수 있기 때문이다. 또한 성장연합정치론(Molotch 1976; Logan and Molotch 1987)에서 중요한 분석대상이 지방정부의 토지정책이라는 점을 생각하면, 토지를 이용한 경제개발정책을 종속변수로 택한 것은 의미 있다고 말할 수 있다. 다중회귀분석 결과는 〈표 5.13〉에 정리되어 있다. F값을 보면, 전체모형과 부분모형 모두 타당한 모형이며, 전체모형의 설명력은 32.0%, 발전지역은 57.8%, 그리고 낙후지역은 25.3%이다.

〈표 5.13〉 토지를 이용한 경제개발정책에 관한 다중회귀분석

독립변수	측정지표	전체모형	발전지역[a]	낙후지역[b]
정책수요	경제발달 지표	-0.202**	-0.133	0.350**
정부 간 관계	지방양여금	0.262**	0.182	0.163
	국고보조금	0.469***	0.336**	0.225*
	시도보조금	0.051	0.086	-0.071
	여당 지표	-0.002	0.049	0.052
	무소속 지표	-0.095	-0.008	-0.075
지방정부	재정력 지표[c]	0.690***	0.304**	-0.016
	인력규모 지표	0.114	0.062	-0.045
	관료경력	0.023	0.016	-0.032
	연령	0.019	-0.073	0.133
	민주당 소속	-0.007	0.128	-0.015
	재선 여부	0.070	0.097	0.101
지방시민사회	정치적 경쟁 지표	0.072	-0.002	0.181**
	자영업 비율	0.433**	0.194**	0.454***
	자택 소유자 비율	0.146	0.029	0.075
	주요 NGO 지부 수	0.296***	-0.109	0.162

독립변수	측정지표	전체모형	발전지역[a]	낙후지역[b]
통제	면적	0.304***	0.339***	0.164
사례 수		226	78	148
수정된 R^2		0.320	0.578	0.253
F값		7.235***	7.211***	3.921***

주: ***p<0.01, **p<0.05, *p<0.1. 회귀계수는 베타 값임.
a) 경제적 발달 지표가 평균(0) 초과인 지역.
b) 경제적 발달 지표가 평균(0) 이하인 지역.
c) 발전지역과 낙후지역의 분석에서는 다중공선성 문제로 인해, 재정자립도를 지표로 사용함.

(1) 전체 모형

다른 모든 조건이 동일할 때, 경제적으로 낙후된 지역일수록 토지를 이용한 경제개발정책에 적극적이었다. 이는 재정적 수단을 이용한 경제개발정책과 달리 토지를 이용한 경제개발정책에 있어서는 "경제적 제약" 모형이 적용되고 있음을 말해 준다.

그러나 토지를 이용한 경제개발정책에 있어 경제적 제약 모형이 작동하더라도 정치적 선택의 영향력도 동시에 발견되고 있어 전형적인 혼합모형의 특징을 나타내고 있다. 특히 3가지 요소의 영향력이 나타나는데, 지방정부의 재정력, 중앙정부의 재정적 지원 그리고 보수적이고 성장지향적인 지방시민사회의 영향력이다.

앞에서 분석한 재정수단을 이용한 경제개발정책이 경제적 변수의 영향력이 작동하지 않는 "순수" 정치적 선택 모형에 가깝다고 한다면, 토지를 이용한 경제개발정책의 산출수준은 경제적 제약과 정치적 선택이 모두 영향을 미치는 정치적 선택 모형의 특징을 보여 주고 있는데, 회귀분석 결과를 정리하면, 토지를 이용한 경제개발정책의 산출수준은 "정책수요를 고려한 상태에서, 중앙정부, 지방정부 그리고 보수적 시민사회의 정치적 선택"의 결과라고 말할 수 있다.

정치적 선택 변수 중에서 지방양여금과 국고보조금의 영향력이 강하게 나타나 지방정부의 정책결정에 중앙정부의 영향력을 확인할 수 있었다. 다른 조건을 통제할 때, 중앙정부로부터 지원금을 많이 받는 지방정부에서 토지를 이용한 경제개발정책의 산출수준이 높아지는데, 이것은 개발사업을 활발히 추진할수록 도로건설이나 공공시설 건설을 위한 중앙정부의 지원을 더 많이 받아낼 수 있기 때문에 나타난 결과로 해석할 수 있다. 그러나 광역정부의 영향력은 발견되지 않는다.

지방정부의 영향 중에서는 재정력이 가장 강하게 나타난다. 다른 모든 조건이 동일할 때, 재정이 튼튼한 지방정부일수록, 도시적 용도로의 변경을 적극적으로 추진하고 있는 것이다. 이것은 지방정부가 재정력을 이용하여 투자와 생활여건의 개선 등 지역의 도시화에 유리한 조건을 창출해 낼 수 있는 역량이 있기 때문이다. 반면 지방정부의 인력 규모는 긍정적인 영향력을 보이지만 통계적으로 유의미한 수준은 아니었으며, 단체장의 특성의 영향력도 발견되지 않았다.

지방시민사회와 관련된 변수 중에서는 자영업 비율이 긍정적 영향을 미치고 있어, 자영업 집단의 존재와 활동은 지방정부로 하여금 개발지향적인 정책을 펼치도록 압력을 행사하는 것으로 확인되었다. 이들의 압력은 개인적인 연줄망을 통해서 행사될 수도 있고 집단을 형성하고 정치적 연합을 형성함으로써 행사될 수도 있다.

지방시민사회의 보수적 특성은 주요 NGO의 지부의 영향력이 예측과 반대로 나타난 점에서 확인할 수 있었다. 이것은 상관관계 분석과 평균 경제개발지출의 회귀분석 결과를 설명하는 부분에서 지적한 바 있다. 토지개발과 관련해서는 환경문제가 거론되는 경우가 많고 시민단체와 지방정부의 충돌은 언론에서 자주 접할 수 있음에도 불구하고, 공익적 시민단체의 영향력이 발견되지 않는 이유는 무엇인가? 그것은 시민단체의 활동이 지방정부의 정책결정에 영향을 미치고 있지 못하기 때문이다. 지방정부는 친성장 세력과 보수적 시민단체와 협조하여, 공익적 시민단체가 반대할 때, 두 시민단체를 대립시키는 전략을 택할 수 있고 이 전략이 대체로 성공하고 있다는 추론이 가능하다.[98]

(2) 발전지역과 낙후지역을 구분한 모형

경제적으로 발전된 지역의 토지를 이용한 경제개발정책은 "중앙정부, 지방정부 그리고 보수적 지방시민사회의 정치적 선택"의 게임으로 설명할 수 있다. 전체모형과 달리 경제발달 지표의 영향력이 유의미하지 않아 발전지역의 토지수단을 활용한 경제개발정책은 정치적 선택의 경합장이라고 할 수 있다.

중앙정부의 국고보조금의 영향력이 가장 큰데 이는 지역개발을 위한 보조금은 지방의 토지이용 패턴의 변화를 수반하므로 나타난 결과라 할 수 있다. 다음으로 영향력이 큰 변수는 지방정부의 재정력인데 재정이 양호한 경우 지역개발을 위해 국고보조금 이외의 추가적인 재원 투입이 가능하기 때문으로 해석할 수 있다. 마지막으로 자영업 비율이 높을수록 토지를 활용한 지역경제개발의 산출수준이 높았는데 자영업 자들의 개발친화적 속성과 밀접한 관계가 있는 결과이다.

---

[98] 부산시에서 명지대교를 둘러싼 갈등에 있어서도, 기업과 보수적 시민단체가 한 축이 되고, 환경단체 및 공익적 시민단체가 다른 한 축이 되어 대립하였고, 지방정부는 보수적 시민단체의 견해와 가까운 정책대안을 가지고 있었다.(백두주 2003)

낙후지역에서의 경제개발정책은 "지역개발 수요에 대해, 중앙정부의 지원과 보수적 지방시민사회의 요구에 지방정부가 단순 반응하는 정치적 선택"의 결과로 설명할 수 있다. 경제발달 수준이 낮을수록 도시적 용도로의 개발이 활발했으나, 지방정부 요인 중에서는 영향을 미치는 변수가 없어 지방정부의 무능을 보여 주고 있다. 낙후지역의 토지를 이용한 경제개발정책에 가장 큰 영향을 미치는 변수는 자영업 비율로 지방시민사회의 친개발 성향이 정책에 그대로 반영되고 있는 것으로 나타났으며, 이와 함께 중앙정부의 보조금을 많이 확보한 지방정부일수록 토지개발을 위해 더 많이 노력하고 있었다. 마지막으로 정치적 경쟁이 치열할수록 자치단체장은 지역개발을 위해 더 많은 노력을 기울이는 것으로 나타났다.

3. 조례를 이용한 경제개발정책에 관한 회귀분석 결과

앞에서 경제개발비와 토지의 도시적 용도 증가와 조례제정 간의 관계에 대해 검토하면서, 다른 정책수단을 적극적으로 사용하는 지방정부가 조례도 적극적으로 활용할 가능성이 높다는 것을 확인한 바 있다. 조례를 이용한 경제개발정책의 산출수준에 관한 회귀분석 결과는 〈표 5.14〉에 정리되어 있다. F값을 보면, 세 모형 모두 타당하다. 전체모형의 설명력은 32.3%이다. 또한 발전지역에 있어서는 설명력이 74.9%로 크게 높아진 반면 낙후지역모형에서는 20.5%로 다소 낮아졌다.

〈표 5.14〉 조례를 이용한 경제개발정책에 관한 다중회귀분석

독립변수	측정지표	전체모형	발전지역[a]	낙후지역[b]
정책수요	경제발달 지표	-0.020	0.117	0.345**
정부 간 관계	지방양여금	0.399***	0.569***	0.286**
	국고보조금	-0.048	-0.350**	-0.011
	시도보조금	-0.320***	-0.459**	-0.248**
	여당 지표	-0.093	-0.108	-0.012
	무소속 지표	-0.122*	0.127	-0.167
지방정부	재정력 지표[c]	0.173	-0.241**	-0.046
	인력규모 지표	0.217***	-0.015	0.144
	관료경력	-0.005	0.189**	-0.118
	연령	0.058	0.004	0.090
	민주당 소속	-0.062	0.262**	-0.278***
	재선 여부	0.040	-0.139*	0.153*
지방시민사회	정치적 경쟁 지표	0.119*	-0.101	0.116
	자영업 비율	0.054	-0.097	-0.013
	자택 소유자 비율	0.137	0.332***	0.151
	주요 NGO 지부 수	0.307***	-0.058	0.158
통 제	면 적	0.166*	-0.031	0.100
사례 수		226	78	148
수정된 R^2		0.323	0.749	0.205
F값		7.024***	14.537***	3.233***

주1: ***$p<0.01$, **$p<0.05$, *$p<0.1$. 회귀계수는 베타 값임.

a) 경제적 발달 지표가 평균(0) 초과인 지역.

b) 경제적 발달 지표가 평균(0) 이하인 지역.

c) 발전지역과 낙후지역의 분석에서는 다중공선성 문제로 인해, 재정력 지표 대신 재정자립도를 지표로 사용함.

(1) 전체 모형

경제개발을 위한 조례제정과 관련해서, 경제발달 수준의 영향력은 발견되지 않고 있다. 따라서 재정정책과 마찬가지로 "순수" 정치적 선택 모형에 가까운 인과관계를 보여 주고 있다.

지방정부의 조례를 이용한 경제개발정책은 "중앙정부, 지방정부, 보수적 지방시민사회의 정치적 선택"의 결과로 설명할 수 있다. 조례를 둘러싼 정책결정은 거의 모든 정치적 변수가 영향을 미치고 있어 매우 복잡한 정치적 관계를 보여 준다.

우선 지방양여금을 더 많이 교부받은 지방정부의 경제개발 관련 조례제정이 활발했는데, 사회복지 관련 보조금이 포함된 국고보조금보다 지역개발의 목적이 더 뚜렷했던 지방양여금을 더 많이 교부받은 것은 그만큼 지역의 경제개발의 기회가 부여된 것이므로, 지역경제개발을 위한 조례제정 노력을 더 많이 기울이는 것은 지방정부의 자연스러운 반응으로 볼 수 있다.

다음으로 지방정부 인력규모의 영향력이 발견되는데, 다른 변수를 통제한 경우에도, 지방공무원의 업무부담이 적을수록 경제개발을 위한 조례를 활발히 제정하고 있었다. 이것은 인력규모가 클수록 정책개발 및 기획을 위한 인적 자원의 여력이 더 많이 생기기 때문에 나타난 결과로 추론할 수 있으며 지방정부의 인력관리 역량과 관련하여 의미 있는 결과라 할 수 있다.

또한 지방시민사회와 관련해서는, 정치적 경쟁이 치열할수록 조례를 이용한 개발정책에 적극적이었는데, 재정과 토지를 이용한 경제개발정책의 전체모형에서는 발견되지 않았던 것이다. 정치적 경쟁이 치열한 경우, 단체장으로 하여금 조례를 이용한 경제개발정책에 적극적으로 임하게 하여 보다 많은 정책수단을 탐색하게 만드는 효과가 발견된 것이다. 이와 함께 공익적 시민단체의 영향력이 긍정적인 것은 재정과 토지를 이용한 경제개발정책의 전체모형에 대한 분석결과에서도 발견된 사실이며, 개발지향적 보수적 시민단체의 영향력이 반영된 결과로 해석할 수 있다.

다만 광역정부의 재정적 지원이 부정적인 영향을 미치고 있다는 결과에 대해서는 조심스럽게 해석할 필요가 있다. 이것은 광역정부의 보조금이 사회복지 관련 보조금 등 지역개발과 관련이 없는 국고보조금에 대한 매칭비율에 따라 교부되어 나타난 결과로 볼 수 있으나, 실질적인 의미를 도출하기 어려운 통계상의 결과이므로 광역정부의 영향력이 있다고 말하기는 어렵다고 사료된다.

(2) 발전지역과 낙후지역을 구분한 모형

발전지역의 경제개발정책은 전체모형과 마찬가지로 "중앙정부, 지방정부 그리고 보수적 지방시민사회의 정치적 선택"의 결과로 볼 수 있다. 발전지역의 조례를 이용한 경제개발정책의 산출수준에 대해 중앙정부의 지방양여금과 국고보조금, 광역정부의 보조금, 재정자립도, 관료 경력의 단체장이 선출빈도, 민주당 소속 단체장의 선출빈도, 단체장이 교체된 경우 그리고 자택소유자의 비율 등 8개 변수가 영향을 미친다.

중앙정부의 지방양여금은 전체모형과 마찬가지로 영향력이 강하게 나타나 발전지역에서도 중앙정부의 영향력이 강력함을 보여 주었다. 지방정부의 재정력의 영향력이 부정적인 것은 발전지역에서 경제개발정책 이외에 다른 정책에도 관심을 기울여야 하는 정책상황을 반영한 결과이기도 하지만 동시에 재정력이 상대적으로 열악한 지역에서 조례를 이용한 경제개발정책 수단을 보다 적극적으로 이용한 결과라고 볼 수도 있다는 점에 주의할 필요가 있다.

지방정부의 특성 중 관료경력을 가진 단체장이 선출된 빈도가 높을수록 경제개발을 위한 조례를 더 많이 제정하고 있었는데 관료출신 단체장이 보다 개발지향적일 것이라는 이 연구의 가설이 입증된 한 사례이다.

지방정부의 다른 특성으로 재선의 빈도가 낮을수록, 즉 단체장이 교체된 빈도가 높을수록 경제개발을 위한 조례를 더 많이 제정하고 있었는데, 이것은 가설의 예측과 반대의 결과인데 경제적으로 발달한 지역에서는 새로운 단체장이 선출된 이후 새로운 비전과 공약에 따라 새로운 조례를 더 많이 제정하려고 노력한다는 것으로 해석할 수 있다.

지방정부의 또 다른 특성으로 민주당 소속 단체장이 선출된 빈도가 높을수록 조례를 더 많이 제정하고 있었는데, 이는 가설에서 설정한 방향과 일치한다. 그러나 발전지역에서만 민주당이라는 정당의 영향력이 발견되는 이유에 대해서는 쉽게 해명하기 어려운 부분이 있다.

시민사회 부분에서 자택 소유자 비율이 높을수록 경제개발 관련 조례를 더 많이 제정하고 있다는 것은 가설의 예측과 일치한다.

다만 중앙정부와 광역정부의 보조금은 가설의 예측과 달리 지방정부의 경제개발정책에 부정적 영향을 미치고 있는데, 이것은 실질적 의미가 없는 통계분석상의 결과로 해석할 수밖에 없다. 조례제정과 관련된 위의 결과를 가지고 중앙정부와 광역정부의 보조금 정책에 대해 비판적으로 해석하는 것에는 한계가 있다고 본다.

낙후지역의 경제개발정책은 "중앙정부와 지방정부의 정치적 선택"의 결과라고 말할 수 있다. 낙후지역의 조례를 이용한 경제개발정책의 산출수준은 경제발달 수준, 중앙정부의 지방양여금, 광역정부의 보조금, 그리고 민주당 소속 단체장 선출빈도와 재선 빈도 등 5개 변수의 영향력이 발견된다.

경제발달 수준이 가설의 예측과 달리 경제개발정책에 대해 긍정적인 영향을 미치는 것은 낙후된 지역 중에서도 상대적으로 더 낙후된 지역은 개발자체가 불가능한 상태임을 말해 준다. 또한 낙후지역에서 지방정부의 재정력과 인력규모의 영향력이 발견되지 않는 것은 경제개발을 추진할 수 있는 역량이 크게 부족함을 의미한다.

낙후지역의 지방정부 요인 중 단체장의 재선빈도가 높을수록 조례를 활용한 경제개발정책이 활발히 추진되고 있다는 것은 단체장의 지방정치에의 경험이 많아질수록 지방의회와의 관계가 중요한 조례제정에 있어서도 역량의 폭을 확대하고 있다는 긍정적 의미로 해석할 수 있다.

다만 민주당 소속 단체장의 영향력이 부정적으로 나타난 것은 가설의 예측과 일치하나 발전지역 모형에서 긍정적 영향력이 나타난 것과 연결시켜 보면, 정당의 영향력을 일관적으로 논하는 것은 어려운 것으로 사료된다. 또한 시도보조금이 가설의 예측과 달리 지방정부의 경제개발정책에 부정적 영향을 미치고 있는 것도 실질적 의미를 논하기 어렵다.

4. 요 약

이상 3가지 경제개발정책의 측정 지표를 대상으로 한 회귀분석의 결과를 정리한 것이 〈표 5.15〉이다.

표준화된 회귀계수(베타값)의 방향의 일관성에 주목하여, 3가지 정책수단에 일관된 영향을 미치고 있는 변수는 10개이다. 우선 정책수요를 나타내는 경제발달 지표는 3가지 정책수단에 대해 가설의 예측과 동일하게 경제적으로 낙후된 지역일수록 경제개발정책의 산출수준이 높아졌다. 그러나 통계적으로 유의미한 결과를 나타낸 것은 토지수단에 한한다.

〈표 5.15〉 경제개발정책의 산출수준에 관한 다중회귀분석 결과요약

독립변수	측정지표	재정	토지	조례	설명력	일관성
정책수요	경제발달 지표	-	-**	-	1	○
정부 간 관계	지방양여금	+*	+**	+***	3	○
	국고보조금	+***	+***	-	2	×
	시도보조금	-	+	-***	1	×
	여당 지표	+	-	-	0	×
	무소속 지표	+	-	-*	1	×
재정력 지방정부	재정력 지표	+***	+***	+	2	○
	인력규모 지표	+***	+	+**	2	○
	관료경력	+	+	-	0	×
	연령	+	+	+	0	○
	민주당 소속	-**	-	-	1	○
	재선 여부	-	+	+	0	×
지방시민사회	정치적 경쟁 지표	+	+	+*	1	○
	자영업 비율	+**	+**	+	2	○
	자택 소유자 비율	+	+	+	0	○
	주요 NGO 지부 수	+***	+***	+***	3	○
통 제	면 적	+***	+***	+*	3	○
수정된 R^2		0.428	0.320	0.295	-	-

주1: ***p<0.01, **p<0.05, *p<0.1.

주2: 설명력이란 3가지 정책수단에 대해 10% 수준에서 유의미한 영향력을 보여준 횟수를 의미하며, 일관성이란 통계적 유의미성에 관계없이 영향력의 방향에만 초점을 맞추어 3개 정책수단에 대해 같은 방향의 영향력을 나타내었는가를 의미함.

　정부 간 관계에서는 지방양여금의 비율이 높을수록 경제개발정책의 산출수준이 높아졌고, 세 가지 정책수단 모두에 대해 통계적으로 유의미한 결과가 나타났다. 이에 비해 국고보조금은 일관된 영향력을 보여 주지 못했으나 재정 및 토지를 활용한 경제개발정책에 대해서는 가설의 예측과 일치하는 유의미한 결과를 보여 주어 전반적으로 국고보조금의 영향력도 지방양여금만큼 큰 것으로 해석할 수 있다. 다만 시도보조금은 일관된 영향력을 보여 주지 못했으며, 통계적으로 유의미한 결과가 나타난 조례제정에 있어서는 가설과 반대의 결과가 나타났다.

　중앙정부와의 정치적 관계의 영향력은 일관적이지도 않았고, 통계적으로 유의미한 결과가 나타난 무소속 지표의 경우에도 가설의 예측과 반대의 결과가 나타나 기초지방정부의 정책결정에 영향을 미치는 변수는 아닌 것으로 판단된다.

　지방정부 요인 중에서 지방정부의 재정력은 가설의 예측대로 지방정부의 정책산출 수준을 높여 주는 변수로 밝혀졌고, 조례제정에 대해서는 유의미한 결과를 나타내지 못했으나 전반적으로는 지방정부의 정책결정에 강한 영향을 미치는 변수 중 하나로 볼 수 있다. 또한 지방정부의 인력규모도 가설의 예측대로 지방정부의 경제개발정책의 산출수준을 높였으며 통계적으로도 두 가지 정책수단에 대해 모두 유의미한 결과를 보여 주어 설명력이 높은 변수로 나타났다.

　단체장의 연령이 높을수록 또한 정당소속이 민주당이 아닌 단체장의 선출빈도가 높을수록, 경제개발정책의 산출수준이 높아졌으나, 단체장이 관료출신이라거나 재선에 성공한 경우에는 경제개발정책의 산출수준에 일관된 영향력이 나타나지 않았다. 따라서 단체장의 특성과 관련된 변수들은 정책결정에 영향을 미치는 변수로 해석하기 어려웠다.

　지방시민사회 요인은 4개 측정지표 모두 일관된 영향력을 나타냈다.

정치적 경쟁이 치열할수록 자영업자 비율이 높을수록, 자택 소유자 비율이 높을수록 그리고 공익적 시민단체의 활동이 활발할수록, 지방정부의 경제개발정책의 산출수준이 높아지고 있었다. 이 중에서 공익적 시민단체의 활동은 가설의 예측과 정반대의 결과가 나타났으면서도 세 가지 정책수단 모두에 대해 유의미한 통계적 결과를 보여 주고 있는 점에서 특이한데, 이것은 한국 지방시민사회의 보수성을 잘 나타낸 것으로 해석할 수 있다. 경제개발정책의 산출수준이 높은 곳에서 공익적 시민단체의 활동이 활발하다는 것은, 시민단체에서 지방정부의 경제개발정책에 대해 적극적으로 견제하고 감시하는 노력을 펼치고 있으나 그 성과는 나타나지 않고 있다는 것을 말해줄 뿐만 아니라 보수적 시민단체의 조직 및 활동도 활발함을 의미한다.

이 외에도 자영업 비율은 친성장연합의 형성가능성을 높여 준다는 점에서 통계적으로도 유의미한 결과를 보여 주었다. 그러나 자택소유자 비율이나 정치적 경쟁 지표 등은 지방정부의 정책결정에 영향을 미치는 변수로 논하기는 어려웠다.

이상을 정리하면, 정책수요 변수는 토지를 이용한 경제개발정책에 대해서만 영향을 미치고 있어 경제적 제약 모형의 적용에 한계가 있음을 보여 주었다. 즉 한국의 지방정부의 정책결정에 있어서는 경제적 제약은 약한 반면, 주요 정치적 행위자들의 정치적 선택의 영향력은 강한 특징이 나타난다.

다시 말해 한국 지방정부의 경제개발정책의 산출수준을 경제적 제약 모형으로 해석하는 것은 문제가 많고, 정치적 선택 모형으로 해석하는 것이 타당하다고 할 것이다. 그렇다면 어떤 행위자들의 정치적 선택이 중요한가를 찾을 필요가 있다.

대표적으로 정부 간 관계 중 지방양여금와 국고보조금, 지방정부 요인 중에서 재정력과 인력규모 그리고 지방시민사회 요인 중 자영업 비율과 주요 NGO 지부 수의 6가지 변수가 2개 이상의 정책수단 모두에 대해 유의미한 설명력을 보여 주었다.

이상의 결과를 보면, 한국 지방정부의 경제개발정책에는 중앙정부, 지방정부 그리고 보수적 시민사회 등 주요 정치적 행위자들의 영향력이 고루 나타나고 있음을 알 수 있다. 이에 비해 광역정부와 공익적 시민단체의 영향력은 미미하게 나타난다. 이런 결과는 중앙정부의 지방정부에 대한 강력함(정세욱 1998; 김병준 2000)과 지방정부의 지역시민사회에 대한 강력함(유팔무 외 1995; 강명구 1996; 이승종 1998; 박종민 외 2000; 최창수 2000; 소순창 2001; 강명구 2002)이라는 기존의 관찰결과가 수정될 필요가 있음을 시사한다.

지방의 보수적 시민사회, 기업가와 건설업자 등은 연줄망과 조직의 힘을 통해서 지방정부의 정책결정에 실질적인 영향을 미치고 있는 것으로 나타났다. 지방정부의 단체장들은 지방시민사회의 보수적이며 친성장지향의 이해관계를 대변하는 것이 선거정치에서 승리하는 첩경임을 잘 알고 있으며, 공익적 시민단체들의 반대에도 불구하고 친성장세력과 긴밀히 연계하려고 노력하고 있는 것이다. 그러나 보수적 시민세력은 지역 전체의 성장을 원한다기보다는 자신들의 이익이 커질 것을 원하기 때문에, 만약 지방정부의 단체장이 이들의 요구를 선거정치와 관련짓는다면, 비록 성격상 성장을 추구하는 정책이라 할지라도 보수적 시민세력에게 지역의 자원을 할당하고 배분하는 결과를 초래할 것이다. 지역사회의 정치가 이런 모습을 지니고 있는 것이 한국 지방자치의 현실에 대한 정확한 묘사라고 할 수 있다면, 중앙정부의 어떤 시책도 지역 수준으로 내려오면, 정책계획 단계에서 계산된 경제적 합리성과 효율성이 작동하지 않을 것이며 정책이 의도한 결과가 나타나지 않을 것이다. 그 결과 중앙정부는 실현 불가능한 지방경제 활성화 시책을 반복적으로 선언할 수밖에 없는 딜레마에 사로잡히게 될 수 있다.[99]

---

[99] 1997년 이후 지방경제에 대한 활성화 대책을 시간순으로 정리하면 다음과 같다. (카인즈 홈페이지, 검색일 2004/10/30). 이 대책들의 효과성에 대해서는 의문이 제기되고 있다.
1997/5/20. '지방중심의 경제활성화 전략' 발표.
1997/9/22. 지역경제 활성화 예산 5600억 투입. 재경원.
1997/10/17. 지방거점도시 8곳 조성. 건교부.
1998/6/24. 중소기업청. '지역특화산업' 집중 육성. 2002년까지 40개 산업.
1999/1/30. 지방경제활성화 합동회의. 시도지사 – 장관.
1999/2/2. 지방경제활성화 대책. 재경원.
1999/8/23. 수도권 기업 지방이전 촉진책.
2000/1/18. 기업 지방이전 지원센터 가동.
2000/9/5. 지방경제 구조조정 촉진. 산업자원부.
2000/9/16. 수도권 과밀화 억제 대책.
2000/11/1. 지방건설 활성화 방안.
2000/11/29. 지방경제 활성화 지원. 한국은행.
2000/12/15. 지방 벤처활성화 지원. 산업은행.
2000/12/30. 지방경제 활성화 대책.
2002/1/18. 지방 3대 권역 산업 특화.
2003/1/13. 인수위. 지방분권화 구상 윤곽.
2003/1/17. 산학연 협력 지방경제 육성.
2003/7/14. 지방경제활성화 대책.
2003/9/9. 지역특구 내년 100여 곳 출범.

제3절 경제개발정책에 관한 다중회귀분석: 시군구별, 광역지역별

제2절에서 시군구와 광역지역을 가변수 처리하여 회귀분석 모형에 투입하지 않은 이유는 시군구나 광역지역에 따라 변수들의 인과관계가 다를 것이라고 가정하기 때문인데, 즉 자치구의 경제개발정책의 정치와 일반시의 경제개발정책의 정치가 다른 인과적 패턴을 가질 것이며, 수도권의 경제개발정책의 정치와 영호남의 경제개발정책의 정치가 다를 것이라는 가정이다. 가변수 처리할 경우에는 단순한 평균의 차이만을 확인할 수 있을 뿐인 데 반해, 시군구별, 광역지역별로 나누어 분석을 하면 한국 지방정치에 대한 더 유용한 시각을 얻을 수 있을 것이라는 관점에서 이런 방식을 취한 것이다.

〈표 5.16〉 "경제개발정책 지표" 구성을 위한 요인분석

측정지표	요인점수
재 정	0.827
토 지	0.744
조 례	0.764

KMO 측도: 0.645. Bartlett의 구형성 검정: 근사 카이제곱 106.74(0.000) 자유도 3.

요인 추출방법: 주성분 분석.

효율적인 분석을 위하여 3가지 정책수단에 의한 경제개발정책의 산출수준을 하나의 지표로 압축하였다. 경제개발정책 지표는 평균 경제개발지출, 토지를 이용한 정책산출 그리고 조례를 이용한 정책산출 수

준을 요인분석하여 구성하였다. 〈표 5.16〉은 경제개발정책 지표 구성을 위한 요인분석 결과를 요약하고 있다. 이 요인분석 모형은 총 분산은 59.6%를 설명하고 있다. KMO 측도와 Bartlett 구형성 검정 결과는 요인 분석 모형의 결과를 사용가능함을 보여 주고 있다. 경제개발정책 지표에 대해 재정수단은 0.827, 토지수단은 0.744 그리고 입법수단은 0.764의 요인 부하량을 보여 주고 있다.

또한 독립변수도 제2절의 분석결과를 고려하여 9개의 변수로 줄였다. 3가지 정책수단에 대한 영향력이 일관되면서도 유의미한 6개 주요 설명변수, 정부 간 관계(지방양여금 비율, 국고보조금 비율), 지방정부(지방정부의 재정력, 인력규모) 그리고 지방시민사회(자영업 집단 비율, 주요 NGO 지부의 수)에 더하여 정책수요와 관련하여 경제발달 수준, 지방시민사회에서 정치적 경쟁, 통제변수로 사용되었던 면적을 추가하여 총 9개 변수를 독립변수로 선정하였다.

1. 시군구

〈표 5.17〉에 전체 모형과 시군구별 부분 모형에 대한 회귀분석결과가 정리되어 있다. F값을 보면, 각 모형이 타당함을 알 수 있다. 설명력은 전체모형이 42.9%, 자치구가 28.5%, 일반시가 44.0%, 군이 24.6%이다.

4개의 모형을 전체적으로 비교하면, 자치구, 일반시, 군 등으로 지방정부를 분리하여 분석하였을 경우에는 한국 지방정치의 전체적 특성은 해명하기 어렵고 단지 부분적 특성만을 이해할 수 있다는 점을 발견할 수 있다. 즉 시ㆍ군ㆍ자치구의 차이에 따라 주요 변수의 인과관

242

계가 다르게 나타났다. 3가지 지방정부의 형태 중 하나 혹은 둘에만
초점을 맞추어 분석한 연구경향은 한국 지방정치의 특징을 이해하는
데 한계가 있었던 것이다.

〈표 5.17〉 경제개발정책의 산출수준에 관한 다중회귀분석: 시군구별

독립변수	측정지표	전체	자치구	일반시	군
정책수요	경제발달 지표	-0.064	0.056	0.259*	0.592***
정부 간 관계	지방양여금[a]	0.531***	-	0.103	-0.004
	국고보조금	0.421***	-0.316	0.570***	0.241*
지방정부	재정력 지표	0.855***	-0.029	0.677**	0.054
	인력규모 지표	0.285***	-0.168	-0.157	-0.119
지방시민사회	정치적 경쟁 지표	0.094*	-0.003	-0.053	0.030
	자영업 비율	0.226***	0.298**	0.196*	-0.120
	주요 NGO 지부 수[a]	0.383***	-	0.237*	-0.096
통 제	면 적	0.467***	0.464***	0.302**	0.050
수정된 R^2		0.429	0.285	0.440	0.246
F값		19.821***	4.636***	7.109***	4.218***
N		226	65	71	90

주: ***$p<0.01$, **$p<0.05$, *$p<0.1$. 회귀계수는 베타 값임.
a) 자치구의 경우, 지방양여금이 배분되지 않고, 주요 NGO 지부가 모두 존재
하고 있기 때문에 변이가 발생하지 않아, 두 지표는 분석에 포함될 수 없다.

전체 모형을 보면 한국 지방정부의 경제개발정책의 결정은 경제적
합리성에 따른다기보다는 "중앙정부, 지방정부 그리고 보수적 시민사
회의 정치적 선택"의 게임으로 묘사할 수 있다. 우선 경제발달 수준의
영향력은 통계적으로 유의미한 수준이 아니었다. 다음으로 정치적 선
택과 관련하여 경제개발정책에 가장 큰 영향을 미치는 것은 지방정부
의 재정력이었고, 다음이 정부 간 재정적 관계를 나타내는 지방양여금

과 국고보조금이었다. 그다음으로 진보적 시민단체를 염두에 두고 측정한 것이나 실제로는 보수적 시민단체의 영향력을 보여 준 주요 NGO 지부 수의 영향력도 높게 나타났으며, 지방정부의 인력규모와 지방시민사회의 자영업 비율과 정치적 경쟁이 유의미한 영향을 미치고 있었다.

이에 비해 세 가지 지방정부의 형태별로 나누어서 분석할 경우에는 상이한 결과가 나타난다. 우선 자치구의 경우에는 지방양여금의 비율이 0이고, 주요 NGO 지부 수는 4로 균일한 값을 가지고 있기 때문에 이 두 지표는 분석에서 제외되었다. 분석 결과 자치구 정부의 경제개발정책의 산출수준은 정부영역의 영향력이 발견되지 않는 "보수적 시민사회의 정치적 선택"의 결과인 것으로 나타났다. 성장친화적인 자영업 집단의 비율이 높을수록 지방정부의 경제개발정책 산출 수준이 높아지는 것으로 나타났다. 이 외의 다른 변수들의 영향력은 발견되지 않는다. 이런 결과가 나타난 것은 자치구가 대도시에 포함되어 있어 경제개발 수준이 높고, 중앙정부의 지방교부세가 교부되지 않고 있는 등 중앙정부의 재정지원의 폭이 시·군에 비해 협소하며, 자치구 지방정부는 도시계획 등 지역개발을 위한 일부 권한을 행사하는 데 한계가 있기 때문인 것으로 사료된다.

반면 일반시 정부의 경제개발정책은 정책수요에 반응하지 못하고 있는 "중앙정부, 지방정부 그리고 보수적 시민사회의 정치적 선택"의 산물로 정리할 수 있다. 우선 경제발달 수준은 가설의 예측과 반대의 영향력이 나타나는데, 경제발달 수준이 높을수록 경제개발정책을 더 적극적으로 추진하고 있는 반면 낙후된 도시의 경우에 경제개발정책의 산출수준이 낮다. 또한 경제개발정책 산출수준에 영향을 미치는 정치적 변수를 나열하면 지방정부의 재정력, 중앙정부의 국고보조금 그리고 시민사회 요인(자영업 비율, 주요 NGO 지부 수) 순이다. 한국 도시정부의 경제개발정책의 정치적 특징은 경제개발 수요에 맞추어 지역성장에 도움이 되는 정책을 산출하는 정치가 아니라 보수적 시민사회에 분배의 몫을 나누어 주기 위한 정치로 요약할 수 있는 것이다.

군 정부의 경제개발정책은 지방정부가 정책수요에 반응하지 못하는 중앙정부의 정치적 선택"의 결과이다. 군의 경제개발정책 산출수준에 대해 경제발달 수준과 중앙정부의 국고보조금의 영향력이 발견되지만, 경제발달 지표는 예측과 달리, 다른 조건이 동일할 때, 경제적으로 발달한 지역에서 더 많은 경제개발정책 산출을 보이고 있었다. 반대로 경제적으로 낙후된 지역의 경제개발정책 산출은 낮다. 여기에 지방정부 관련 변수의 영향력이 발견되지 않는 것은 농촌지역 중에서도 상대적으로 낙후된 지역의 개발수요에 대해 지방정부가 적절히 대응하지 못하고 있음을 말해 준다. 또한 군 지역은 지방시민사회의 발전수준도 낮은 상태이며 지방정부의 역량도 취약한 상태이므로, 중앙정부의 국고보조금에 철저히 의존하는 정책패턴을 보이고 있다.

이상을 정리하면, 대도시 자치구 지역과 군 지역의 지방정부는 무능하고 무력한 것으로 나타났다. 지역발전을 위해 지방정부가 개입해야 할 역할을 대도시에서는 지방시민사회가 대신하고 있는 반면, 군에서는 중앙정부가 대신하고 있을 뿐이다. 이에 비해 일반도시의 지방정부는 무능한 것은 아니지만 경제발달 수준이 높을수록 더 많은 개발을 추진하고 있어 매우 성장지향적임을 보여 주고 있다.

2. 광역지역별: 수도권과 지방

이 연구의 광역지역별 분석은 두 단계로 수행된다. 우선 수도권과 지방을 비교한다. 다음으로 지방에서 호남권, 영남권, 충청권을 비교한다.

⟨표 5.18⟩ 경제개발정책의 산출수준에 관한 다중회귀분석: 수도권/지방

독립변수	측정지표	전 체	수도권	지 방
정책수요	경제발달 지표	-0.064	-0.086	0.173*
정부 간 관계	지방양여금	0.531***	0.236	0.662***
	국고보조금	0.421***	0.448***	0.359***
지방정부	재정력 지표	0.855***	0.629***	0.970***
	인력규모 지표	0.285***	0.470***	0.315***
지방시민사회	정치적 경쟁 지표	0.094*	0.195*	0.111*
	자영업 비율	0.226***	0.346***	0.157**
	주요 NGO 지부	0.383***	0.730***	0.118
통 제	면 적	0.467***	0.505***	0.374***
수정된 R^2		0.429	0.491	0.461
F값		19.821***	7.966***	16.094***
N		226	66	160

주: ***p<0.01, **p<0.05, *p<0.1. 회귀계수는 베타 값임.

먼저 수도권과 지방을 비교한 ⟨표 5.18⟩을 보면, 수도권의 경우, 경제발달 수준이 낮을수록 경제개발정책의 산출수준이 높아지지만 통계적으로 유의미한 결과가 나타나지 않았다. 따라서 한국 사회에서 가장 발달한 수도권 지역에서조차 경제적 제약 모형은 작동하지 않음을 알 수 있다.

수도권 지방정부의 경제개발정책에 대해서는 정책수요보다는 "중앙정부, 지방정부 그리고 보수적 시민사회 등 세 행위자의 정치적 선택"

의 결과라 할 수 있다. 중앙정부의 국고보조금, 지방정부의 재정력과 지방정부의 인력규모 그리고 지방시민사회의 정치적 경쟁·자영업 비율·주요 NGO지부 수 등 중앙정부의 지방양여금을 제외한 모든 변수가 지방정부의 경제개발정책의 산출수준에 영향을 미치고 있다. 특히 보수적 시민사회의 영향력이 매우 큰 것으로 나타나는데, 이것은 수도권의 경우 제조업 관련 공장입지에 대해서 강한 규제를 받고 있으나 수도권 인구의 주택 부족현상 때문에 주택건설에 있어서는 언제든지 신도시 개발의 여지가 있으므로 지역의 민간업자와 일반 주민들은 토지의 교환가치 상승을 위해 개발을 기대하고 있으며, 지방정부에 대해 보다 적극적으로 친성장 정책을 추구하도록 압력을 행사하고 있는 것으로 해석할 수 있다.

이에 비해 비수도권 지방정부의 경제개발정책의 결정은 "중앙정부와 지방정부의 정치적 선택의 게임"이라고 말할 수 있다. 우선 경제발달 수준이 높을수록 더 많은 경제개발정책을 추구하는 것으로 나타나고 있어, 개발수준이 높을수록 강한 성장지향적 태도를 갖고 있음을 보여 준다. 이것은 낙후된 지역에서는 성장의 의지마저 상실할 수 있다는 것을 말해 주며, 이 문제해결의 실마리는 낙후된 지역에 단순히 얼마만큼 지원할 것인가의 문제에서가 아니라 어떻게 하면 지방주민들이 숙명론자로 변하는 것을 막을 수 있는가에서 찾아야 할 것이다. 비수도권 지방의 경제개발정책에 영향을 미치는 변수를 보면, 중앙정부의 지방양여금과 국고보조금, 지방정부의 재정력과 지방정부의 인력규모 그리고 지방시민사회의 자영업 비율과 정치적 경쟁을 들 수 있다. 이 중에서 지방정부의 재정력과 중앙정부의 재정지원의 영향력이 크게 나타난다. 반면 지역 시민사회의 영향력은 발견되지만 수도권에 비해 영향력의 강도가 낮았다.

3. 광역지역별: 영남, 호남, 충청

다음으로 영남, 호남, 충청 등 3대 지역의 경제개발의 정치를 분석한 결과는 〈표 5.19〉에 정리되어 있다. 이 세 지역은 한국 정치에서 지역주의를 주도하고 있는 정치세력이 기반으로 삼고 있는 곳으로, 중앙정치의 변화에 따라 지역사회의 발전방향이 결정되곤 했다. 설명력의 변화를 보면, 영남, 호남, 충청 등 광역권으로 구분하여 분석한 것의 설명력이 전체모형의 설명력보다 더 높아져 광역권으로 구분하여 분석한 실익이 있었다.

〈표 5.19〉 경제개발정책의 산출수준에 관한 다중회귀분석: 광역지역

독립변수	측정지표	전 체	영 남	호 남	충 청
정책수요	경제발달 지표	-0.064	0.135	1.323***	1.159***
정부 간 관계	지방양여금	0.531***	0.773***	0.466**	0.088
	국고보조금	0.421***	0.248*	0.423*	0.425**
지방정부	재정력 지표	0.855***	0.949***	0.542	0.147
	인력규모 지표	0.285***	0.234*	0.232	0.447*
지방시민사회	정치적 경쟁 지표	0.094*	0.072	0.243**	0.122
	자영업 비율	0.226***	0.171*	0.184*	-0.196
	주요 NGO 지부 수	0.383***	-0.004	-0.160	0.055
통 제	면 적	0.467***	0.282*	0.648***	0.829***
수정된 R^2		0.429	0.583	0.673	0.545
F값		19.821***	11.237***	9.916***	4.995***
N		226	67	40	31

주1: ***p<0.01, **p<0.05, *p<0.1. 회귀계수는 베타 값임.
주2: 다중공선성 문제로 호남과 충청은 재정력 지표를 배제. 영남은 지방양여금을 배제하였음.

　우선 영남지역의 경제개발정책의 정치는 지방정부와 중앙정부의 강력한 영향력과 지역 시민사회의 지지로 특징지을 수 있다. 영남지역의 경우, 지방정부의 재정력과 지방정부의 인력규모, 중앙정부의 국고보조금 그리고 지방시민사회의 자영업 비율이 경제개발정책의 산출수준을 결정한다. 따라서 영남지역의 경제개발정책은 "중앙정부, 지방정부 그리고 보수적 시민사회의 정치적 선택"의 산물임을 알 수 있다.

　호남지역의 경우에는 경제발달 수준이 높은 지역에서 더 많은 경제개발정책을 산출하는 것으로 보아 지역개발정책이 지역의 주요 도시에 집중되어 있음을 보여 주었다. 호남지역의 경제개발정책에 대해서는 중앙정부의 지방양여금과 국고보조금 그리고 지방시민사회의 정치적 경쟁과 자영업 비율의 영향력이 발견된다. 지방정부의 영향력이 발견되지 않는다는 점에서 호남 지역의 지방정부의 무능함을 엿볼 수 있다. 따라서 호남지역의 경제개발정책은 "중앙정부와 지방시민사회의 정치적 선택"의 결과라고 할 수 있다.

　충청권의 경제개발정책의 정치는 지역사회의 개발 분위기를 지방정부와 중앙정부가 협조하여 정책을 적극적으로 추진하고 있는 것으로 묘사할 수 있다. 이 지역 역시 호남지역과 마찬가지로 경제발달 수준이 높은 지역에서 경제개발정책을 더 많이 산출하고 있어, 전체적으로 개발지향적 분위기와 불균등한 개발노력을 발견할 수 있다. 중앙정부의 국고보조금과 지방정부의 인력규모가 영향을 미치고 있으나, 지방시민사회의 영향력은 포착되지 않고 있다. 영남과 호남의 지역주의 정당처럼 강한 정당이 지역의 이익을 대변하지 않고 있고, 지방시민사회로부터의 요구가 없음에도, 중앙정부의 영향력이 강한 것은 영남이나 호남보다 수도권에 가까운 이점이 많이 작용한 것으로 보인다.

4. 요 약

이 절에서 시군구와 광역지역별 분석을 위해 이 연구의 분석모형을 축약한 모형을 사용하였다. 종속변수도 재정, 토지, 조례를 요인분석하여 경제개발정책 지표라는 통합지표로 만들었고, 독립변수는 제3절에서 유의미한 영향력을 보여 준 것으로 선정된 9개의 변수 중 민주당 소속 단체장을 제외한 8개의 변수와 면적으로 구성하였다.

전체모형을 보면 한국 지방정부의 경제개발정책은 중앙정부, 지방정부 그리고 보수적 시민사회의 정치적 선택의 결과로 해석할 수 있다. 더욱이 경제발달 수준의 영향력이 발견되지 않아 "순수" 정치적 선택 모형이 작동하고 있음을 보여 준다.

이를 시·군·자치구별로 나누어 보면, 우선 대도시 자치구와 군 지역의 지방정부는 무능한 것으로 나타났다. 경제개발정책의 산출에 어떤 영향을 미치지 못하고 있는 것이다. 대도시의 자치구에서는 보수적 시민사회의 역할이 중요하며, 군 지역에서는 중앙정부의 지원에 의존한다. 일반시는 개발지향적인 시민사회의 압력에 중앙정부의 재정지원과 자체적인 재정력을 이용하여 경제개발정책의 산출수준이 결정되고 있다.

또 수도권과 지방을 나누어 보면, 수도권은 중앙정부, 지방정부 그리고 보수적 시민사회가 모두 적극적으로 경제개발정책의 산출수준에 영향을 미치고 있다. 반면 지방은 중앙정부와 지방정부의 영향력이 수도권에 비해 더 강하지만, 보수적 시민사회의 영향력은 상대적으로 약하다. 지방의 또 다른 특징은 경제발전 수준이 높을수록 경제개발정책을 더 적극적으로 추진하는 것으로, 낙후된 지역의 지방정부가 개발정책을 추진하는 데 어려운 상황에 있음을 보여 주고 있고 발전된 지역에서는 강한 성장지향성을 보이고 있어, 향후 지역 간 불균등이 더욱 커질 것으로 예상된다.

마지막으로 지방을 영남·호남·충청지역으로 나누어 보면, 비수도권의 주요 광역권도 정책결정 패턴이 다른 것으로 나타난다. 충청권은 보수적 시민사회로부터의 압력이 없이도 중앙정부와 지방정부가 모두 경제개발정책에 긍정적인 영향을 미치고 있다. 이는 수도권과 가까운 이점이 반영된 결과로 보인다. 반면 호남권의 개발의지는 충청권에 못지않고 지역 시민사회와 일반 주민의 영향력도 포착되지만, 중앙정부의 영향력이 발견될 뿐 지방정부의 영향력은 나타나지 않는다. 영남권의 경제개발정책은 수도권과 마찬가지로 중앙정부, 지방정부 그리고 지역 시민사회의 정치적 선택의 산물로 해석할 수 있다.

제4절 소 결

이 장에서는 독립변수와 종속변수 간 상관관계 분석과 다중회귀분석을 통해서 한국 지방정부의 경제개발정책의 산출수준에 영향을 미치는 요인들을 분석하였다. 마지막으로 시군구별, 광역지역별로 나누어 분석을 실시하여 보다 세밀한 이해를 시도하였다.

다중회귀분석의 결과는 다음과 같이 요약할 수 있다. 첫째, 한국 지방정부의 정책 모형으로 경제적 제약 모형보다는 "순수" 정치적 선택 모형이 더 적합하였다. 토지수단을 제외하고는 지역의 경제발달 수준으로 대표되는 정책수요에 반응하지 않은 반면, 중앙정부, 지방정부 그리고 지방시민사회의 영향력이 강하게 나타났기 때문이다. 중앙정부와 지방정부가 지역 사회의 권력구조에서 차지하는 막강한 위치에 대해서는 이미 기존 사례 분석에서 자주 거론된 바이다.(이승종 1998; 박종민 외 2000; 최창수 2000; 소순창 2001) 미국의 지방정부의 경제개발정책에 대한 연구에서는 도시화와 산업화 수준이 통제된 경우 정치적 요인의 영향력은 발견되지 않았지만(Hwang and Gray 1991), 한국의 경우에 경제적 조건의 영향력은 매우 미약하며, 정부영역의 영향력이 강력하다. 이것이 한국 지방정치의 중요한 특징이라 할 수 있다.

둘째, 중앙정부의 영향력이 강하게 나타나고 있다. 반면 광역정부의 영향력은 발견되지 않는다. 중앙정부의 영향력 중에서도 정치적 관계보다는 재정적 관계의 영향력이 강하게 발견된다. 재정적 관계 중에서도 경제개발정책에 보다 직접 관련된 지방양여금의 영향력이 국고보조금보다 일관되게 나타난다. 이처럼 중앙정부의 재정적 영향력은 강력한 반면, 중앙정부와의 정치적 관계의 영향력과 광역정부의 재정적 영향력이 약한 것은 정책을 수행할 수 있는 자원을 배분하는 주도권을 중앙정부가 행정적 관계를 통해 장악하고 있다는 의미로 해석할 수 있다. 이는 광역정부의 권한과 기능에 대한 재검토의 필요성을 보여 주고 있다.

셋째, 지방정부의 영향력이 발견된다. 그러나 현재와 같이 강시장제 하에서 지방의회와 지역주민의 참여제도가 미약한 상황에서, 지방정부의 영향력은 곧 지방정부의 단체장의 영향력을 의미할 가능성이 높아진다. 자치단체장들은 지방정부의 재정력과 행정력을 동원하여 자신의 정책의지를 관철시킬 수 있는데, 특히 재정력이 풍부하고 공무원 조직이 추가적인 정책을 공급할 여력을 갖추고 있을 때 지방정부의 단체장은 지역사회의 발전에 가장 적합한 정책보다는 자신이 선거에서 승리하는 데 가장 적합한 정책을 선택할 가능성이 크다는 점에서 유의할 필요가 있다.

넷째, 지방시민사회의 경제개발정책에 대한 영향력과 관련하여 풀뿌리 민주주의보다는 지방 보수주의의 영향력이 더 크게 나타났다. 경제개발정책에 대한 자영업 집단의 긍정적 영향력이 강력하게 나타났고, 공익적 시민단체의 부정적 영향력은 발견되지 않았기 때문이다. 이처럼 공익적 시민단체의 영향력이 긍정적으로 나타난 것은 공익적 시민단체의 발달과 상관적으로 움직이는 보수적 시민단체의 활성화 정도와 밀접한 관련이 있는 것이다. 이에 비해 일반주민의 영향력을 나타내는 정치적 경쟁의 영향력은 발견되지만 크지 않은 것으로 나타났다.

다섯째, 시군구를 나누어 분석한 결과, 대도시 자치구의 경우 보수적 시민사회의 역할이 발견되었고, 군 지역은 중앙정부가 중요한 역할을 수행하였다. 반면에 일반시는 중앙정부와 지방정부 그리고 보수적 시민사회가 경제개발정책을 결정한다. 경제적 합리성이 가장 잘 적용될 수 있을 것으로 예견되었던 일반시에서도 정치적 논리가 강하게 작동하는 것은 한국 지방정치가 아직 정책 중심으로 운영되지 못하고 있는 현실이 반영된 결과라 할 수 있다.

여섯째, 수도권과 지방을 나누어 분석한 결과, 수도권은 중앙정부, 지방정부 그리고 보수적 시민사회가 모두 적극적으로 경제개발정책의 산출수준에 영향을 미치고 있다. 반면 지방은 수도권과 결정모형은 비슷하지만, 발전수준이 높은 지역에서 더 적극적으로 경제개발정책을 추진하고 있다는 점에서 다르다. 또한 수도권에 있어서도 경제적 합리성은 발견되지 않으며 정치적 논리만이 발견되고 있다는 점을 지적할 수 있다.

일곱째, 광역지역 간 차이를 보면, 세 광역권 모두 중앙정부의 영향력에 좌우된다. 그러나 지방정부의 영향력은 영남권에서 강하게 나타나고, 충청권은 중간 수준인 반면, 호남권의 지방정부의 영향력은 발견되지 않고 있다. 지방시민사회의 영향력은 호남권에서 강하게 발견되는 반면, 영남권에서는 중간 수준이며, 충청권에서는 발견되지 않는다. 세 지역 모두 경제발달수준이 높을수록 경제개발정책의 산출수준이 높아져 지역의 정책수요가 정책으로 반영되고 있지 않고 있음을 보여 준다.

이 장에서 발견된 사실은 한국 지방정부의 경제개발정책에 경제적 발달수준이 낮을수록 더 적극적으로 개발에 임하고, 경제발달 수준이 높으면 개발과 함께 사회정책에도 관심을 기울여야 한다는 경제적 제약 모형이 적용되지 않는다는 사실이다. 따라서 경제개발정책에 있어 경제적 합리성은 발견되지 않는다. 그렇다면 무엇이 경제적 합리성을 대체하고 있는가? 즉 어떤 행위자의 정치적 선택이 중요한가를 따져야 할 것이다. 분석 결과는 한국 지방사회에서 중앙정부와 지방정부의 영향력이 강력하다는 기존 연구결과를 지지하면서도, 보수적 지방시민사회의 영향력도 발견된다는 점이 확인되었다. 공익적 NGO의 힘도 무력화시킬 수 있을 정도로 보수적 지방시민사회의 영향력은 강력했다. 이처럼 경제적 논리보다는 정치적 논리가 강한 상황에서, 지방정부의 경제개발정책은 지역 전체의 성장보다는 보수적이고 성장지향의 지역유지들에게 편익을 주는 할당과 배분의 논리가 우세하게 되며, 그로 인해 중앙정부의 각종 균형발전 시책이 효과를 창출하기 어려운 이유가 설명된다. 결국 보수적 지방시민사회의 영향력을 매개로 지방정부의 경제개발의 정치가 경제적 논리가 강한 성장의 정치를 유지하는 것이 아니라, 정상적인 경우에는 할당정치로, 비정상적일 때에는 비리와 부정부패의 정치로 변질되고 있다고 말할 수 있다.

제6장

결 론

　서론에서 이 연구의 과제를 두 가지로 제시하였다. 우선 한국 지방정부의 경제개발정책은 어떤 논리로 결정되는가? 이에 대한 하나의 설명은 경제개발정책은 경제적 이슈이기 때문에 정치적 요인의 영향력은 미미하며, 오직 지역 사회의 경제적 조건과 개발수요에 의해 결정된다는 경제적 제약 모형이다. 다른 설명은 비록 경제적 조건과 개발수요에 의해 경제개발정책의 산출수준이 결정되더라도, 정치적 조건과 상황에 따라 정치인들은 얼마든지 정치적 합리성에 의거하여 행동하기 때문에, 산출수준은 조정될 수 있고 어떤 경우에는 철회될 수도 있다는 정치적 선택 모형이다. 기존의 사례 연구들을 검토하면, 한국 지방정부의 경제개발정책은 이 두 모형 중에서 정치적 선택 모형에 따라 작동하고 있다고 주장할 수 있었다.

　다음으로 만약 정치적 선택 모형이 맞는다면, 어떤 행위자의 정치적 선택이 중요한가? 이에 대한 한국 학계의 일반적인 대답은 경제적 제약의 영향이 발견되지 않는 "순수" 정치적 선택 모형이었다. 구체적으로 중앙정부와 지방정부의 압도적인 영향력과 지방시민사회의 미약한 영향력을 주장하고 있다.

　이 두 가지 질문에 답하기 위해서 이 연구는 한국의 기초지방정부를 연구대상으로 선정하였다. 경제개발정책의 산출수준을 측정하기 위해 정책수단의 다양성에 주목하였는데, 지방정부의 정책은 재정(예산), 토지(허가 및 규제) 그리고 입법(조례)의 세 가지 수단으로 표출된다는 점에 착안하여, 세 가지 정책수단의 사용방식에 따른 산출수준을 측정하였다.

　연구의 분석모형을 설정하기 위해 경제적 제약 모형과 정치적 선택 모형을 대비시키고, 기존의 연구에서 사용했던 분석모형을 검토하였다. 구체적인 변수와 지표의 선정은 국내외 선행 연구의 검토를 거쳐 진행하였고, 그 결과 독립변수를 정책수요와 정치적 선택으로 나누었다. 정책수요에는 경제적 발달 수준을, 정치적 선택은 다시 정부 간 관계, 지방정부, 지방시민사회 등 세 가지로 나누었다.

정부 간 관계 요인은 재정적 관계 변수와 정치적 관계 변수로 구성하였다. 지방정부 요인은 재정력, 지방정부의 인력규모 그리고 단체장의 정책 성향 및 리더십 변수로 나누었고, 지방시민사회 요소로는 정치적 경쟁, 성장연합 그리고 반성장연합 변수로 구성하였다. 각 독립변수가 경제개발정책에 미치는 인과관계를 정리하여 연구가설을 설정하였다.

연구의 종속변수와 설명변수를 결정한 후, 개념의 측정 문제를 제3장에서 집중적으로 다루었다. 통계적 분석방법을 사용할 이 연구에서 측정의 문제는 연구의 성패를 가늠할 정도로 중요한 것이다. 측정의 방법을 상세히 다룬 후에, 연구가설을 측정지표 간 관계로 재설정하여 작업가설을 제시하였다.

제4장에서는 종속변수인 한국 지방정부의 경제개발정책 현황을 전체적 시각에서 정리하고 지역 간 분포를 관찰하였다. 또한 한국 지방정부의 최근 개발전략에 대한 문제점을 검토하였다. 한국 지방정부는 낮은 자율성, 낮은 재정력, 낮은 전문성, 낮은 민간과의 연계로 인해 개발정책 추진에 한계를 느끼고 있었다. 지난 10년간 지역개발을 위해 자체적으로 노력한 증거는 여러 지표를 통해 확인할 수 있었으나, 정책 프로그램이 단조롭고 조례 제정을 이용한 경제개발정책을 적극적으로 활용하고 있지 않고 있다는 점 등을 문제로 지적할 수 있다.

경제개발정책을 가장 적극적으로 추진하는 곳은 일반시였고, 대도시 자치구는 토지가 부족하고 독자적인 경제개발정책을 추진할 권한도 거의 없는 실정이어서 경제개발정책을 적극적으로 추진하지 못하고 있었다. 이에 비해 군은 유휴 토지가 많음에도 불구하고, 가장 열악한 재정과 부족한 인력으로 인해 필요한 경제개발정책을 효과적으로 추진하지 못하고 있는 상황이었다.

수도권은 각종 규제에 묶여 있으나, 이러한 규제정책이 수도권의 집중을 막는 것에 실패한 것으로 보인다. 오히려 주택 건설은 전국에서 가장 활발히 추진된 것으로 보아, 수도권으로의 인구집중은 더 심화되었다. 다른 지역은 경제개발정책의 효과성에 대해 확인할 수 없지만 그럼에도 지역개발을 위해 지방정부가 부단히 노력하고 있다는 점이 발견되었다. 재정적으로 열악한 강원지역에서 재정 수단을 가장 적극적으로 활용하고 있었으며, 호남지역과 충청지역은 토지 수단을 가장 적극적으로 활용하였다. 유일한 예외로 영남지역은 모든 지표에서 가장 낮은 산출을 보였다.

정책수단에 따른 경제개발관련 산출지표를 상호 비교한 결과 세 지표 간에는 유의미한 상관관계가 성립하고 있어, 전체적으로 각 정책수단이 경제개발정책의 일부를 잘 반영하고 있다고 평가할 수 있다. 경제개발정책과 다른 정책영역과의 관계를 분석한 결과, 한국 사회에서 사회복지정책과 경제개발정책이 반드시 상반된 정책으로 인식하고 있지 않기 때문에 정치적 합리성이 경제개발정책에도 통용될 수 있음을 보여 주었다. 경제개발정책과 환경정책의 상관관계의 분석에서는, 한국 지방정치에서 조례 제정은 소극적인 정책수단일 뿐만 아니라 다분히 상징정치 수준에서 작동하고 있다는 것을 확인하였다.

지역발전 전략으로 주로 거론되는 택지개발, 제조업 유치, 문화산업 육성, 장소 마케팅 등에 있어서, 한국의 지방정부들은 지역사회의 수요에 대응하고 있다기보다는 이웃 지방정부의 정책을 모방하는 성격이 강하고 개발노력에 대한 상징적이고 정치적인 효과에 치중하는 경향이 강하기 때문에, 전국적으로 획일적이고 천편일률적인 정책을 펼치고 있다는 평가를 받고 있다. 이것은 지역의 수요에 대응하고 다양한 실험이 가능한 지방분권의 이점을 살리지 못하고 단지 중앙정부의 정책을 추종하는 소극적인 지방정부의 모습이 반영된 결과이다.

경제적 발달수준, 정부 간 관계 요인, 지방정부 요인 그리고 지방시민사회 요인 등을 모두 투입하여 다른 요인들을 통제한 상태에서, 지방정부의 경제개발정책에 미치는 영향을 분석한 결과는 다음과 같이 요약할 수 있다. 한국 지방정치에서는 경제개발정책도 정치적 선택 모형으로 설명된다. 이것은 경제개발정책의 결정이 정치적 합리성에 의해 좌우되고 있으며 "순수" 정치적 선택 모형의 특징을 보여주고 있다. 미국 지방정부에 대한 연구를 보면, 경제개발정책은 경제적 제약 모형이 작동하고 사회복지정책은 정치적 선택 모형의 논리에 따라 작동한다는 결론이 지배적이지만(Wong 1987; Hwang and Gray 1991), 한국과 미국은 지방자치의 역사, 가치, 제도 등 많은 면에서 다른 상황이기 때문에 한국 지방자치에서는 다른 정책결정논리가 작동하고 있는 것이다.

그렇다면 누구의 정치적 선택이 중요한가를 따져야 할 것이다. 분석결과는 지방정부와 중앙정부의 정치적 선택이 가장 중요하고, 다음으로 보수적 시민단체와 지역의 자영업자들의 정치적 선택이 중요하다. 이에 비해 광역정부와 공익적 시민단체의 영향력은 배제되어 있다.

중앙정부를 제외한 지방정부-보수적 시민사회-자영업자는 한국 지방정치에서 교환정치와 후견정치의 구성인자들이다(유재원 2000; 박종민 2002). 이들의 정치적 선택만이 존재한다면, 지방정부의 경제개발정책은 피터슨식의 개발정책이 아니라 할당정치·배분정치·부패의 정치 등으로 변질될 가능성이 클 것이다. 따라서 비록 자원을 가진 중앙정부가 합리적 계획을 토대로 지방에 적극적으로 투자하더라도 그 성과는 지방사회의 행위자들에 의해 왜곡될 가능성이 큰 것이다.

그러나 이 연구의 분석결과는 이러한 메커니즘을 제어할 수 있는 시민 요인의 영향력도 동시에 보여 주고 있다. 약하지만 정치적 경쟁에 의한 정치적 선택이 존재한다는 것이다. 정치적 경쟁은 단체장 선거의 유효 후보 수, 참여 정당 수 그리고 득표율로 구성된 것으로, 이 지표의 수치가 높을수록 단체장은 힘겹게 당선된 것이다. 따라서 경쟁을 통해 당선된 정치인은 지역 사회의 정책 수요와 지역 주민의 선호에 보다 민감하게 반응할 가능성이 높다. 문제는 한국 지역사회의 주민들의 정책선호가 어느 정도 경제개발을 중시하고 있는가 하는 것이다. 발전수준이 높은 곳에서 더욱더 개발에 박차를 가하는 현상은 지방사회의 주민들이 대체로 개발지향적 성향을 가지고 있다는 추론을 가능하게 해준다. 따라서 단순한 선거정치만으로 경제개발정치가 후견정치로 변형되는 것을 막을 수 있다고 주장하기는 어렵다.

교환정치의 구조에 대한 또 다른 제어 메커니즘은 중앙정부의 영향력이다. 중앙정부는 지방정부의 부족한 재정을 보충해 주는 기능을 하지만 동시에 지방정부의 자율성을 제약하는 요인이 되기도 한다. 중앙정부는 지방정부의 권한과 보조금 지원을 둘러싼 정치적 게임을 주도할 수 있기 때문이다(전상경 2002). 따라서 상위정부의 정치적 선택이 합리적으로 이루어진다면 때로 지방 수준의 후견 구조를 제어하는 역할을 수행할 수 있다. 그러나 그동안 한국 중앙정부의 태도는 이런 희망을 회의적인 것으로 만든다. 지방분권에 소극적이었고, 오히려 의도적으로 후견구조의 지방정치를 비판하면서 집권화를 더 강화하려는 활동을 벌였기 때문이다(김석태 2000). 따라서 중앙정치의 지방분권에 대한 태도변화가 선행되지 않는 한 현행 구도 속에서는 중앙정부의 영향력으로 교환정치의 구조를 파타하는 것은 어려울 것이다. 다만 참여정부에 들어서서 지방분권을 주요 국정과제로 선정하고, 지방혁신을 위해 노력하고 있는 점은 중앙정치가 서서히 변하고 있다는 긍정적인 신호로 볼 수 있다.

아쉬운 것은 지역의 공익적 시민단체의 역할이 겉으로 드러난 활동에 비해 정책결과로 나타나지 않는다는 점이다. 특히 시민단체들은 그동안 주로 참여조례와 예산안, 의정감시 등에 초점을 두어 활동을 전개했는데, 지방정부가 조례정책을 상징정치의 일환으로 운영하고 있는 현실에서 시민단체 활동이 지방정부를 바꾸기에는 한계가 있다고 말할 수 있다. 또한 지역주민들이 지방정부를 견제할 수 있는 참여제도가 도입되었으나 활발한 운영이 어려운 현 상황에서 공익적 시민단체의 영향력에는 한계가 있는 것이다.

이상의 결과는 어떤 정책적 함의를 낳는가? 이 연구의 결과는 한국의 국토균형발전 정책, 지방경제 활성화 정책 등에 있어 중요한 정책적 함의를 제기한다. 중앙정부가 지방경제의 활성화를 위해 재정을 얼마 투입하고, 어느 지역에 공단을 조성할 것인가 등의 물리적·기술적인 관점에서 접근한다면, 결코 의도하는 정책목표를 달성할 수 없을 것이라는 것이다. 지방 수준의 정책집행의 단계에서 나타나는 정치적 논리를 극복하지 않고서는 어떤 물질적 지원과 노력도 성공을 기대할 수 없을 것이기 때문이다. 따라서 지방의 민주정치가 작동할 수 있는 기본적인 제도의 틀을 정비할 필요가 있다. 우선 단체장의 강력한 권한을 견제할 수 있는 지방의회의 권한을 강화해야 하며, 지방정치인에게 선거 이외에 압박을 가할 수 있는 주민 참여제도(주민소환, 주민발안, 주민투표 등)가 도입되고 활발히 운영되어 지방시민사회가 지방정부를 견제할 수 있도록 만들어야 할 것이다.

또한 지역 간 균형발전의 문제는 분권화와 지방정부의 제도적 역량 강화[100]가 선행되지 않는 한 달성될 수 없는 과제임을 명확히 인식해야 한다. '문패만 바뀐 지방자치[101]'라는 표현처럼, 한국의 지방자치는 지방행정 수준에서 벗어나기 어려운 제도적 제약을 안고 탄생했다. 하지만 이런 한계는 지방자치가 실시된 지 10년이 넘은 현 시점에서도 나아지지 않고 있다.[102]

---

100) 제도적 취약(institutional weakness)은 제3세계 국가의 실패에 대해 가장 많이 거론되는 요인이다. 그러나 지방정부의 제도적 취약을 극복하기 위해, 지방정부의 역량 향상의 문제를 재정, 인력, 권한 등 단순히 집행부를 강화하는 차원에서 접근한다면, 문제의 실타래는 더욱 꼬일 것이다. 지방정부의 역량 강화의 출발점은 지방의회, 지역 시민사회, 지방공무원 사회 등 지방 수준에서 협력적 거버넌스가 작동할 수 있는 정치적 견제장치가 충분히 마련되고 작동할 수 있어야 한다는 점에서 정치적인 것이다.

101) 김기옥 동작구청장 기고문. 국민일보 1995년 12월 13일자.

102) 한국의 지방자치제도는 권위주의적 통치의 폐해를 극복하고 국가 수준의 민주주의가 정착하는 데 보완적인 정치 제도로 도입되었기 때문에, 중앙정치의 담론구조에서 지방정부의 효율적인 정부운영의 문제는 상대적으로 경시되어 온 것이 사실이다. 또한 한국의 지방자치는 형식적으로는 지방정치인이 선거에 의해 충원되는 정치적 분권과 각 지역의 문제를 스스로 해결하는 지방자치를 표방하고 있지만, 실제 운영에 있어서는 아직도 행정적 분산(deconcentration)의 틀을 벗어나 있지 않다는 평가가 지배적이다(안성호 1992; 김석태 2000).

우선 자치입법권, 자치조직권 그리고 자치재정권 어느 면을 보아도 중앙정부의 영향력은 막강하다. 지방정부의 주요 정책수단인 토지의 이용 및 개발권한도 많은 부분 중앙정부의 통제를 받고 있으며, 중소기업 자금지원제도도 중앙정부의 주도하에 이루어지고 있다. 아직도 중앙정부가 법령의 일부를 바꾸는 것만으로도 지방정부는 많은 영향을 받는다.(이승종 2003) 반드시 제도적인 차원이 아니더라도 중앙정부는 다양한 방식을 통해서 지방정부의 활동을 제약하고 있다. 정당을 비롯하여 행정기관, 정부기관의 책임자, 법원, 검찰, 군대, 국영기업체의 고위 간부들은 고유의 제도적 영향력으로 지방정부에 막대한 통제력을 행사한다.

이제는 과감한 분권화 시책이 필요하다. 그러나 이것은 이중 분권화를 의미한다. 중앙으로부터 지방에로의 권한에 있어서의 분권화와, 지방정부로부터 지방 시민사회로의 분권화가 그것이다. 전자의 분권화는 현재의 형식적인 정치적 분권에서 벗어나 지방정부가 다루어야 할 핵심 기능의 재분배와 보다 자주적인 재정운영을 보장하는 재정의 분권화를 핵심요소로 한다. 핵심기능에는 경찰자치와 교육자치도 포함된다. 그러나 재정의 분권화에 있어서는 반드시 자주적인 재정동원까지 이를 필요는 없다. 자주적인 재정동원은 자칫하면 지방정부의 재정을 더욱 약화시킬 수 있고 지역 간 차이를 극대화하기 때문이다. 중요한 것은 세금을 누가 거두어들이느냐가 아니라, 모인 재정을 어떻게 배분하고 배분된 재정은 얼마나 자율적이고 투명하게 사용할 수 있느냐에 있다. 지방정부의 재정운용에 대한 판단은 지방의회와 지역주민에게 맡겨야 할 것이다.

또한 주민들의 생활 속으로 파고들기 위해서는 적어도 각종 공공서비스를 포함하여 시민적 최소기준(civic minimum)을 충족시킬 수 있을 정도의 재원과 인력의 확충이 요구된다. 이것은 핵심기능의 분권

기능에 있어서도 제약을 받고 있다. 지방정부는 행정관리, 주민의 복지증진, 산업진흥, 생활환경시설의 설치, 교육·체육·문화·예술의 진흥 등 여러 가지 기능을 수행해야 하지만, 정책의 결정보다는 중앙정부가 결정한 정책을 집행하는 것이 더 많은 부분을 차지한다. 더욱이 시민의 삶과 직접 연결된 교육과 경찰 서비스 기능이 분권화 되지 않은 상황에서 지방정부가 지역민을 위해 더 나은 서비스를 제공할 기회를 제약받고 있는 상황이다(정세욱 1998).

이런 상황은 Gurr와 King(1987)이 말하는 제2유형 자율성(Type Ⅱ autonomy)이 낮은 상황이다. 제2유형의 자율성은 중앙정부의 영향력이 큰 경우를 가리킨다. 또한 Clark(1984)의 관점에서 보면, 주도능력(power of initiation)과 면책능력(power of immunity)이 모두 낮은 베버적인 의미의 관료제 모형으로 지방정부의 자율성은 거의 없다고 말할 수 있다.

화 조치만으로는 부족한 것이며, 보다 적극적으로 지방정부의 인력을 확충할 수 있는 방안이 모색되어야 한다. 한국의 경우, 인력과 재정 규모를 놓고 볼 때, 지방자치단체가 한국사회에서 차지하는 비중은 선진국들의 그것에 비하여 작기 때문에, 지방자치단체의 지방공공서비스 공급능력이 매우 낮다고 말할 수 있다. 따라서 지역의 정책수요에 대응할 수 있을 정도로 인적 자원의 확충과 재정적 역량의 강화가 필요한 것이다. 이 점에서 한국 지방정부에 대해서는 신공공관리적 개혁방안의 처방은 한계를 지니고 있다고 말할 수 있다.

그러나 현재와 같이 비효율적이고 부패가 만연한 지방정부의 규모를 확대하는 것에 앞서, 지방정부 스스로도 현재의 인원에서 최선의 정책을 입안하고 집행할 수 있는 역량을 높여 나가야 할 것이다. 지방정부의 공무원의 공직의식을 강화하고, 성과 중심의 행정을 추진하려는 스스로의 노력이 없이는 지방정부의 역량 강화는 불가능할 것이다.

분권화와 관련하여 광역정부의 위상에 대한 재검토 역시 필요하다. 이 연구의 결과에 따르면, 광역정부는 지방정부의 경제개발정책에 영향을 미치지 못하고 있다. 이것은 광역정부가 보조금을 비효율적으로 운영하고 있기 때문에 나타난 결과로 비판할 수도 있지만, 이보다는 현재 불분명한 광역－지방 간 권한배분이나 광역정부의 낮은 재정적 역량 등 제도적 측면의 미비로 인해 나타난 결과이기도 하다. 만약 기초지방정부의 능력이 부족할 경우, 광역정부가 보충해 준다면 중앙정부의 노력과 더해 지역사회의 발전에 도움이 될 것이다. 따라서 기초지방정부뿐만 아니라, 광역정부의 재정력과 권한을 개선시켜 광역정부가 지방정부를 보충하는 권한과 책임을 다할 수 있는 조건을 만들어 나가야 할 것이다.

단체장의 리더십에 기대할 수 있는 부분이 많지 않다는 것도 현재 한국 지방사회의 고질적인 병폐이다. 최근 미국에서 단체장의 리더십을 강조하는 분위기가 팽배하지만, 이때 말하는 리더십은 독단적이고 어떤 마법적인 능력이 아니다. 어떤 일이 추진될 수 있도록 만드는 정치적 리더십이며 여러 정치행위자들을 매개하는 생산적 리더십인 것이다. 따라서 단체장의 이러한 리더십이 발휘될 수 있는 조건을 만드는 것이 중요하다. 그 조건은 지방정치인이 주민과 지방시민사회로부터 견제를 받을 뿐만 아니라 지방정치인들 상호간의 균형과 견제의 장치가 함께 마련되어야 한다는 것이다. 우선 주민들이 지방정치인을 견제할 수 있도록 주민투표(referendum), 주민발안(initiative), 주민소환(recall), 주민감사청구, 주민소송, 조례개폐청구 등 참여제도와 정보공개를 강화하는 것은 기본이다. 단순히 도입하는 것이 아니라 그 요건에 있어서도 견제가 쉽도록 만들어야 한다. 현재의 요건은 단체장을 견제할 수 있는 수준이 되지 못하고 있기 때문이다.

또한 지방정부의 운영에 대한 감시와 견제가 제대로 이루어질 수 있도록, 지방의회의 권한을 보다 강화할 필요가 있다. 이 연구에서 지방정부는 경제개발정책을 추진함에 있어 조례를 의지하는 것에 소극적이었다. 다만 재정이 부족하고 중앙으로부터 지원도 없는 경우에만 불가피하게 적극적으로 활용하는 수준이었다. 또한 아젠다21의 예에서 볼 수 있듯이 입법 활동은 하나의 상징정치로만 존재하는 것처럼 보인다. 이것은 지방정부의 단체장이 지방의회와 협조하기보다는 지방의회를 거칠 필요가 없는 규칙, 규정, 정책 프로그램을 더 선호하고 있기 때문에 나타난 결과이다. 현재의 단체장-의회 관계는 너무 단체장에게 편향되어 있기 때문에, 지방의회가 효율적으로 견제하지 못하고 있다. 더욱 중요한 문제는 지역 사안을 두고 단체장과 의회가 전략적으로 협조하고 있지 않다는 것이다. 이 모든 것이 정책의 모든 결정권한을 단체장이 쥐고 있기 때문에 나타난 결과인 것이다.

이 연구의 한계와 향후 연구 과제는 다음과 같이 정리할 수 있다.

첫째, 이 연구는 지방정부와 관련하여 주로 집합자료(aggregate data)를 사용하였다. 따라서 구체적인 사례에서 경제적 수요와 지방정부의 활동이 어떤 관련 속에서 작동하고 있는지 성공적으로 보여 주는 것에 한계를 가지고 있다. 또한 경제개발정책이 할당정치나 교환정치로 어떤 식으로 바뀌는지에 대한 메커니즘을 보여 주는 것에 있어서도 한계를 보이고 있다. 따라서 사례분석을 통해 인과적 고리를 잘 해명하는 것이 다음 연구과제이다.

둘째, 이 연구에서는 실제 지방정부의 정책에서 가장 큰 영향력을 행사하고 있는 단체장의 영향력을 측정할 수 있는 지표를 개발하지 못하였다. 단체장의 특성과 관련된 여러 지표들을 나열해 보았지만, 별 효과는 없었다. 향후 단체장의 리더십과 정책성향에 대한 보다 심도 깊은 논의가 필요하다고 사료된다.

셋째, 정책을 통해서 한국 지방정치의 특성을 규명하기 위해서는, 재분배정책과 공공서비스의 공급에 대해서도 이 연구의 분석모델을 적용하여 분석함으로써, 한국 지방정부의 정책을 둘러싼 결정요인들에 대해 보다 풍부한 이해를 축적할 수 있을 것이다.

넷째, 이 연구의 가장 큰 한계는 한국의 지방자치가 아직 유년기에 있고 미성숙의 단계에 있다는 사실로부터 나온다. 특히 민선 자치 단체장 선출 이후 불과 5년간의 성과로부터 얻은 결론을 결정적이라고 말할 수 없다. 이 점은 향후 지속적인 관찰과 연구를 통해서 개선해가야 할 사항이다.

다섯째, 이 연구는 공시적 분석을 실시하였는데, 향후 환경의 변화와 정책의 변화에 대한 연구가 필요하다. 인과관계를 설명하는 데 있어서

시계열 자료를 활용하여 변화에 대한 연구와 한 시기의 고정된 자료의 차이에 관한 연구가 모두 있어야만 독립변수의 영향력에 대한 보다 완벽한 주장이 가능할 것이다. 그 하나의 예가 이 연구에서 분석하지 못한 경제적 쇠퇴의 영향력에 관한 것이다.

여섯째, 성과 중심 공공조직 관리라는 세계적 추세에 비추어 보았을 때, 이 연구는 경제개발정책의 산출에 초점을 맞추고 있어 경제개발정책의 성과 및 결과에 대한 함의를 주기에는 부족한 면이 많다. 따라서 향후 경제개발정책의 성과 및 결과에 연구로 확대하고 성공적인 지방자치 확립에 도움을 줄 수 있는 연구로 발전시켜 나갈 필요가 있다.

보 론

정책환경 요인을 통해서 본 한국 지방사회

1. 경제발달 수준과 지방정부의 재정환경
관련 지표들 사이의 상관관계

    지역의 경제발달 수준과 지방정부의 재정환경 관련 변수들은 경제발달 수준, 지방정부의 재정력 그리고 정부 간 재정적 관계이다. 이에 대한 지표는 도시화 수준과 경제적 지위를 통합하여 측정한 경제발달 수준 지표, 지방정부의 재정력 지표 그리고 중앙정부 및 광역정부의 재정적 지원의 수준을 나타내는 지방양여금 비율, 국고보조금 비율, 그리고 광역정부의 보조금 비율 등 5가지이다. 이들 사이의 상관관계가 〈표 보1〉에 정리되어 있다.

〈표 보1〉 경제발달 수준과 재정환경 관련 지표 간 상관관계(피어슨 상관계수)

	경제발달	재정력	지방양여금	국고보조금	광역보조금
경제발달	1.000	0.734***	-0.734***	-0.645***	-0.219***
재정력		1.000	-0.744***	-0.767***	-0.310***
지방양여금			1.000	0.565***	-0.060
국고보조금				1.000	0.117*
광역보조금					1.000

주: ***p<0.01, **p<0.05, *p<0.1.

    우선 경제발달 수준은 지방정부의 재정력과 양의 상관관계를, 상위정부의 지원금과 음의 상관관계를 보여 주고 있다. 경제발달 수준과 다른 지표들과의 상관관계는 모두 1% 수준에서 유의미한 관계를 보이고 있어, 경제가 발달한 지역은 지방정부의 재정이 튼튼하고 상위정부로부터 재정적 지원의 비중은 낮은 반면, 지역의 경제가 낙후된 지역은 재정적으로 빈약하고 중앙정부의 지원금에 의존하는 경향이 강한 것으로 나타난다.

지방정부의 재정력과 상위정부의 지원금과의 관계를 보면, 중앙정부의 지원금과는 r=-0.740 이상의 높은 상관관계를 보여 주고 있으나 광역정부의 보조금과는 r=-0.310으로 낮은 상관관계를 보이고 있어 광역정부의 영향력이 중앙정부의 그것에 미치지 못하고 있음을 알 수 있다.

상위정부의 지원금 간 상관관계를 보면, 중앙정부의 지방양여금과 국고보조금의 상관관계는 r=0.565로 밀접한 관계를 가지고 있다. 반면에 광역정부의 보조금은 중앙정부의 보조금과 낮은 상관관계를 보이고 있다. 광역정부의 보조금과 지방양여금은 유의미한 상관관계를 보이고 있지 않으며, 국고보조금과의 관계는 양의 관계이지만 상관계수의 크기는 r=0.117로 매우 낮았다. 이 결과는 광역정부의 지원금과 중앙정부의 지원금의 결정이 다른 논리를 가지고 있고, 운영과정에 있어서도 차이가 있음을 말해 준다.

여기에서 지방정부의 재정구조와 관련된 4가지 지표의 제도적 차이에 주목할 필요가 있다. 재정력, 지방양여금, 보조금(국고보조금·광역보조금) 순으로, 지방정부는 재정의 "자주적 재원 사용"의 권한이 약해지며, 상위정부의 감시와 통제가 강해진다. 지방정부의 재정력과 지방양여금은 경제발달 지표와 각각 r=0.734, r=-0.734의 상관관계를 보이고 있으나, 국고보조금은 경제발달 지표와 상관관계가 r=-0.645로 지방양여금의 그것보다 약간 낮고, 광역정부의 보조금은 경제발달 지표와 상관관계가 r=-0.219로 매우 낮다. 이것은 상위정부가 보조금을 객관적인 기준에 의해 배분하기보다는 정치적 기준에 의해 배분할 여지가 있고, 지방비 부담과 보조비율의 획일적 적용 등 보조금 제도 운영상의 문제가 반영된 결과라고 할 수 있다. 또한 중앙정부의 지원금은 지방의 경제적, 행정적 필요에 어느 정도 반응하고 있다고 말할 수 있지만, 광역정부의 지원금은 전혀 그렇지 않다고 말할 수 있는 것이다. 이 결과는 광역정부와 기초정부 간 행정기능의 배분이 명확하지 않은 상황도 반영하고 있다. 즉 현행 중앙-지방 관계에서 광역정부가 낙후된 지방을 발전시키기 위한 의지와 역량이 부족함을 보여 주는 결과인 것이다.

2. 정부 간 정치적 관계 및 지방시민사회와 관련된 지표들 사이의 상관관계

지방정부의 정책에 대한 정치적 선택에 영향을 미치는 환경 변수로는 상위정부의 정치적 영향력과 지역 주민의 영향력이 있다. 상위정부의 정치적 영향력은 여당지역, 야당지역, 무소속 지역의 세 범주로 구분하여 측정하였고, 지역 주민의 영향력은 선거정치의 경쟁 수준, 제조업/건설업/부동산 임대업 등의 사업체 비율, 자택 소유자 비율 그리고 NGO 지부의 수를 지표로 하였다. 이들 지표 사이의 상관관계가 〈표 보2〉에 정리되어 있다.

정부 간 정치적 관계의 세 가지 구분인 여당지역, 야당지역 그리고 무소속 지역은 상호 강한 음의 상관관계를 가지고 있다. 이 세 범주가 포괄적이며 상호 배타적이기 때문에 나타난 당연한 결과이므로 어떤 의미를 부여할 필요는 없으나 야당지역보다 무소속 지역과의 상관관계가 더 높다는 것은 지방사회의 정치가 정당 간 경쟁이 중심인 정당 정치보다는 무소속 중심의 인물정치의 특징을 갖는다고 해석할 수 있다. 이 세 범주와 다른 지표들과의 상관관계를 보면, 여당 지역과 무소속 지역의 경우, 자택소유자 비율과 NGO 지부 수가 유의미한 상관관계를 보여 주고 있는 반면, 야당 지역의 경우에는 NGO 지부 수와 낮은 양의 상관관계($r=0.117$)를 보이고 있다. 여당 후보가 당선될 가능성이 높은 지역은 세입자의 비율이 높고(자택소유자의 비율이 낮고), NGO가 발달한 곳이다. 반면 무소속 후보가 당선될 가능성이 높은 지역은 여당지역과는 반대로 자택소유자의 비율이 높고, NGO가 발달하지 못한 지역이다. 야당 후보가 당선될 가능성이 높은 지역은 NGO가 발달되어 있으나 상관계수의 크기는 여당지역에 미치지 못하였다. 전체적으로 낮은 상관관계의 크기는 정부 간 정치적 관계와 지역 시민사회는 각기 다른 논리에 의해 작동되는 변수들이라는 것을 말해 주고 있다.

〈표 보2〉 정치적 관계와 관련된 지표 간 상관관계(피어슨 상관계수)

	여당지역	야당지역	무소속 지역	정치적 경쟁	자영업 집단 비율	자택소유 자 비율	NGO 지부 수
여당지역	1.000	-0.445***	-0.537***	-0.039	-0.017	-0.219***	0.218***
야당지역		1.00	-0.517***	0.098	-0.024	-0.071	0.117*
무소속 지역			1.000	-0.054	0.039	0.276***	-0.319***
정치적 경쟁				1.000	0.024	-0.151**	-0.019
자영업 집단 비율					1.000	-0.171**	-0.001
자택소유 자 비율						1.000	-0.751***
NGO 지부 수							1.000

주: ***p<0.01, **p<0.05, *p<0.1.

　주민의 선거정치에서의 영향력을 말해 주는 정치적 경쟁지표와 다른 지표들과의 관계 중에서, 자택 소유자의 비율만이 유의미한 상관관계를 보여 주고 있다. 즉 자택 소유자의 비율이 높은 지역일수록, 정치적 경쟁수준은 낮다. 반대로 자택 소유자의 비율이 낮을수록, 즉 세입자의 비율이 높을수록 정치적 경쟁이 치열하다. 그러나 상관계수의 크기가 r＝-0.151로 낮은 수준이기 때문에, 특별한 의미를 부여할 이유는 없다. 이 외의 다른 지표들과는 유의미한 상관관계를 보여 주지 못하고 있다. 이처럼 정치적 경쟁이 다른 변수들과 관련을 맺지 못하고 있는 것은 지방 민주주의의 발전에 부정적인 영향을 미칠 수 있다.

　자영업 집단의 발달과 자택소유자의 비율은 음의 상관관계를 나타내고 있다. 이 두 집단은 성장연합의 형성 가능성과 관련된 지표로 선정된 것이지만, 각각의 이해관계와 영향력의 경로가 다르다고 말할 수 있다. 자영업 집단은 개별적으로 지방의회에 직접 참여하거나 단체장과 후견관계를 형성하여 영향을 미칠 수 있는 반면, 자택소유자는 개별적인 참여보다는 지역개발에 대한 잠재적 지지자로서 영향력을 행사하기 때문이다.

　자영업 집단의 비율은 NGO의 발달 정도와 관련이 없다. 그러나 자택소유자의 비율은 NGO의 발달 정도와 매우 밀접한 관련을 맺고 있다. 자택소유자의 비율이 높은 지역일수록 NGO가 발달하지 못하고 있으며, 반대로 자택소유자의 비율이 낮은 지역에서 NGO는 발달해 있다. 그러나 양자 사이의 관계는 이론적, 논리적인 것이 아니다. 이것은 한국 지방사회의 특징을 반영하고 있는 결과라 할 것이다. 따라서 다른 변수와의 고려를 통해 해석할 필요가 있다. 특히 지역의 경제적 발달 수준의 영향력이 있을 것으로 보인다.

3. 지방정부와 관련된 지표들 사이의 상관관계

이 연구에서 지방정부의 특성은 지방정부의 재정적 특성, 공무원 조직의 특성 그리고 단체장의 특성으로 나누었다. 이에 대한 지표들 사이의 상관관계는 〈표 보3〉에 정리되어 있다.

〈표 보3〉 지방정부 관련 지표 간 상관관계(피어슨 상관계수)

	지방정부의 재정력	인력규모	단체장 관료경력	단체장 연령	민주당 집권	한나라당 집권
지방정부의 재정력	1.000	-0.349***	0.135***	-0.241***	0.187***	0.033
인력규모		1.000	-0.116*	0.091	0.117*	-0.151**
단체장 관료경력			1.000	0.301***	-0.150**	0.238***
단체장 연령				1.000	-0.037	-0.018
민주당 집권					1.000	-0.556***
한나라당 집권						1.000

주: ***p<0.01, **p<0.05, *p<0.1.

우선 지방정부의 재정력은 한나라당의 집권 횟수를 제외한 다른 지방정부의 특성과 밀접한 관련을 보이고 있다. 지방정부의 재정력이 튼튼한 곳에서 지방정부의 공무원 조직의 인력규모 지표가 낮았다. 즉 지방정부의 재정이 튼튼한 지역일수록 공무원이 부담하는 업무의 양이 많다는 것이다. 만약 재정력이 양호한 지방정부의 공무원들이 재정이 열악한 지역의 공무원들보다 질적으로 더 우수하고 업무처리능력이 뛰어나다면 문제가 되지 않지만, 반대라면 지방정부가 정책을 수행함에 있어 재정역량과 행정역량이 합쳐지지 못하고 서로 충돌하고 있다고 말할 수 있다. 다시 말해 재정이 풍부한 곳에서는 공무원의 수가 부족하며, 재정이 열악한 지역에서는 공무원의 수가 너무 많은 것이다. 한쪽의 주민은 필요 이하의 서비스를 공급받을 가능성이 크지만, 다른 한쪽의 주민은 필요 이상의 행정비를 지출하고 있는 것이다.

상관계수가 높은 편은 아니지만, 지방정부의 재정력이 양호한 지역에서 관료 경력의 단체장이 선출되는 경우가 많으며, 선출된 단체장의 연령은 낮다. 반면에 재정력이 낮은 지역에서는 관료 이외의 경력을 가진 단체장이 선출되는 경우가 많고, 선출된 단체장은 연륜이 높다. 또한 단체장의 관료 경력과 단체장의 연령은 양의 상관관계를 나타내고 있다. 즉 관료 출신의 단체장일수록 연령이 높다고 말할 수 있다. 반대로 관료 이외의 경력을 가진 단체장들의 연령은 대체로 낮다. 이상의 관계를 통해서 추론할 수 있는 것은 지방정부의 재정력이 높은 지역에서는 행정의 전문가로서 지방재정을 효과적으로 사용할 것으로 생각되는 관료 경력을 가진 단체장과 권위주의적 통치보다는 보다 참여적이고 혁신적일 것으로 생각되는 젊은 단체장을 주민들이 선호하고 있으며, 반면에 지방재정이 열악한 지역에서는 지방재정을 향상시킬 수 있는 정치인이나 기업가 출신 단체장과 사회의 경험을 통해서 폭넓은 연줄망을 동원할 수 있는 연륜 있는 단체장에게 지역개발의 책임을 맡기려는 경향이 나타나고 있다는 것이다.[103]

---

103) 이런 기대는 지난 지방자치의 상황을 보면, 무의미한 것이었음을 알 수 있다. 1995년 이후 2004년 6월까지 지방정부의 경제개발과 관련하여 뇌물수수 혐의로 구속된 41개 지역과 다른 지역에서 단체장의 관료 경력을 비교해 보면, 이 41개 지역은 1.10이고 여타 지역은 1.22로 뇌물수수 혐의로 구속된 지역에서 단체장이 관료경력을 가지고 있을 가능성이

이것은 지방정부의 인력규모와 단체장의 특성의 관계에서도 재확인된다. 지방정부 공무원의 업무량이 많은 지역일수록, 관료 경력의 단체장이 선출되는 경우가 많다.(r=-0.116) 반대로 공무원의 업무량이 적을수록, 관료 이외의 경력을 가진 단체장이 선출되는 경우가 많다. 인력규모지표의 값이 작다는 것, 즉 공무원의 업무부담이 클 경우 주민들은 행정의 경험이 있는 관료 출신인 단체장이 보다 효과적으로 조직을 장악하고 운영하고 더 나은 성과를 창출할 수 있을 것으로 기대한다고 말할 수 있다. 반면 정책공급능력에 여력이 있는 지역에서는 주민들이 지역사회의 문제를 행정적이기보다는 정치적으로 해결할 수 있고 보다 적극적으로 지역개발 및 공공서비스를 공급할 수 있는 단체장들을 요구하고 있는 것이다.[104]

마지막으로 특정 정당과 지방정부의 관계를 보면, 민주당이 집권을 많이 한 지역일수록 재정이 튼튼하고 지방공무원의 업무부담이 적은 지역이며 관료 경력보다는 다른 경력을 가진 단체장들이 많은 반면, 한나라당이 많이 집권한 지역에서는 지방정부의 재정력과는 상관없지만 지방공무원의 업무부담이 많고 관료 경력을 가진 단체장이 많았다. 이것은 민주당과 한나라당 소속 단체장이 집권하는 지역 사이에 지방정부와 단체장의 특성이 다르다는 것을 보여 준 점에서 흥미로운 결과라 할 수 있다. 이 결과는 현재의 정당체계가 지속될 경우, 향후 정당의 차이로 인한 정책 차이가 나타날 가능성을 시사해 주고 있다.

약간 낮았다. 그러나 T-검정에 따르면, 둘 사이의 차이는 유의미한 차이가 아니다(t=-0.945, p=0.346, 자유도 224).

104) 물론 주민들의 정책요구가 무엇인지는 개별 지역에 따라 다를 수도 있다. 예컨대, 군포시의 경우에는 관료 경력을 가진 후보가 초대 민선 시장으로 선출되었으나, 쓰레기 소각장을 둘러싼 주민들 사이의 갈등을 효과적으로 조정하지 못하였다. 그 결과 제2대 시장으로는 시민운동가가 선출되었다.

4. 정책수요 및 재정관련 변수와 정치적 변수 간 관계

이제 확인할 것은 정책수요와 정치적 변수 간의 관계이다. 정치적 선택 모형에서 정치적 변수들이 비경제적 제약에 의해 형성된 것으로 논하고 있지만, 실제 정치적 변수와 경제적 변수는 상호 관련된 측면이 많이 있기 때문에, 둘의 관계를 엄격하게 독립적인 것으로 생각할 필요는 없다고 할 수 있다.

〈표 보4〉에서는 지방정부의 특성을 제외한, 정치적 변수와 경제적 변수 간 상관관계를 정리하고 있다. 대부분의 정치적 변수는 정책수요 변수 및 상위정부의 지원금과 유의미한 관계를 맺고 있다. 광역정부의 보조금과 관련된 상관관계는 낮은 편이지만, 경제발달 수준과 중앙정부의 지원금과는 밀접한 관련을 확인할 수 있다. 기초 수준의 지방정치에 있어 광역정부의 영향력이 낮다는 것이 어떤 의미인지에 대해서 지금 확언할 수는 없지만, 광역 수준의 균형발전과 기초지방정부를 보완해야 할 광역정부의 책임이 존재하는 상황에서,[105] 광역정부의 역량 강화라는 제도 개선의 필요성을 보여 주는 결과라고 할 수 있다.

---

[105] 광역수준의 균형발전뿐만 아니라 교통 통신의 발달로 지역 간 공간적 거리가 단축되어 주민의 생활권, 경제권이 광역화되면서 광역행정의 수요가 증가하고 있다. 지방자치법(10조 제1항)에도, 광역정부의 사무를 행정처리결과가 2개 이상의 시군 및 자치구에 미치는 광역적 사무, 시도 단위로 동일한 기준에 따라 처리되어야 할 성질의 사무, 지역적 특성을 살리면서 시도 단위로 통일성을 유지할 필요가 있는 사무, 국가와 시군 및 자치구 간의 연락 조정 등의 사무, 시군 및 자치구가 독자적으로 처리하기 어려운 사무, 2개 이상의 시군 및 자치구가 공동으로 설치하는 것이 적당하다고 인정되는 규모의 시설의 설치 및 관리에 관한 사무 등으로 규정하고 있다. 광역지방정부의 사무를 홍정선은 광역성의 원리, 범지역적 사무, 기초자치단체를 보완하는 보완적 사무, 균형화 사무로 정리한다(홍정선 2000: 339-342).

여당지역은 대체로 경제발달 수준이 높다. 그러나 여당지역은 경제적 조건이 양호함에도 국고보조금이나 광역보조금과는 중립적인 관계를 보이고 있다. 이것은 정치적 관계가 양호할수록 더 많은 재정을 지원받을 것이라는 가설이 타당함을 보여 준다.

〈표 보4〉 정책수요 및 재정환경 지표와 정치적 지표 간 상관관계(피어슨 상관계수)

	경제발달	지방양여금	국고보조금	광역보조금
여당지역	0.190***	-0.237***	-0.100	0.091
무소속지역	-0.264***	0.308***	0.164**	0.099
정치적 경쟁	0.023	-0.035	-0.172**	-0.139**
자영업집단 비율	0.205***	-0.225***	-0.257***	0.097
자택소유자 비율	-0.728***	0.801***	0.706***	0.119*
NGO 지부 수	0.681***	-0.765***	-0.532***	-0.018

주: ***p<0.01, **p<0.05, *p<0.1.

반면 무소속 지역은 경제발달 수준이 낮은 편이고, 중앙정부로부터 재정적 지원이 높은 지역이다. 경제발달 수준이 높은 곳에서는 정당정치가 발견되지만, 반대로 경제적으로 낙후된 지역에서는 정당정치와 함께 유력한 정치인을 중심으로 한 인물정치가 나타나고 있다는 것은 무슨 의미인가? 지방자치를 지방정치로부터 분리하려고 했던 20세기 초의 미국의 개혁주의자들이나 일본의 혁신자치체의 단체장들이 거의 경제적으로 발달하고 부유한 지역들을 중심으로 출현한 점을 생각하면, 이 결과에 대해서 긍정적인 의미를 부여하기는 어려울 것 같다. 한국의 현실은 대도시 지역에서는 지역주의 정당이 영향력을 행사하고 있는 반면.[106] 경제적으로 낙후된 농촌지역에서는 정당으로부터 통제를 받지 않는 유력 정치인들을 중심으로 한 후견정치가 작동할 가능성이 높다고 할 수 있기 때문이다.

정치적 경쟁이 치열한 곳은 국고보조금과 광역보조금의 비율이 낮은 지역이다. 이것은 지방정부의 재정기반이 튼튼한 지역일수록 정치적 경쟁이 치열하다는 의미이다. 이처럼 경제적으로 부유한 지역에서 정치적 경쟁이 더 치열하다는 것은 경제발달이 민주주의로 이어진다는 근대화론의 논리와 관련된 것이다. 그러나 경제적으로 발달한 지역과 정치적 경쟁이 유의미한 상관관계를 가지고 있지 않다는 점에서, 한국의 지방선거는 지역사회의 문제를 해결하기 위한 정책선거가 매우 약하다고 말할 수 있다.

근대화론의 논리는 경제적으로 발달한 지역에 주요 NGO가 발달해 있다는 것에 더 잘 적용된다. 경제발달 수준과 NGO 지부 수의 상관계수는 r = 0.681로 매우 높은 수준이다. 그러나 〈표 보2〉에서 확인된 바와 같이 NGO의 발달 정도와 선거정치는 관련이 없다는 점을 생각하면, 경제발달의 결과 지역 시민사회와 시민조직이 발달하였지만, 그것이 지방의 민주주의로 이어지지 못하고 있는 현실을 반영하고 있는 것이다.

마지막으로 성장을 원하는 집단들과 경제적 조건과의 관계를 보면, 자영업 집단이 발달한 곳은 경제적으로 발달한 지역인 반면, 자택소유자의 비율이 높은 지역은 경제적으로 발달하지 못한 지역이다. 경제적으로 발달한 지역의 자영업자들은 지역 토지의 교환가치를 상승시킴으로써 추가적인 이익을 향유할 수 있기 때문에, 이 연구에서 자영업

---

106) 서울과 인천을 제외한 부산, 대구, 광주, 대전, 울산 등 광역시들은 지역주의 정당의 영향력이 강한 곳들이다.

집단의 구성원인 제조업자, 건설업자, 부동산 및 임대업자 등은 자신들을 이익을 구현할 수 있는 단체를 조직하거나 정치연합을 구성할 뿐만 아니라 개인적으로도 지역의 유력 정치인들과 연줄망을 형성하여 지방정부의 정책결정에 영향력을 행사하고자 하는 의지를 가지게 된다. 반면에 자택소유자들은 자영업자들보다는 파편화되어 있지만, 이들이 가진 재산가치를 상승시킬 수 있는 지역개발사업에 대해 적극적인 활동은 아니더라도 소극적으로 찬성할 것이다. 또한 마을의 숙원사업이라는 명목으로 지방정부로부터 도로건설이나 마을회관 건설 등의 개발사업을 집단적으로 요구할 수 있다.[107]

〈표 보5〉 지방정부와 타 지표 간 상관관계(피어슨 상관계수)

	지방정부의 재정력	인력규모	단체장 관료경력	단체장 연령	민주당 집권	한나라당 집권
경제발달	0.734***	-0.344***	0.071	-0.179***	0.260***	0.025
무소속 지역	-0.268***	0.134**	-0.167	-0.037	-0.401***	-0.217***
정치적 경쟁	0.199***	-0.010	-0.109	-0.044	-0.040	-0.041
자영업 집단	0.221***	0.003	-0.019	-0.084	0.107	-0.093
자택 소유자	-0.828***	0.324***	-0.111*	0.215***	-0.185***	-0.084
NGO 지부	0.663***	-0.442***	0.090	-0.211	0.212***	0.067

주: ***p<0.01, **p<0.05, *p<0.1.

[107] 유재원(1999)은 기초 지방정부의 도로사업을 할당정책으로 규정하는데, 이것은 생산적 자본의 유치를 촉진하는 대규모 기간사업이라기보다는 동네 앞 도로의 신설, 확장 및 포장사업과 보도의 설치 및 유지 등 주민의 생활편익을 도모하는 서비스가 주종이기 때문이다. 이것은 선거에서 표를 의식한 단체장의 행동이라고 말할 수 있다.

〈표 보5〉에서는 지방정부의 특성과 여타 지표들과의 상관관계가 정리되어 있다. 여기에서 상위정부의 재정적 지원과 여당지역은 제외하였다. 그 이유는 상위정부의 재정적 지원은 지역의 경제발달 수준과 밀접한 관련을 맺고 있으며, 여당지역은 무소속지역과 반대의 관계를 가지고 있기 때문이다. 즉 경제발달수준과 무소속지역만을 보아도 상위정부의 재정지원과 여당지역의 특성을 이해할 수 있기 때문에 상관관계 분석에서 제외한 것이다.

먼저 지방정부의 재정력은 분석에 포함된 모든 경제적, 정치적 변수와 밀접한 관련을 맺고 있다. 지방정부의 재정력이 튼튼한 곳은 대체로 경제가 발달한 지역이다. 정치적으로는 무소속보다는 정당 공천을 받은 후보가 당선될 가능성이 높은 지역이다. 또한 정치적 경쟁이 상대적으로 치열하다. 자영업자와 세입자의 비율이 높으며, NGO 지부의 수도 많다. 이상을 요약하면, 지방정부의 재정이 양호한 지역일수록 정치가 정당 중심으로 이루어지고, 경쟁적이며, 다원적일 가능성이 높다고 말할 수 있다. 반면 지방정부의 재정이 열악한 지역에서는 인물 중심의 정치와 정치적 경쟁이 없는 정치가 이루어질 가능성이 높은 것이다.

지방정부의 인력규모를 보면, 지방정부의 인력규모 지표의 값이 큰 지역, 즉 지방공무원의 업무부담이 낮은 지역일수록, 경제가 발달하지 못한 지역이며, 무소속 후보가 당선될 가능성이 높아진다. 또한 자택소유자의 비율이 높고 NGO 지부 수도 작다. 이것은 지방공무원의 업무부담이 낮은 지역에서는, 더 많은 정책산출을 낼 수 있는 행정적 역량이 있음에도 불구하고, 행정적 역량을 정책으로 전환시킬 수 있는 정당도 없고, 정치적 경쟁도 없으며, 시민사회로부터의 견제도 없다는 것을 말해 준다. 발달한 지역일수록 지방정부 공무원의 업무부담은 증가하고, 반대로 경제적으로 낙후된 지역에서는 지방정부 공무원의 업무부담이 줄어드는 관계는 정책수요가 늘어남에 따라 나타나는 당연한 결과로 볼 수 있다. 그러나 만약 지방정부의 인력이 충분하지 못하여 나타난 경우라면, 지방정부가 정책수요에 대해 구조적으로 대응하지 못할 가능성도 크기 때문에 주의해서 해석할 필요가 있다.

단체장의 관료 경력은 세입자 비율이 높은 지역과 관련되어 있을 뿐, 다른 지표들과는 유의미한 관계를 보여 주고 있지 않다. 또한 연륜을 갖춘 단체장에 대한 선호는 경제발달 수준이 낮은 곳, 자택 소유자의 비율이 높은 곳에서 높다. 세입자의 비율이 높을수록 관료 경력의 단체장이 선출될 가능성과 연륜 있는 단체장이 선출될 가능성이 높아지는 것은, 세입자들의 경우 지방정부의 효율적 운영에 적합한 행정 전문가를 원하고 있다고 말할 수 있다. 반면 자택 소유자들은 지방정부의 효율적 운영보다는 지역개발을 적극적으로 추진하는 단체장을 원하고 있는 것이다.

관료출신 단체장은 자택소유자의 비율이 낮은 곳에서 당선될 가능성이 높았다. 즉 세입자의 비율이 높은 곳에서 당선될 가능성이 높다는 의미이며, 이것은 교환가치보다는 사용가치를 원하는 사람들이 많을수록,[108] 지방정부에서 공공서비스를 효율적으로 공급할 수 있는 행정 전문가를 선호하고 있음을 의미한다. 그러나 관료출신 단체장이 반드시 공공서비스의 효율적 공급능력을 갖추고 있다고 말할 수는 없

---

108) 박종민 외(1999)는 지방정치에서 부동산 이익과 관련된 갈등의 출현 가능성을 논하고 있는데, 이론적으로 자택 소유자는 교환가치를 강조하는 반면, 세입자들은 사용가치를 강조한다. 교환가치를 강조할 경우, 지역개발을 통해서 재산가치가 높아지는 것에 관심을 둘 것이며, 사용가치를 강조할 경우에는 공원, 도서관, 주차장 등 생활환경과 편익시설의 확충 등에 더 많은 관심을 갖는다.

다는 점에 유의해야 한다. 다만 그런 경력으로부터 그런 기대를 가질 수 있다는 점을 강조하고 있는 것이다. 단체장의 연령과 관련하여 경제적으로 발달한 지역일수록 젊은 단체장을 선호하며, 자택소유자 비율이 높은 지역일수록 젊은 단체장보다는 연륜이 있는 단체장을 선호한다.

민주당을 지지하는 지역은 경제의 발달 수준이 높고, 자택 소유자의 비율이 높으며, 공익적 단체들이 발달한 지역이다. 반면 한나라당을 지지하는 지역은 경제발달이나 공익적 단체의 발달과 관련이 없었다. 한나라당 소속 단체장에 대한 지지에 어떤 특별한 특징이 발견되지 않는 것에 비해 민주당 소속 단체장에 대한 지지는 경제적 발달 수준과 관련되어 있다는 발견의 의미를 이 연구에서 다루기는 어렵다. 이에 대해서는 보다 심도 깊은 분석이 필요하다.

다음으로 단체장의 재선 여부와 다른 지표들 간의 관계를 정리한 〈표 보6〉을 보면, 단체장이 재선에 성공한 지역은 경제적 발달 수준이 낮고, 지방정부의 재정이 튼튼하지 못하다. 정치적 경쟁도 치열하지 않고, 공익적 시민단체도 발달하지 못한 지역이다. 반면 상위정부로부터 지원금을 많이 받는 지역이고, 여당지역이며, 단체장이 관료경력을 가지고 있는 경우가 많다.

반면에 단체장이 교체된 지역은, 경제적으로 발달하고, 재정적으로 양호하며, 정치적 경쟁이 치열하고, 또한 공익적 시민단체가 발달한 지역이다. 이들 지역은 상위정부로부터 재정적 영향력이 적은 지역이다. 지방정부가 중앙정부로부터 높은 자율성을 가진 지역에서 단체장이 교체될 가능성이 더 높았던 것이다. 그러나 중앙정치의 변화에 지역 주민들이 민감하게 반응하는 지역에서도 단체장 교체의 현상이 나타나고 있는데, 1998년에 중앙정치 수준에서 정권교체가 일어난 점을 고려하면, 단체장이 교체된 지역에서 여당 지역 점수가 더 높다는 것이 이것을 반영하고 있다.

〈표 보6〉 단체장 재선 여부와 타 지표간 관계

	바 뀜	재 선	합 계
경제발달	0.345	-0.168	0.000
재정력 지표	0.183	-0.089	0.000
지방양여금	3.909	5.354	4.881
국고보조금	11.354	12.173	11.905
광역보조금	9.242	10.343	9.982
여당지역	0.743	0.645	0.677
단체장 연령	54.095	57.145	56.146
정치적 경쟁	0.256	-0.125	0.000
주요 NGO 지부	2.432	1.789	2.000
N	74	152	226

5. 요 약

이 절의 분석을 통해 한국 지방사회의 정치적, 경제적 변수의 상호 관련성을 확인할 수 있었다. 정책환경 간 관계를 통해서 본 한국 지방사회의 특징은 다음과 같이 5가지로 요약할 수 있다.

첫째, 정책수요에 영향을 미치는 변수들 중에서 경제발달 수준과 지방정부의 재정력 사이의 상관관계가 매우 높았으며, 또한 상위정부의 보조금과는 반대의 방향으로 밀접히 관련되어 있었다. 또한 경제발달 수준과 재정력 사이의 높은 관련성은 낙후된 지역의 지방정부가 자체적으로 경제개발이나 공공 서비스 공급을 수행하기 어려운 상황을 만들기 때문에, 우리나라와 같이 지역 간 격차의 문제가 심각한 경우에는 문제를 더 심화시키는 요인이 될 수 있다.

둘째, 경제적으로 발달한 지역에서 정당정치가 이루어질 가능성이 높고, 정치적 경쟁이 치열하며, 공익적 시민단체가 발달하고, 건설업과 제조업 중심의 자영업 집단의 비중이 높고 세입자의 비율이 높다. 단체장이 교체되기 쉬운 환경이 조성된 곳은 경제적으로 발달한 지역에서 정치적 경쟁이 치열하고 공익적 시민단체가 발달한 지역이었다. 이것은 경제적 발달의 결과 시민사회가 다원화된다는 근대화론이 한국 지방사회에도 적용되고 있음을 보여 주는 결과이다. 그러나 공익적 시민단체와 자영업자의 비율이 선거정치(정치적 경쟁)와 관련을 맺고 있지 못한 점은 다원화된 시민사회가 민주주의의 확대로 이어질 것이라는 낙관적 전망은 아직 시기상조임을 말해 준다.

셋째, 경제적 변수와 지방정부와의 관계를 보면, 지방정부의 재정이 양호한 지역은 정당정치가 이루어지고 경쟁적이며 다원적인 정치가 이루어질 가능성이 높다. 그러나 인력규모(공무원의 업무부담수준)와 관련해서는 부정적인 결과를 추론할 수 있는데, 공무원의 업무부담이 낮은 지역은 대체로 경제적으로 낙후되어 있어, 행정적 역량을 정책으로 전환시킬 수 있는 정당도 없고, 정치적 경쟁도 부재하며, 시민사회로부터의 견제도 받지 않기 때문이다. 이처럼 지방정부의 재정역량과 행정역량이 서로 합쳐지지 못하고 충돌하고 있는 상황이다. 재정이 양호한 지역에서는 행정수요에 비해 공무원의 수가 부족하며, 재정이 열악한 지역에서는 행정수요에 비해 공무원이 과잉인원일 가능성이 크다.

넷째, 광역정부의 지원금은 중앙정부의 지원금에 비해 지역의 경제발달 수준이나 지방정부의 재정력과의 상관관계가 높지 않았다. 이것은 광역정부의 보조금 운영에 대한 문제점에 기인한 측면도 있지만, 동시에 광역정부와 기초정부 간 행정기능의 배분이 명확하지 않은 상황과도 밀접히 관련되어 있다. 또한 경제적 변수와 정치적 변수 간의 관계에서도, 중앙정부의 재정적 지원에 비해 광역정부의 재정적 지원은 정치적 변수와 관련을 맺고 있지 못하다. 이상의 결과는 지방자치제에서 광역정부의 역할에 대한 제도개선의 필요성을 제기한다.

마지막으로 단체장의 특성과 관련해서 특별한 점은 발견되지 않으나, 사용가치를 강조하는 주민들은 연륜을 갖춘 관료경력을 가진 단체장을 선호하고 있다. 그 이유는 지방정부의 건전한 재정운영과 공무원 조직 개혁을 위한 행정 전문가를 기대하고 있는 것으로 판단된다. 반면 교환가치를 강조하는 주민들은 지역개발을 적극적으로 추진할 수 있는 단체장을 원하고 있다.

참 고 문 헌

〈국내 저자 단행본〉

김경동, 안청시 외, 1985, 『한국의 지방자치와 지역사회발전』, 서울: 서울
　　　대학교 출판부.
김동훈, 1999, 『지방정부론』, 대전: 충남대학교 출판부.
김병준, 2000, 『한국지방자치론』, 서울: 법문사.
김선기, 권오혁, 1999, 『신산업체제에 부응한 지방산업단지 개편방안』, 서
　　　울: 한국지방행정연구원.
김성호, 황아란, 2000, 『지방정치의 부패구조 개혁방안』, 서울: 한국지방
　　　행정연구원.
김용웅, 차미숙, 강현수, 2003, 『지역발전론』, 서울: 한울.
김익수, 오연천(편), 1998, 『전환기의 지역경제정책』, 서울: 삼성경제연구소.
김인호, 1987, 『사회과학을 위한 회귀분석』, 서울: 비봉출판사.
김재훈, 1996, 『지방화시대의 정부 간 협력체제 구축방안』, 서울: 한국행
　　　정연구원.
김준한, 권혁성, 김서용, 강예진, 이용환, 2002, 『광역자치단체 주요 시책
　　　사업의 성과평가 기법 개발』, 수원: 경기개발연구원.
김태영, 김선기, 2000, 『도시재정지출의 효과분석 및 개선방안』, 서울: 한
　　　국지방행정연구원.
김형기 편, 2002, 『지방분권 정책대안』, 서울: 한울 아카데미.
노정현, 박우서, 박영원 공편, 1992, 『지방자치시대의 도시행정』, 서울: 나남.
박병섭, 1998, 『한국민주주의와 지방자치』, 서울: 문원.
박종민(편), 2000, 『한국의 지방정치와 도시권력구조』, 서울: 나남출판.
박호성, 양기호, 이동선, 2002, 『한국정치와 지방자치』, 서울: 인간사랑.
성경륭 외, 1997, 『지방자치와 지역발전』, 서울: 민음사.
성경륭, 박양호 외, 2003, 『지방분권형 국가만들기』, 서울: 나남출판.
소순창(편역), 2001, 『지방정부의 실증연구』, 서울: 한울 아카데미.
손봉숙, 1985, 『한국지방자치연구』, 서울: 삼영사.
손희준 외 , 2001, 『지방재정론』, 서울: 대영문화사.

안종석, 2001, 『지방자치제 도입 이후의 지방재정구조 변화 분석』, 한국조세연구원.

Ahn, C. S, 1987, The Local Political System in Asia: A Comparative Perspective, Seoul: Seoul National University Press.

안청시 외, 2002, 『한국 지방자치와 민주주의: 10년의 성과와 과제』, 서울: 나남출판.

안청시 외, 2002, 『6·13 지방선거 평가』, 서울: 서울대학교 한국정치연구소

우명동, 2001, 『지방재정론』, 서울: 해남.

원제무, 오병호, 1998, 『SOC 계획론』, 서울: 재단법인 21세기한국연구재단.

이달곤, 2004, 『지방정부론』, 서울: 박영사.

이만형, 홍덕률, 윤대식, 1998, 『영남지역 계획도시의 사회구조와 생활문화』, 서울: 백산서당.

이성복, 1996, 『도시행정론—한국 도시를 중심으로—』, 서울: 박영사.

이순묵, 2000, 『요인분석의 기초』, 서울: 교육과학사.

이승종, 2003, 『지방정부론』, 서울: 박영사.

이정전, 1991, 『토지경제론』, 서울: 박영사.

이종수, 2002, 『지방정부이론: 이론화를 위한 비교론적 분석』, 서울: 박영사.

임도빈, 2004, 『한국지방조직론—행위자, 전략, 게임—』, 서울: 박영사.

전상경, 2002, 『현대지방재정론』, 서울: 박영사.

정정길, 1994, 『정책학원론』, 수정8판, 서울: 대명출판사.

제일경제연구소, 1995, 『지방화와 국가전략』, 서울: 제일경제연구소.

조중빈, 1999, 『한국의 선거 3』, 서울: 푸른길.

조창현, 1995, 『한국 지방자치의 이상과 현실』, 서울: 문원.

최창수, 2000, 『기초자치단체장의 리더십과 정책과정에 관한 연구』, 서울: 한국지방행정연구원.

최창호, 2001, 『지방정부기능론』, 서울: 삼영사.

하성규, 김태섭, 2003, 『한국 도시재개발의 사회경제론』, 서울: 박영사.

홍두승, 2000, 『사회조사분석』, 서울: 다산출판사.

홍정선, 2000, 『지방자치법학』, 서울: 법영사.

황아란, 1998, 『1998. 6. 4. 지방선거 분석』, 서울: 한국지방행정연구원.

〈국내 저자 논문〉

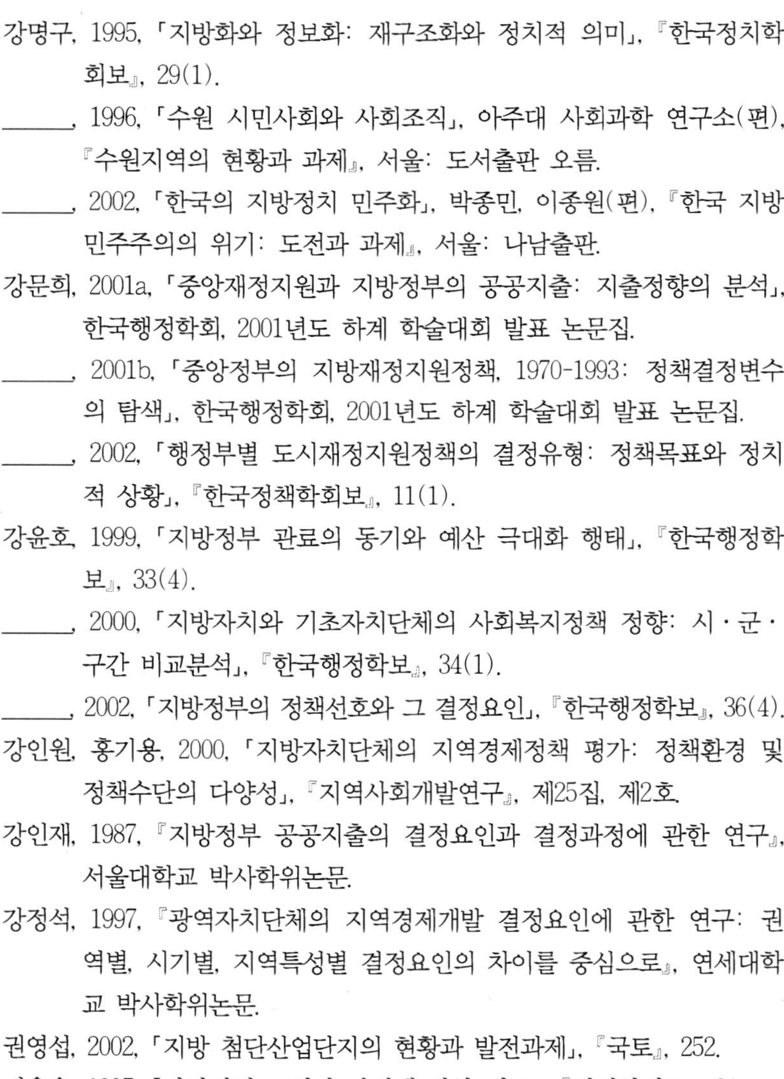

강명구, 1995, 「지방화와 정보화: 재구조화와 정치적 의미」, 『한국정치학
　　회보』, 29(1).

______, 1996, 「수원 시민사회와 사회조직」, 아주대 사회과학 연구소(편),
　　『수원지역의 현황과 과제』, 서울: 도서출판 오름.

______, 2002, 「한국의 지방정치 민주화」, 박종민, 이종원(편), 『한국 지방
　　민주주의의 위기: 도전과 과제』, 서울: 나남출판.

강문희, 2001a, 「중앙재정지원과 지방정부의 공공지출: 지출정향의 분석」,
　　한국행정학회, 2001년도 하계 학술대회 발표 논문집.

______, 2001b, 「중앙정부의 지방재정지원정책, 1970-1993: 정책결정변수
　　의 탐색」, 한국행정학회, 2001년도 하계 학술대회 발표 논문집.

______, 2002, 「행정부별 도시재정지원정책의 결정유형: 정책목표와 정치
　　적 상황」, 『한국정책학회보』, 11(1).

강윤호, 1999, 「지방정부 관료의 동기와 예산 극대화 행태」, 『한국행정학
　　보』, 33(4).

______, 2000, 「지방자치와 기초자치단체의 사회복지정책 정향: 시·군·
　　구간 비교분석」, 『한국행정학보』, 34(1).

______, 2002, 「지방정부의 정책선호와 그 결정요인」, 『한국행정학보』, 36(4).

강인원, 홍기용, 2000, 「지방자치단체의 지역경제정책 평가: 정책환경 및
　　정책수단의 다양성」, 『지역사회개발연구』, 제25집, 제2호.

강인재, 1987, 『지방정부 공공지출의 결정요인과 결정과정에 관한 연구』,
　　서울대학교 박사학위논문.

강정석, 1997, 『광역자치단체의 지역경제개발 결정요인에 관한 연구: 권
　　역별, 시기별, 지역특성별 결정요인의 차이를 중심으로』, 연세대학
　　교 박사학위논문.

권영섭, 2002, 「지방 첨단산업단지의 현황과 발전과제」, 『국토』, 252.

권용우, 1997, 「안산시의 도시화 과정에 관한 연구」, 『지리학연구』, 31.

고병호, 1994, 「지역개발이론의 체계적 접근과 새로운 패러다임의 형성에

관한 연구」, 『한국지역개발학회』, 6(2).

______, 1995, 「지역개발이론의 체계적 접근과 발전동향에 관한 연구」, 『한국도시행정학보』, 제8집.

구문모, 2001, 「지역개발과 지방 문화산업정책」, 『문화경제연구』, 4(2).

김만흠, 1998, 「지방정치론과 한국 지방정치의 과제」, 『한국정치학회보』, 32(4).

김석태, 1998, 「지방정부 주도에 의한 지역경제 발전정책」, 『한국행정논집』, 10(2).

______, 2000, 「과시적 분권과 기술적 집권─90년대의 지방분권화」, 『행정논총』, 38(1).

______, 1992, 「시정부 정책결정 요인분석 ─ 제도정책분석을 위한 통합다단계 모형」, 『한국행정학보』, 26(2).

김시윤, 김정렬, 1998, 「지방정책결정구조의 혁신을 위한 제도개선 ─ 지방정부·지방의회·주민단체 간 연계관계의 재정립」, 『한국행정논집』, 10(1).

김안제, 1989, 「지방자치와 지역개발」, 『지방행정연구』, 4(1).

김용철, 2003, 「신도시개발 정책과정에서 공공관료의 이익추구 행태 분석 ─ 신도시개발 예산집행 체계를 중심으로」, 『한독사회과학논총』, 13(2).

김욱, 1998, 「투표참여와 기권 ─ 누가, 왜 투표하는가 ─」, 『한국의 선거 Ⅱ : 15대 대통령선거를 중심으로』.

김익식, 1989, 「지방분권화의 최근경향: 선·후진국의비교연구」, 『지방자치연구』, 1(1).

김장권, 1994, 동아시아의 국가와 지방정부: 지방정부의 위상변화에 대한 서설적 연구」, 『한국정치학회보』, 28(2).

김정렬, 1997, 「정부 간 관계의 변화와 지방정부의 대응 ─ 서구의 경험과 교훈 ─ 」, 『한국행정연구』, 제6권 제4호.

김태룡, 2001, 「한국지방자치단체의 개혁성과에 대한 평가 ─ 개혁수단들에 대한 시각과 평가를 중심으로 ─ 」, 한국행정학회 2001년도 학술세미나.

김태일, 1998, 「지방자치의 실시가 기초자치단체의 사회복지지출에 미친

294

　　　　영향」, 『한국정책학회보』, 7(1).

______, 2001, 「지방의회구성과 단체장선출이 지방자치단체 사회복지지출
　　　　규모에 미친 영향」, 『한국행정학보』, 35(1).

김행범, 1998, 「예산지출관료의 행동모형에 관한 공공선택론적 연구」, 『한
　　　　국행정학보』, 32(1).

김혜천, 2003, 「한국 지역개발정책의 비판적 검토와 정책과제」, 한국정책
　　　　학회, 국가균형발전을 위한 공동학술대회 논문집.

김홍식, 1999, 「지방자치단체의 복지정책 선호에 관한 국제비교연구」, 『사
　　　　회보장연구』, 15(2).

남궁근, 1994a, 「한국 지방정부 지출수준의 결정요인 분석」, 『한국행정학
　　　　보』, 28(3).

류지성, 고석찬, 박경원, 최유성, 김재일, 2001, 「지방정부혁신의 역동성
　　　　요인에 관한 연구」, 『한국행정연구』, 10(1).

박재욱, 1997, 「대기업도시의 성장연합과 권력엘리트-울산과 포항의 사례
　　　　를 중심으로」, 『한국과 국제정치』, 25.

박종민, 1998, 「선거정치와 지방통치: 성남시 사례」, 1998년 한국정치학회
　　　　추계학술회의.

______, 2002, 「한국의 지방정치: 이론적 시각」, 박종민, 이종원(편), 『한
　　　　국 지방민주주의의 위기: 도전과 과제』, 서울: 나남출판.

박종민, 왕재선, 2004, 「큰 정부 대 작은 정부: 문화론적 설명」, 『한국행
　　　　정학보』, 38(4).

박종민, 최승범, 신수경, 2001, 「지방사회의 정치균열의 기초: 부동산 이
　　　　익」, 『한국정책학회보』, 10(2).

박종민, 유재원, 배병룡, 최승범, 최흥석, 2001, 「한국의 지방민주주의와
　　　　도시정치문화」, 한국정치학회보』, 35(1).

박찬욱, 1993, 「유권자의 선거관심도, 후보인지능력과 투표참여 의사: 제
　　　　14대 선거 전 설문결과를 중심으로」, 『한국정치학회보』, 26(3).

______, 1995, 「한국 의회정치의 특징」, 『의정연구』, 1(1).

______, 2002, 「지방선거와 지방정치엘리트」, 『한국 지방자치와 민주주의:

10년의 성과와 과제』, 안청시(외), 서울: 나남출판.

박헌주, 1995, 「지방화시대의 토지개발정책」, 제일경제연구소(편), 『지방화와 국가전략』.

박형, 김학노, 2003, 「사회자본과 지방자치 ― 대구 수성구와 경북 봉화군 비교 ―」, 『대한정치학회보』, 11(1).

박희봉, 김명환, 2000, 「지역사회 사회자본과 거버넌스 능력: 서울 서초구와 경기 포천군 주민의 인식을 중심으로」, 『한국행정학보』, 31(4).

Bae, Yooil, 2003, "Coalition Building, Pro-growth Politics, and Anti-growth Movement in Korean Cities: The Case of Koyang," WPSA 2003 Conference.

배인명, 2000, 「지방정부 자치재정력의 지방세출구조에 대한 효과분석: 시정부를 중심으로」, 『한국행정학보』, 34(2).

백두주, 2000, 「부산지역 성장연합에 관한 비판적 검토 ― 삼성자동차 유치 및 매각과정을 중심으로 ―」, 『지역사회연구』. 제8권 제2호.

______, 2003, 「지방자치와 환경정치 ― 명지대교 건설을 둘러싼 부산지역 성장정치 ―」, 『지역사회연구』, 제11권 제1호.

서왕진, 2000, 「국토의 난개발 문제와 개선방안: 용인시를 사례로」, 『우리 국토의 나아갈 길』, 새국토연구협의회(편), 서울: 국토연구원.

손봉숙, 김은주, 2002, 「지방자치와 여성의 정치참여」, 『한국 지방자치와 민주주의: 10년의 성과와 과제』, 안청시(외), 서울: 나남출판.

손봉숙, 안청시, 2002, 「지방자치와 주민참여」, 『한국 지방자치와 민주주의: 10년의 성과와 과제』, 안청시(외), 서울: 나남출판.

손희준, 1999, 「지방자치제 실시에 따른 지방재정지출의 결정요인분석」, 『한국행정학보』, 33(1).

송호근, 2002, 「지방자치와 사회발전: 리더십, 발전전략 그리고 주민참여」, 『한국 지방자치와 민주주의: 10년의 성과와 과제』, 안청시(외), 서울: 나남출판.

신윤창, 2001, 「장소 마케팅을 통한 지방도시의 도전: 지역 이벤트를 중심으로」, 한국 행정학회 2001년도 학술세미나 발표논문집.

안동규, 1995, 「지방화시대의 금융제도」, 제일경제연구소(편), 『지방화와 국가전략』.

안성호, 1992, 「한국의 지방분권화 수준」, 『한국행정학보』, 26(4).

안청시, 1984, 「한국의 지방자치와 정치발전」, 『한국정치발전의 특성과 전망』, 한국정치학회(편).

______, 1985, 「한국 지방자치제도의 발전과정과 그 특징」, 『한국의 지방자치와 지역사회발전』, 김경동, 안청시, 서울: 서울대출판부.

안청시, 김만흠, 1995a, 「세계화와 중앙 — 지방관계의 재조명」, 『세계화시대의 국가발전전략』, 정진영(편), 성남: 세종연구소.

____________, 1995b, 「지역사회의 민주화와 삶의 질: 지역 간 비교연구」, 『사회과학과 정책연구』, 17(2).

안청시, 김만흠, 1994, 「지방자치와 지방선거」, 『전환기의 한국민주주의: 1987-1992』, 안청시, 진덕규 (편), 서울: 법문사.

안청시, 김만흠, 1995a, 「세계화와 중앙-지방관계의 재조명」, 『세계화시대의 국가발전전략』, 정진영(편), 성남: 세종연구소.

안청시, 김만흠, 1995b, 「지역사회의 민주화와 삶의 질: 지역 간 비교연구」, 『사회과학과 정책연구, 17(2).

Ahn, C. and J. Back, 1995, "Democracy and Local Governance: Korean National Report of Local Elite Survey," 『사회과학과 정책연구』, 17(2).

안청시, 이광희a, 2002, 「한국민주주의와 지방정치 10년의 성과와 과제」, 안청시(외), 『한국 지방자치와 민주주의: 10년의 성과와 과제』, 서울: 나남출판.

양철호, 조준, 1999, 「광주·전남지역 기초자치단체의 사회복지조례 현황과 발전 방향에 관한 연구」, 『사회복지정책』, 9.

오남현, 2001, 「울릉도 자연환경자원보호구역에서의 난개발 문제점과 개선방안」, 『한국지역지리학회지』, 7(3).

오연천, 2002, 「지방재정제도의 개편과 그 성과」, 안청시 외(편), 『한국 지방자치와 민주주의: 10년의 성과와 과제』, 서울: 나남출판.

유재원, 1999, 「단체장 민선 이후 자치단체의 정책변화: Peterson 의 도시

한계론 검증」, 『한국정책학회보』, 8(3).

______, 2000a, 「지방자치와 권력구조」, 박종민(편), 『한국의 지방정치와 도시권력구조』, 서울: 나남.

______, 2000b, 「청주시 사례」, 박종민(편), 『한국의 지방정치와 도시권력구조』, 서울: 나남.

유팔무, 성경륭, 최태룡, 신광영, 송호근, 1995, 「지방자치와 지역발전 비교연구: 춘천시, 청주시, 진주시, 제주시의 비교」, 한림대 사회조사 연구소 (편), 『한국사회학 평론』, 서울: 도서출판 한울.

윤대식, 김태명, 조명래, 1992, 「한국 지역개발의 과제와 문제: 분권화 지역개발의 새로운 접근방법을 찾아서」, 『한국지역개발학회비』, 4(2).

이광희a, 2003a, 『한국의 도시정부 성과에 대한 경험적 연구』, 서울대학교 정치학과 박사학위논문.

________, 2003b, 「지방자치단체의 주민참여입법」, 『한국정치연구』, 12(1).

이광희b, 2003, 「지방자치단체장의 리더십 ― 지역발전과 리더십 기술의 연계 ―」, 『한국행정논집』, 15(3).

이달곤, 2002, 「한국 지방자치의 성과」, 『한국 지방자치와 민주주의: 10년의 성과와 과제』, 안청시(외), 서울: 나남출판.

이동기, 2000, 「혁신확산의 영향요인에 관한 분석」, 『한국행정학보』, 34(3).

이명석, 1998, 「지방자치단체공무원 규모의 결정요인에 대한 연구: 도시공무원을 중심으로」, 『한국행정학보』, 32(2).

이번송, 홍성효, 2001, 「시군구별 제조업 생산성 성장요인과 수도권집중억제정책의 효과」, 『국제경제연구』, 7(1).

이승종, 1998, 「민선자치단체장 리더십 영향요인」, 『한국행정학보』, 32(1).

______, 1999, 「지방자치의 새로운 이해와 장기적 발전방향」, 『지방행정연구』, 13(2).

______, 2000, 「지방자치와 지방정부의 복지정책정향」, 『한국행정학보』, 34(4).

이승종, 김흥식, 1992, 「지방자치와 지방정부의 정책정향」, 복지서비스기능을 중심으로, 『한국행정학보』, 26(2).

____________, 1998, 「지방자치행정 혁신에 관한 국제비교연구」, 『한국

지방자치학회보』, 10(1).

이시재, 2001, 「혁신자치체의 성립과 정책과정」, 이시재(외), 『일본의 도시사회』, 서울: 서울대학교출판부.

이영조, 최희경, 1995, 「Niskanen의 관료의 예산극대화 행태모형에 대한 평가」, 『대구경북행정학회보』, 7(1).

이은국, 1996, 「한국공무원 인력규모의 팽창유형과 규모최적화 방안에 관한 연구―35개 시를 중심으로」, 『도시행정학보』, 9.

이종수, 1998, 「분권화의 패턴: 지방자치 논의의 배경과 맥락에 대한 국가 간 비교분석」, 『한국정치학회보』, 32(2).

이준원, 1999, 「기초자치단체의 예산편성과정에 관한 사례연구―K시의 99년도 예산편성과정을 중심으로―」, 『한국행정학보』, 33(4).

이진원, 2000, 「한국의 시민운동과 지방자치―경실련의 지방자치운동을 중심으로」, 『21세기정치학회부』, 10(2).

이창원, 1999, 「지방자치단체장들의 리더십 행태와 그 효과성에 관한 실증적 연구」, 『한국행정학회보』, 33(3).

______, 2000, 「지방자치단체의 계층이 단체장의 리더십 행태와 그 효과성에 미치는 영향」, 『한국행정학보』, 34(2).

임경수, 2002, 「지역발전전략으로서의 지방문화산업 육성방안―안양시를 사례로―」, 『한국지역개발학회지』, 14(1).

임도빈, 2002, 「정부 간 관계」, 안청시(외), 『한국 지방자치와 민주주의: 10년의 성과와 과제』, 서울: 나남출판.

임수복, 2002, 「지방자치단체장의 역할 확인 및 정립 방안에 관한 연구―주민 및 공무원의 의식조사를 바탕으로―」, 한국지방자치학회, 2001년도 동계학술세미나 자료집.

장수명, 이번송, 2001, 「인적자본의 지역별·산업별 분포와 그 외부효과」, 『노동경제논집』, 24(1).

전상경, 1993, 「지방정부 예산편성 행태와 지방의회 예산심의 행태에 관한 가설적 논의: 부산시를 중심으로」, 『한국행정학보』, 27(4).

전영평, 2001, 「시민단체와 지방정부 간 관계―상호 인식의 실증적 분석―」,

『한국행정논집』, 13(1).

정상호, 2001, 「한국사회의 지역권력과 자영업 집단의 이익정치」, 『사회연구』, 2.

정세욱, 1994, 「한국의 지역발전과 지방자치단체의 역할」, 조창현, 지멕(편), 『지역발전과 지방자치단체의 역할』, 서울: 한양대학교.

______, 1998, 「지방자치단체 혁신에 관한 연구」, 『한국지방자치학회보』, 10(3).

______, 2000, 「자치행정권의 범위와 통제체제에 관한 연구: 자율적 통제와 중앙통제를 중심으로」, 『한국지방자치학회보』, 12(3).

정재욱, 1998, 「지방정부에 대한 이론적 접근과 통합모형설정에 관한 연구」, 『한국지방자치학회보』, 10(3).

정용덕, 정순영, 라휘문, 1996, 「한국의회의 정책유형별 입법과정」, 『의정연구』, 2(1).

정용덕, 문진국, 최태현, 2001, 「한일 중앙지방관계의 이원국가성에 관한 실증적 분석」, 『행정논총』, 39(2).

정원식, 1998, 「도시발전정책에 있어서 국가와 시장의 역할에 관한 비교연구―미국과 일본을 중심으로―」, 『지방정부연구』, 2(1).

정응호, 2003, 「지방의제21의 효율적 운영방안에 관한 연구」, 『한국환경과학회지』, 12(4).

정재욱, 1998, 「지방정부에 대한 이론적 접근과 통합모형설정에 관한 연구」, 『한국지방자치학회보』, 10(3).

조명래, 1991, 「지역정치경제학과 제3세대의 지역개발학」, 『한국지역개발학회지』, 3(1).

______, 1995, 「지역개발학의 파라다임」, 『한국지역개발학회지』, 7(2).

______, 1999, 「신도시정치(학)의 문제설정과 쟁점」, 『공간과 사회』, 11.

조경호, 김명수, 1995, 「한국기초지방의회의 주민대표성과 입법전문성 평가」, 『한국행정학보』, 29(1).

지병문, 2000, 「한국 지방정부의 개혁, 현황과 과제」, 『지방정부의 개혁과 지방자치』, 한국지방자치학회.

지병문, 김용철, 2003, 「지방정부지출의 결정요인에 관한 실증적 연구: 정당효과 및 선거경쟁 효과를 중심으로」, 『한국동북아논총』, 26.

최승범, 1998, 「지방정부의 통치능력 형성에 관한 연구: 레짐(Regime) 이
론적 관점에서 1980년대 미국도시들을 중심으로」, 『한국정책학회
보』, 7(2).

______, 2000, 「평택시 사례」, 박종민(편), 『한국의 지방정치와 도시권력
구조』, 서울: 나남출판.

최영출, 2002, 「정부 간 관계: 중앙 – 지방 파트너십」, 박종민·이종원(편),
『한국 지방민주주의의 위기: 도전과 과제』, 서울: 나남출판.

______, 2003, 「지방분권화에 따른 지방정부의 역량강화」, 『지방행정연구』, 17(2).

최봉기, 1996, 「지방정부의 자치역량강화와 국제화 전략」, 『지방자치연구』, 8(3).

최홍석, 2002, 「기초지방자치단체의 공공서비스 전달방법 연구」, 한국지방
자치학회 2002년도 하계학술발표 및 제11회 한일 지방자치국제세
미나 발표문.

하혜영, 1998, 「영국 도시들의 장소 마케팅」, 김익수, 오연천(편), 『전환기
의 지역경제정책, 서울: 삼성경제연구소.

한원택, 정헌영, 1994, 「지방자치실시에 따른 지방정부 재정지출의 변화
및 요인」, 『지방자치연구』, 6(2).

홍기용, 1998, 「지역경제활성화를 위한 미국 지방정부 정책개발에 관한
연구」, 『한국지역개발학회지』, 10(1).

홍기용, 강인원, 조명래, 1999, 「지방자치단체의 지역경제정책 비교분석」,
『한국지역개발학회지』, 11(3).

황아란, 2002, 「지역주의와 지방자치: 기초자치단체장의 정당공천」, 『한국
행정학보』, 36(2).

황윤원, 1987, 「지방정부예산의 결정변수 분석」, 『한국행정학보』, 21(2).

〈번역서〉

Dahl, R., 1998, On Democracy, New Haven and London: Yale University Press; 김왕식 외 3인 공역, 1999, 『민주주의』, 서울: 동명사.

Mueller, D., 1979, Public Choice, Cambridge: Cambridge University Press; 배득종(역), 1992, 『공공선택론』, 서울: 나남.

Pinch, S., 1985, Cities and Services: A Geography of Collective Consumption, London: Routledge; 엄운섭(역), 1994, 『도시문제와 공공서비스』, 서울: 신구문화사.

Putnam, R., 1993, Making Democracy Work: Civic Traditions in Modern Italy, Princeton: Princeton University Press; 안청시 외(역), 2000, 『사회적 자본과 민주주의』, 서울: 박영사.

Osborne, D. and T. Gaebler, 1992, Reinventing Government: How the Entrepreneurial Spirit is Transforming the Public Sector, Reading, Mass.: Addison-Wesley; 삼성경제연구소, 1995, 『정부혁신의 길: 기업가정신이 정부를 변화시킨다』, 서울: 삼성경제연구소.

Ragin, C., 1987, The Comparative Method: Moving Beyond Qualitative and Quantitative Strategies, Berkeley: University of California Press; 이재은 외(역), 2002, 『비교방법론』, 서울: 대영문화사.

Ross, B. and M. Stedman, 1985, Urban Politics, F.E. Peacock Publishers, Inc.; 정덕주(역), 1995, 『도시와 지방자치』, 서울: 나남출판.

〈외국 저자 단행본〉

Banfield, E., 1959, *The Moral Basis of a Backward Society*, New York: Free Press.

Bish, R., 1971, *The Public Economy of Metropolitan Areas*, Chicago: Markham.

Boaden, N., 1971, *Urban Policy-Making*, London: Cambridge University Press.

Boyne, G., 1996, *Constraints, Choices and Public Policies*, Greenwich, Conneticut; London, England: JAI Press INC..

Bulpitt, J., 1983, *Territory and Power in the United Kingdom*, Manchester: Manchester University Press.

Castells, M., 1972, *The Urban Question: A Marxist Approach*, London: Edward Arnold.

Clark, T., 1981, *Urban Policy Analysis: Directions for Future Research*, Beverly Hills and London: Sage Publications.

Clark, T. and V. Hoffmann-Martinot(eds.), 1998, *The New Political Culture*, Boulder, Colo.: Westview Press.

Clark, K. and Lorna Ferguson, 1983, *City Money: Political Processes, Fiscal Strain, and Retainment*, N.Y.: Colombia University Press.

Crenson, M., 1983, *Neighborhood Politics*, Cambridge: Harvard University Press.

Dahl, R., 1961, *Who Governs?* New Haven, Conn.: Yale University Press.

David, S. and Paul Peterson, 1976, *Urban Politics and Public Policy*, New York: Praeger Publisher.

Downs, A., 1957, *An Economic Theory of Democracy*, N. Y.: Harper.

Dye, T., 1966, *Politics, Economics, and the Public*, Chicago: Rand McNally.

Dye, T., 1976, *Policy Analysis: What Governments Do, Why They Do it, and What Difference it Makes*, Alabama, USA: The University of Alabama Press.

Dye, T. and V. Gray(eds.), 1980, *The Determinants of Public Policy*, Lexington, MA: Lexington Books.

Edward III, G. and I. Sharkansky, 1978, *The Policy Predicament: Making and Implementing Public Policy*, San Francisco: W. H. Freeman and Company.

Eisinger, P., 1988, *The Rise of the Entrepreneurial State: State and Local Economic Development Policy in the United States*, Madison: University of Wisconsin Press.

Elkin, S., 1987, *City and Regime in the American Republic*, Chicago: University of Chicago Press.

Ferman, B, 1996, *Challenging The Growth Machine: Neighborhood Politics in Chicago and Pittsburgh*, Lawrence: University of Kansas.

Fried, R. and F. Rabinovitz, 1980, *Comparative Urban Politics: A Performance Approach*, Englewood Cliffs, N.J.: Prentice Hall.

Gurr, T. and D. King, 1987, *The State and the City*, Chicago: University of Chicago Press.

Heidenheimer, A., A. Helco, and C. Adams, 1983, *Comparative Public Policy: The Politics of Social Choice in Europe and America*, New York: Martin's Press.

Hibbs, D., 1987, *The American Political Economy: Macroeconomics and Electoral Politics in the United States*, Cambridge: Harvard University Press.

Hirschman, A., 1970, *Exit, Voice, and Loyalty*, Cambridge, Mass.: Harvard university Press.

Hochschild, J., 1981, *What's Fair: The Meaning of Redistributive Justice*, Cambridge: Harvard University Press.

Hoover, E. M., 1975, *An Introduction to Regional Economics*, Second Edition, New York: Alfred A. Knopf. Inc.

Hunter, F., 1953, *Community Power Structure*, Chapel Hill: University of North Carolina Press.

Israel, A, 1987, *Institutional Development: Incentives to Performance*, Baltimore: Johns Hopkins University Press.

Judd, D. and T. Swanstrom, 1994, *City Politics: Private Power and Public Policy*, New York: HarperCollins.

Judge, D., Gerry Stoker, and Harold Wolman(eds.), 1995, *Theories of Urban Politics*, London: Sage.

Katznelson, I., 1981, *City Trenches: Urban Politics and the Patterning of Class in the United States*, New York: Pantheon.

Key, V.O., Jr., 1949, *Southern Politics in State and Nation*, New York: A.A.Knopf.

King, D. and Jon Pierre(eds.), 1990, *Challenges To Local Government*, London: Sage.

King, D. and Gerry Stoker, 1996, *Rethinking Local Democracy*, Basingstoke, England: Macmillan in association with the ERSC Local Programme.

King, G., Robert O. Keohane, and Sidney Verba, 1994, *Designing Social Inquiry: Scientific Inference in Qualitative Research*, Princeton: Princeton University Press.

Lane, J., 1995, *The Public Sector: Concepts, Models, and Approaches*, London, Newbury Park and New Delhi: Sage Publications.

Lipset, S., 1960, *Political Man*, New York: Doubleday.

Logan, J. and Harvery Molotch, 1987, *Urban Fortunes: The Political Economy of Place*, CA: University of California Press.

Manheim, J. and R. Rich, 1995, *Empirical Political Analysis: Research Methods in Political Science*, NY: Longman.

Mollenkopf, J., 1983, *The Contested City*, Princeton: Princeton University Press.

Musgrave, R., 1969, *Fiscal Systems*, New Haven: Yale University Press.

Niskanen, W.A, 1994, *Bureaucracy and Public Economics*, Vermont: Edward Elgar.

Norton, A, 1994, *International Handbook of Local and Regional Government*, Vermont, USA: Edward Elgar.

Oates, W., 1972, *Fiscal Federalism*, New York: Harcourt Brace Jovanovich.

Paddison, R., 1983, *The Fragmented State: The Political Geography of Power*, Oxford, UK: Basil Blackwell.

Page, C. and M. Goldsmith (eds.), 1987, *Central and Local Government Relations: A Comparative Analysis of West European Unitary States*, London: Sage Publishers Ltd.

Parsons, W., 1995, *Public Policy: An Introduction to the Theory and Practice of Policy Analysis*, Aldershot, UK and Brookfield, US: Edward Elgar.

Peterson, P., 1981, *City Limits*, Chicago: University of Chicago Press.

Pressman, J. and A. Wildavsky, 1973, *Implementation*, Berkeley and Los Angeles: University of California Press.

Polsby, N., 1980, *Community Power and Political Theory*, 2nd ed., New Haven: Yale University Press.

Richardson, H. W., 1979, *Regional Economics*, Urbana: University of Illinois Press.

Rouke, F., 1984, *Bureaucracy, Politics and Public Policy*, 3nd ed., Boston: Little Brown.

Schneider, M., 1989, *The Competitive City: The Political Economy of Suburbia*, Pittsburgh: PA: University of Pittsburgh Press.

Stephen, D. and P. Peterson, 1976, Urban Politics and Public Policy: The City in Crisis, New York: Praeger Publishers.

Stone, C. and H. Sanders(eds.), 1987, *The Politics of Urban Development*, Lawrence: University of Kansas.

Stone, C., 1976, *Economic Growth and Neighborhood Discontent*, Chapel Hill: University of North Carolina Press.

______, 1989, *Regime Politics: Governing Atlanta, 1946-1988*, Lawrence: University of Kansas.

Stone, C., J. Henig, B. Jones, and C. Pierannunzi, 2001, *Building Civic Capacity: The Politics of Reforming Urban Schools*, Lawrence,

Kansas: the University Press of Kansas.

Swanstrom, T., 1985, *The Crisis of Growth Politics: Cleveland, Kucinich, and the Challenge of Urban Populism*, Philadelphia, PA: Tempel University Press.

Turner, M.(ed.), 1999, *Central-Local Relations in Asia-Pacific: Convergence or Divergence?* New York: St. Martin's Press, INC.

Wagner, R., 1971, *The Fiscal Organization of American Federalism*, Chicago: Markham.

Weimer, D. and A. Vining, 1991, *Policy Analysis: Concepts and Practice*, 2nd edition, New Jersey: Prentice-Hall.

Wildavsky, A., 1974, *The Politics of Budgetary Process*, Boston: Little Brown.

Wilson, J., 1973, *Political Organizations*, New York: Basic Books.

〈외국저자 논문〉

Aiken, M. and R. Alford, 1967, "Community Structure and Innovation: The Case of Public Housing," *American Political Science Review*, 64.

Aiken, M., K. Newton, R. Friedland and G. Martinotii, 1987, "Urban Systems Theory and Urban Policy: A Four-Nations Comparison," *British Journal of Political Science*, 17(1).

Andrew, C. and M. Goldsmith, 1998, "From Local Government to Local Governance and Beyond?" *International Political Science Review*, 19(2).

Bachrach, P. and M. Baratz, 1962, "Two Faces of Power," *American Political Science Review*, 56.

Basset, K, 1996, "Partnerships, business elites, and urban politics: new forms of governance in an English City?" *Urban Studies*, 33.

Beetham, D., 1996, "Theorising Democracy and Local Government", in D.

King and G. Stoker(eds.), *Rethinking Local Democracy*, London: Macmillan.

Bennett, R. , 1993, "Local Government in Europe: Common Directions of Change", in R. Bennett, *Local Government in the New Europe*, London, N.Y.: Belhaven Press.

Booms, B., 1966, "City Governmental Form and Public Expenditure Levels," *National Tax Journal*, 19.

Bowman, A., 1988, "Competition for Economic Development Among Southeastern Cities," *Urban Affairs Quarterly*, 23.

Boyne, G., 1985, "Theory, Methodology and Results in Political Science -The Case of Output Studies," *British Journal of Political Science*, 15(4).

Cable, G., R. Feiock, and J. Kim, 1993, "The Consequences of Institutionalized Access for Economic Development Policy in U.S. Cities," *Economic Development Quarterly*, 7(1).

Chamlin, M., 1987, "General Assistance Among Cities: An Explanation of the Need, Economic Threat, and Benign Neglect Hypothesis," *Social Science Quarterly*, 68.

Clark, C., J. Green, and K. Grenell, 2001, "Does Globalization Challenge the "Growth Machine"?" *Policy Studies Review*, 18(3).

Clark, G., 1984, "A Theory of Local Autonomy," *Annals of the Association of American Geographers*, 74.

Clark, T., 1968, "Community Structure, Decision Making, Budget Expenditures, and Urban Renewal in 51 American Communities," *American Sociological Review*, 35.

__________, 1996, "Structural Realignment in American City Politicians: Less Class, More Race, and a New Political Culture", *Urban Affairs Review*, 31(3).

__________, 2000, "Old and New Paradigms for Urban Research: Global-

308

ization and the Fiscal Austerity and Urban Innovation Project", *Urban Affairs Review*, 36(1), September.

Clingermayer, J. and R. Feiock, 1990, "The Adoption of Economic Development Policies by Large Cities: A Test of Economic, Interest Group, and Institutional Explanations," *Policy Studies Journal*, 18.

Cnudde, C. and D. McCrone, 1969, "Party Competition and Welfare Policies in the American States," *American Political Science Review*, 63.

Dawson, R. and J. Robinson, 1963, "Interparty Competition, Economic Variables, and Welfare Policies in the American States," *Journal of Politics*, 25.

DeSantis, V. S. and T. Renner, 1996, "Structure and Policy Expenditure in American Counties," in Menzel(ed.), *The American County*, Tuscaloosa and London: The University of Alabama Press.

DiGaetano, A. and E. Strom, 2003, "Comparative Governance: An Integrated Approach", *Urban Affairs Review*, 38(3).

DiGaetano, A. and J. Klemanski, 1993, "Urban Regimes in Comparative Perspective: The Politics of Urban Development in Britain", *Urban Affairs Quarterly*, 29.

Donovan, T. and M. Neiman, 1992, "Community Social Status, Suburban Growth, and Local Government Restrictions on Residential Development," *Urban Affairs Quarterly*, 28.

Dowding, K., 1996, "Public Choice and Local Governance," in King, D., and Gerry Stoker(eds.), *Rethinking Local Democracy*, London, England: Macmillan.

Dowding, K., 2001, "Explaining Urban Regimes", *International Journal of Urban and Regional Research*, 25(1).

Elazar, D., 1997, "Contrasting Unitary and Federal Systems," *Inter-*

national political Science Review, 18(3).

Fainstein, S. and N. Fainstein, 1986, "Economic Change, National Policy, and the System of Cities," in S. Fainstein et al.(eds.), *Restructuring the City: The Political Economy of Urban Development*, New York: Longman.

Fainstein, S. and C. Hirst, 1995, "Urban Social Movements", in D. Judge, G. Stoker and H. Wolman (eds.), *Theories of Urban Politics*, London: Sage.

Fleischmann, A., G. Green, and T. Kwong, 1992, "What's a City to Do? Explaining Differences in Local Economic Development Policies," *The Western Political Quarterly*, 45(3).

Feiock, R., 1994, "Local Development and the Role of Local Self-government in U.S. Cities," In C. Cho and M. Ziemek(eds.), *Local Development and the Role of Local Self-Government*, Seoul: Hanyang University.

Feiock, R. and J. Clingermayer, 1986, "Municipal Representation, Executive Power, and Economic Development Policy Activity," *Policy Studies Journal*, 15.

Frey, B, and W. Pommerehne, 1978, "Toward a More Theoretical Foundation for Empirical Policy Analysis," *Comparative Political Studies*, 11.

Fried, R., 1974, "Politics, Economics and Federalism: Aspects of Urban Government in Austria, Germany, and Switzerland," in T. Clark(ed.), *Comparative Urban Politics*, New York: Sage.

Fry, B. and R. Winters, 1970, "The Politics of Redistribution", *American Political Science Review*. June.

Goetz, E., 1994, "Expanding Possibilities in Local Development Policy: An Examination of U.S. Cities", *Political Research Quarterly*, March.

Goldsmith, M., 1992, "Local Government," Urban Studies, Vol. 29, No. 3/4.

__________, 1995, "Autonomy and City Limits", in D. Judge, G. Stoker and H. Wolman(eds.), *Theories of Urban Politics*, London: Sage.

Gray, V. and D. Lowery, 1990, "The Corporatist Foundations of State Industrial Policy," *Social Science Quarterly*, 71.

Harding, A., 1994, "Urban Regimes and Growth Machines: Towards a Cross-National Research Agenda", *Urban Affairs Quarterly*, 29.

__________, 1995, "Elite Theory and Growth Machines", in Judge, D., Gerry Stoker, and Harold Wolman(eds.), *Theories of Urban Politics*, London: Sage.

Hwang, S. and V. Gray, 1991, "External Limits and Internal Determinants of State Public Policy," *The Western Political Quarterly*, 44(2).

Jennings, E. Jr., 1979, "Competition, Constituencies, and Welfare Policies in American States," *American Political Science Review*, 73.

John, P. and A. Cole, 1998, "Urban Regimes and Local Governance in Britain and France: Policy Adoption and Coordination in Leeds and Lille", *Urban Affairs Review*, 33(3).

Judge, D., 1995, "Pluralism", in Judge, D., Gerry Stoker, and Harold Wolman(eds.), *Theories of Urban Politics*, London: Sage.

Kantor, P., H.V. Savitch, and S. V. Haddock, 1997, "The Political Economy of Urban Regimes: A Comparative Perspective", *Urban Affairs Review*, 32(3).

Keating, M.,1995, "Local Economic Development: Policy or Politics?" in N. Walzer(ed.), *Local Economic Development: Incentive and International Trend*, Boulder, Colorado: Westview Press.

Kooiman, J., 1993, "Social-Political Governance: Introduction", in Jan Kooiman (ed.), *Modern Governance: New Government-Society Interaction*, Newbury Park, CA: Sage Publications.

Levi, M., 1996, "Social and Unsocial Capital: a Review Essay of Robert

Putnam's Making Democracy Work", *Politics and Society*, 24(1).

Lowery, D., R. DeHoog, and W. Lyons, 1992, "Citizenship in the Empowered Locality: An Elaboration, a Critique, and a Partial Test," *Urban Affairs Quarterly*, September.

Lowi, 1964, "American Business, Public Policy, Case Studies, and Political Theory," *World Politics*, 16.

Lowndes, V., 1995, "Citizenship and Urban Politics", in Judge, D., Gerry Stoker, and Harold Wolman(eds.), *Theories of Urban Politics*, London: Sage.

McKay, D., 1996, "Urban Development and Civic Community: A Comparative Analysis", *British Journal of Political Science*, 26.

Menahem, G., 2001, "Urban Civic Worlds: A Conceptual and Empirical Exploration", *Local Government Studies*, 27(1).

Miranda, R. and D. Rosdil, 1995, "From Boosterism to Qualitative Growth: Classifying Economic Development Strategies", *Urban Affairs Review*, 30(6).

Molotch, H., 1976, "The City as Growth Machine," *American Journal of Sociology*, 82(2).

Moon, B. and W. Dixon, 1992, "Basic Needs and Growth-Welfare Trade-offs", *International Studies Quarterly*, 36.

Mouritzen, P., 1989, "Fiscal Policymaking in Times of Resource Scarcity: The Danish Case," in S. Clarke(ed.), *Urban Innovation and Autonomy*, London: Sage.

Newton, K. and L. Sharpe, 1977, "Local Outputs Research: Some Reflections and Proposals," *Policy and Politics*, 5(3).

Niskanen, William A., 1991, "A Reflection on Bureaucracy and Representative Government," in Andre Blais and Stephane Dion(ed.), *The Budget Maximizing Bureaucrat*, Pittsburgh: The University of Pittsburgh Press.

Peterson, P., 1979, "A Unitary Model of Local Taxation and Expenditure Policies in the United States," *British Journal of Political Science*, 82(2).

Peterson, P. and K. Wong, 1985, "Toward a Differentiated Theory of Federalism: Education and Housing Policy in the 1980s," In T. Clark(ed.), *Research in Urban Policy*, Greenwich, CT: JAI Press.

Pickvance, C. and E. Preteceille, 1991, "Introduction: the Significance of Local Power in Theory and Practice", in C. Pickvance and E. Preteceille(eds.), *State Restructuring and Local Power*, London: Edward Elgar.

Plotnick, R. and R. Winters, 1985, "A Politicoeconomic Theory of Income Distribution," *American Political Science Review*, 79.

Putnam, R., R. Leonardi, R. Nanetti, and F. Pavoncello, 1983, "Explaining Institutional Success: The Case of Italian Regional Government", *American Political Science Review*, 77.

Robinson, C., 1989, "Municipal Approach to Economic Development: Growth and Distribution Policy", *APA Journal*, Summer.

Rubin, I. and H. Rubin, 1987, "Economic Development Incentives: The Poor (Cities) Pay More," *Urban Affairs Quarterly*. 23(1).

Ruhil, A., M. Schneider, P. Teske, and B. Ji, 1999, "Institution and Reform: Reinventing Local Government", *Urban Affairs Review*, 34(3).

Schneider, M., 1989, "Undermining the Growth Machine: The Missing Link Between Local Economic Development and Fiscal Payoffs," *The Journal of Politics*, 54(1).

Sharkansky, I. and R. Hofferbert, 1969, "Dimensions of State Politics, Economics, and Public Policy," *American Political Science Review*, 63.

Schneider, M. and P. Teske, 1993a, "The Progrowth Entrepreneur in Local Government," *American Political Science Review*, 86(3).

__________ 1993b, "The Antigrowth Entrepreneur: Challenging the Equilibrium of the Growth Machine," *The Journal of Politics*, 55(3).

Sharpe, L. J., 1970, "Theories and Values of Local Government", *Political Studies*, 18(2).

Spindler, C. and J. Forrester, 1993, "Economic Development Policy: Explaining Policy Preferences Among Competing Models", *Urban Affairs Quarterly*, 29(1).

Stoker, G, 1995, "Regime Theory and Urban Politics", in Judge, D., Gerry Stoker, and Harold Wolman(eds.), *Theories of Urban Politics*, London: Sage.

__________, 1998, "Theory and Urban Politics", *International Political Science Review*, 19(2).

Stone, C., 1993, "Urban Regimes and the Capacity to Govern: a Political Economy Approach," *Journal of Urban Affairs*, 15(1).

__________, 1995, "Political Leadership in Urban Politics", in Judge, D., Gerry Stoker, and Harold Wolman(eds.), *Theories of Urban Politics*, London: Sage.

__________, 2001, "The Atlanta Experience Re-examined: The Link Between Agenda and Regime Change", *International Journal of Urban and Regional Research*, 25(1).

Svara, J., 1996, "Leadership and Professionalism in County Government," in Menzel(ed.), *The American County*, Tuscaloosa and London: The University of Alabama Press.

Teune, H., 1995, "Local Government and Democratic Political Development, *The Annals of the American Academy*.

Tiebout, C., 1956, "A Pure Theory of Local Expenditures", *Journal of Political Economy*, 64.

Walker, J. 1969, "The Diffusion of Innovations among the American States," *American Political Science Review*, 63.

Ward, K., 1997, "Coalitions in urban regeneration: a regime approach", *Environment and Planning A*, 29.

Wilson, P., 1997, "Building Social Capital: A Learning Agenda for the Twenty-First Century", *Urban Studies*, 34.

Winnick, L., 1966, "Place Prosperity vs. People Prosperity: Welfare Considerations in the Geographical Redistribution of Economic Activity," In *Essays in Urban Land Economics*, Los Angeles: Real Estate Research Program, UCLA.

Winters, R., 1976, "Party Control and Policy Change," *American Journal of Political Science*, 20.

Wolman, H., 1988, "Local Economic Development Policy: What Explains the Divergence Between Policy Analysis and Political Behavior?" *Journal of Urban Affairs*, 10.

__________, 1995, "Local Government Institutions and Democratic Governance," in Judge, D., Gerry Stoker, and Harold Wolman (eds.), *Theories of Urban Politics*, London: Sage.

Wong, K. and P. Peterson, 1986, "Urban Response to Federal Program Flexibility: Politics of Community Development Block Grant," *Urban Affairs Quarterly*, 21.

Wong, K., 1987, "Policymaking in the American States: Typology, Process and Institutions," Paper prepared for delivery at the Annual Meeting of the American Political Science Association.

__________, 1988, "Economic Constraint and Political Choice in Urban Policymaking", *American Journal of Political Science*, 32.

Wood, A., 1996, "Analysing the Politics of Local Economic Development: Making Sense of Cross-National Convergence", *Urban Studies*, 33.

〈정기간행물, 통계자료, 백서, 보고서, 자료집, URL.〉

감사원, 2000, 『지방자치단체감사백서』, http://www.bai.go.kr/pdata10__1n.htm.

건설교통부, 2002, 『21세기 도시정책 방향』.

건설교통부, 2002, 『국토이용에 관한 연차보고서』.

경기도, 1999, 『경기도민 생활수준 및 의식구조 조사』.

경실련 홈페이지, http://www.ccej.or.kr.

국가균형발전위원회, 2003, 「국가균형발전의 비전과 과제」.

국정홍보처, http://www.allim.go.kr.

기획예산처홈페이지, http://www.mpb.go.kr/html/budget.

내무부, 1996, 『지방의회백서, 1991-1995』.

성남시, 2000, 『성남시 시민만족 여론조사 및 참여행정 학술용역』.

시민운동정보센터, http://www.kngo.net.

시민자치정책센터, 2001, 『시민의 힘으로 조례를 만든다 — 조례 제/개정
        가이드북』.

중앙선거관리위원회 홈페이지, http://www.nec.go.kr.

지방행정정보은행 홈페이지, http://laib.mogaha.go.kr.

KDI경제정보센터, 2002, 『지역균형발전과 지역경제활성화를 위한 조사연구』.

KINDS 홈페이지, http://www.kinds.or.kr.

통계청, 1999, 『시·군·구 주요통계지표』.

통계청, 2002, 『시·군·구 100대 지표』.

통계청 홈페이지, http://www.nso.go.kr.

총무처 직무분석기획단, 1998, 『신정부혁신론 —OECD국가를 중심으로』,
        서울: 동명사.

한국도시행정연구소, 1997, 『전국통계연감』.

한국도시행정연구소, 1998, 『전국통계연감』.

한국도시행정연구소, 2002, 『전국통계연감』.

행정자치부, 1999, 『지방의회백서, 1995-1998』.

행정자치부, 2001, 『지방자치단체 예산개요』.

행정자치부, 1997, 『지방재정연감』.

행정자치부, 1999, 『지방재정연감』.

행정자치부, 2001, 『지방재정연감』.

행정자치부, 1996, 『지적통계연보』.

행정자치부, 2001, 『지적통계연보』.

행정자치부 홈페이지, http://www.mogaha.go.kr.

환경부, 2001, 『2001년 지방의제 21 전국편람』, http://www.la21.or.kr.

환경운동연합 홈페이지, http://www.kfem.or.kr.

한국지방행정연구원, 1991, 『지방의회 선거분석을 위한 연구』, 서울: 한국
    지방행정연구원.

YMCA 홈페이지, http://www.ymca.or.kr.

YWCA, http://www.ywca.or.kr.

· 저자 ·

홍운기   · 약 력 ·

서울대학교 정치학과 졸업
서울대학교 대학원 정치학박사
현: 감사원 부감사관

· 주요논저 ·

『제3의 길과 그 반대자들』(공역)
『한국 지방정부의 경제개발정책에 대한 비판적 고찰』
『공공기관 고객만족도의 측정과 활용: 만족의 불연속 개념을 중심으로』(공저)
「지방자치단체 책임성 제고를 위한 종합평가모형 연구」(공저)
외 다수

한국 지방정부의
정책결정요인

· 초판 인쇄	2008년 1월 30일
· 초판 발행	2008년 1월 30일
· 지 은 이	홍운기
· 펴 낸 이	채종준
· 펴 낸 곳	한국학술정보㈜
	경기도 파주시 교하읍 문발리 513-5
	파주출판문화정보산업단지
	전화 031) 908-3181(대표) · 팩스 031) 908-3189
	홈페이지 http://www.kstudy.com
	e-mail(출판사업부) publish@kstudy.com
· 등 록	제일산-115호(2000. 6. 19)
· 가 격	21,000원

ISBN   978-89-534-7739-1 93350 (Paper Book)
        978-89-534-7740-7 98350 (e-Book)